U0690048

城·市·学·论·丛

工业化城市化挑战下杭州战略研究

主 编 黎青平
副主编 余龙进 金 波

ZHEJIANG UNIVERSITY PRESS
浙江大学出版社

前 言
Preface

工业化与城市化是人类社会发展的必然趋势，是人类社会走向现代化的必由之路。工业化是指制造业或第二产业在国民生产总值中比重不断上升的过程，以及工业就业人数在总就业人数中比重不断上升的过程。城市化是指农村人口向城镇的转移流动和集聚，城镇经济在国民经济中居主导地位，以及城市的经济关系和生活方式广泛地渗透到农村的一种持续发展的过程。工业化反映的是传统农业经济向现代工业经济的转变，城市化反映的是传统乡村社会向现代城市社会的转变。工业化带来城市化，城市化促进工业化，工业化和城市化相互影响、相互作用，共同推动人类社会向前发展。工业化与城市化是人类历史上具有划时代意义的大事。

工业化和城市化在推动人类社会快速发展的同时，也给处于这一过程中的人类带来诸多严重问题。以世界上第一个实现工业化和城市化的英国为例，英国工业革命开始后，工厂如雨后春笋纷纷出现，高大的烟囱林立，处处浓烟滚滚，空气严重污染。到19世纪后期，由空气污染导致的呼吸系统疾病，已成为非常严重的公共健康问题。工业革命和随之而来的城市发展，还导致了包括住宅奇缺、卫生状况恶化等“城市病”的出现。这些迅速出现的问题，不可避免地引致一系列灾难，英国经济史学家哈孟德夫妇就曾用“迈达斯灾祸”来形容这段历史。中国工业化、城市化和西方国家有很大不同，但西方国家工业化、城市化中的许多问题在中国同样出现。比如：工业化过程中排放大量废水、废气、废渣，不合理开发利用自然资源导致的森林锐减、水土流失、土地沙漠和物种灭绝等导致生态环境的破坏。工业化、城市化过程中，大量人口集聚城市，导致城市交通堵塞、人口膨胀、住房紧张、失业人口增加、治安恶化等城市病出现。工业化与城市化在生产要素投入的产业配置与地域空间配置两个方面割裂城乡社会经济联系，导致城乡矛盾和“三农”问题产生。为推进工业化、城市化，对城市大拆大建，城市特色和文化被严重破坏，等等。目前中国处在工业化中后期、城市化加速期，如何应对工业化、城市化带来的挑战，推进城市可持续发展，已成为中国城市面临的迫切需要解决的重大课题。

应对工业化、城市化带来的挑战，从城市发展战略讲，建设好“四个城市”十分必要。一是建设学习型城市。面对工业化、城市化的挑战，只有更加重视和善于学习，才能始终跟上时代进步的潮流，在激烈的竞争中掌握主动。才能更好地把握发展规律、创新发展理念、破解发展难题，转变城市发展方式，推动城市科学发展、和谐发展。建设学习型城市，对城市实现全面协调可持续发展具有先导性、全局性、基础性的作用。二是建设创新型城市。面对工业化、城市化的挑战，城市发展要破解人口、资源、环境等瓶颈制约，解决经济发展的技术含量不高、产业结构失衡和生产方式粗放等问题，必须走创新驱动、内生增长的发展道路。建设创新城市建设，把创新作为发展的核心要素和基本动力，把增强自主创新能力作为战略基点，通过创新驱动推进发展方式转变，以创新突破地域空间局限和环境要素资源制约，是推动经济发展方式转变，把城市导入可持续发展轨道的根本途径。三是建设宜居城市。宜居是城市的本质要求，是城市竞争力的核心所在。工业化、城市化在给城市带来繁荣的同时，也给人的生活带来很多问题，破坏了城市的宜居性。抵制工业化、城市化给人的生活带来消极影响，建设宜居城市是必然选择。事实证明，只要理性地对待挑战，采取积极应对措施，工业化、城市化带来的消极影响是可以得到有效防治的。四是建设国际化城市。推进城市国际化是破解对工业化、城市化挑战重要的突破口。推进城市国际化，有利于优化产业结构，提升产业能级，提高产业发展质量；有利于完善城市功能布局，加强城市管理，提升城市品质；有利于在更高层次上参与国际分工、国际循环、国际竞争，增强城市全球资源的配置力、辐射力、影响力，确立城市在国内和世界城市体系的地位，能提升城市综合竞争能力。

目前中国很多城市都把建设学习型城市、创新型城市、宜居城市、国际化城市作为城市发展的战略选择，杭州就是这样的城市。杭州市明确提出建设学习型、创新型城市的战略任务，把生态型城市建设作为宜居城市建设的重点，以城市国际化为主抓手，推进国际化大都市建设。为推进学习型城市、创新型城市、宜居城市、国际化城市建设，杭州市委、市政府出台了相关的政策文件，明确建设的目标任务、重点举措；加强了组织领导，成立了建设学习型城市、创新型城市、宜居城市（生态型城市）、城市国际化的领导小组；研究制订评价指标体系，制订工作计划和方案，出台了一系列举措。杭州之所以一方面大力推进城市化、工业化，另一方面城市生态环境、居住环境不断改善，城市的文化不断发展、城市越来越有特色，居民生活水平、生活质量不断改善，人民群众的满意度、幸福感不断提高，大力推进学习型城市、创新型城市、宜居城市、国际化城市建设是重要原因。认真总结杭州“四个城市”建设上的经验，深入研究进一步推进“四个城市”建设对策，对于杭州应对工业化、城市化带来的挑战，推动城市科学发展有重要意义。

笔者对杭州建设学习型城市建设创新型城市建设宜居城市建设国际化城市建设等问题一直非常关注，从不同的角度进行了研究，形成了一系列研究成果。本书收集的是笔者在杭州“四个城市”建设方面的主要研究报告和理论文章。这些报告和文章有对杭州“四个城市”建设经验的理论思考、有对杭州“四个城市”建设的经验总结，也有对推动杭州“四个城市”建设的对策研究。现将这些报告和文章结集出版，希望它能对杭州乃至其他城市的学习型城市、创新型城市、宜居城市和国际化城市的研究和建设有所参考和借鉴。本书以学习型城市建设、创新型城市建设、宜居城市建设、国际化城市建设为主题，分四大板块布局，每一板块由一个总报告和若干篇研究文章组成。采取这种框架布局的考虑，是要使原本相对独立的研究给读者一个整体的感受。本书的大多数研究报告和文章为第一次公开发表，另有一些文章曾在报刊上公开发表过，主要是：《学习社会视野中学习型城市的构建》（《中共杭州市委党校学报》2005年第4期）、《建设学习型城市　促进人的全面发展》（《杭州日报》2012年7月23日）、《以名城强市建设为载体全面促进文化素质提升》（《杭州日报》2012年5月5日）、《抓好发展创新型经济的几个重点环节》（《杭州日报》2012年9月3日）、《培育创新载体 推动杭州创新型城市建设》（《杭州日报》2010年5月13日）、《改革开放是推动创新型城市建设的强大动力》（《杭州日报》2012年9月25日）、《文化创意产业集群化发展："杭州模式"的经验与启示》（《杭州师范大学学报》2012年第6期）。为了保证格式的统一性，本书略去了一些文章中原有的注释，并将参考文献统一放到了书后。另外，本书在写作过程中参考和吸收了一些专家的研究成果，一些课题的研究得到很多单位和个人的支持，特别是关于杭州宜居城市建设和研究，可以说是在杭州市政协城市建设和人口资源环境委员会直接指导和帮助下完成的。本书得到杭州师范大学人文社科振兴计划"城市学专项资金"的资助。在此，一并表示感谢。

黎青平

2014年3月

目 录
Contents

第一部分 建设学习型城市

杭州建设学习型城市研究 / 3
【附一】学习社会视野中学习型城市的构建 / 21
【附二】学习型城市建设对于杭州走新型城市化道路的价值探究 / 29
【附三】建设学习型城市 促进人的全面发展 / 35
【附四】以名城强市建设为载体 全面促进文化素质提升 / 40

第二部分 建设创新型城市

杭州创新型城市建设研究 / 47
【附一】抓好发展创新型经济的几个重点环节 / 69
【附二】培育创新载体 推动杭州创新型城市建设 / 75
【附三】将环境优势转化为杭州投资创业的现实优势 / 80
【附四】改革开放是推动创新型城市建设的强大动力 / 90

第三部分　建设宜居城市

杭州建设高品质宜居城市研究 / 99
【附一】改善大气环境质量，建设宜居城市 / 157
【附二】多措并举，缓解交通“两难”问题 / 166
【附三】杭州高房价形成的原因及对策 / 173
【附四】完善解决低收入群体生活困难问题的机制 / 182

第四部分　建设现代化国际化城市

杭州实施城市国际化战略建设国际化城市研究 / 197
【附一】城市国际化相关概念与杭州城市国际化进程的思考 / 213
【附二】发展现代服务业 提升城市国际化水平 / 222
【附三】推动城乡发展一体化打造城乡统筹示范区 / 230
【附四】文化创意产业集群化发展：“杭州模式”的经验与启示 / 237

参考文献 / 246

索 引 / 249

第一部分 建设学习型城市

杭州建设学习型城市研究

学习型城市就是“教育社会化、社会教育化、工作和生活学习化、学习和工作生活化”的城市，是学习成为市民的一种生活态度、生活方式，成为城市管理的基本理念和基本途径的城市，是教育、学习与工作、生活紧密结合，共同发展，生活品质不断提高的城市。建设学习型城市，就是一个城市通过有组织的学习深化对城市的认识，对建设什么样的城市、怎样建设城市形成共识，从而赋予城市灵魂，增强创新能力，转变发展模式，实现城市全面、协调、可持续发展。杭州建设学习型城市，是杭州贯彻落实科学发展观，加快转变经济发展方式和城市发展方式的需要；是创新政府管理方式，破解城市管理难题，构建社会主义和谐社会的需要；是提高市民素质，开发人力资源的需要；是发挥杭州优势，共建共享生活品质之城的需要。

一、学习型城市的内涵与特征

（一）学习型社会的提出

学习型社会的理念来源于人们对教育在社会发展中新功能的认识。学习型社会理念最早是美国著名教育家赫钦斯提出来的。1968年，他在其出版的《学习化社会》一书中，基于对教育历史的深刻了解，精辟设想了一个未来与教育有关的社会形态——学习型社会，他把这个形态定义为：除了能够提供成年人在个人生涯不同阶段的成人教育外，更应提供一种使社会成员以学习、自我实现、人性发展为目标的制度。1972年，联合国教科文组织国际基于发展委员会发布的《学会生存：教育世界的今天与明天》报告书，肯定并进一步发展了赫钦斯的理念，把学习型社会作为未来社会形态的构想和追求目标。从此，学习型社会的概念和思想在国际社会迅速传播开来。

学习型社会的提出扩展了人们对教育的认识，开始把终身教育作为整个社会发展的基石，并以人人学习、终身学习作为一种适应知识经济、智力社会发展的新的社会发展模式。1990年美国学者彼得·圣吉提出了“学习型组织”理论，把有组织的学习从传统的教育领域中提升出来作为社会各种组织的基本功能，为学习型社会的建设奠定了坚实基础。

“学习型社会”和“学习型组织”作为一种新型的发展理念，在许多发达国家和转型期国家引起共鸣，成为其推进教育改革、社会发展的重要任务和目标，如瑞典实施了“回归教育”制度，日本设立了“终身教育局”，美国提出要“把美国变成人人学习之国”，“把社会变成大课堂”等。

“学习型社会”和“学习型组织”的理论在中国也得到了迅速的回应和发展。1993年，《中国教育改革和发展纲要》开始正式使用“终身教育”这一概念。2002年，党的十六大提出了“形成全民学习、终身学习的学习型社会”的要求。十六大以后，党中央反复强调要努力建设学习型社会，在全社会树立全民学习、终身学习的理念，建设学习型社会已成为我国全面建设小康社会的重要任务和目标。

（二）学习型社会是时代发展的要求

学习型社会的理论之所以得到联合国和许多国家的重视，是因为这一理论顺应20世纪后期人类社会出现的新变化、新发展，提出了新的社会发展方案和发展模式。

一是针对片面追求经济发展所带来的弊端的反思，强调要把人的全面发展作为社会发展的目的，体现了以人为本的理念，摒弃了那种仅仅把自然资源开发看作是社会经济发展的关键，把GDP增长看作是社会发展主要目标的观念。

二是顺应了知识经济的要求，强调要使学习成为经济社会发展的力量源泉。“知识经济”归根结底是依靠“智慧”的经济，是“创新”的经济，而“智慧”和“创新”归根结底是人的智慧，要靠人来创新。知识经济的关键是“人”，不是“物”。人力资本在知识经济中具有突出的重要性，学习与教育则是提高人力资本的重要途径。

三是紧紧抓住信息技术发展的机遇和趋势，以社会化的学习拓展了信息化的功能，推动着信息技术的发展。信息技术为学习需求的表达、学习资源的供给，以及教育形式的改革提供了有力的技术保证，为满足人们随时随地学习的需求，提供了无限的可能和便利条件。信息技术的发展是学习型社会到来的必要前提，而社会化的学习又构成了信息技术发展的基本内容。

四是教育发展和教育改革呼吁学习型社会的到来。随着教育事业的发展，昔日培养精英的高等教育已经走向了大众化，教育在社会发展中的作用越突出，教育事业越发展，也就越要求让每个人都能获得平等的受教育权利，越要求教育从阶段性教育走向全民教育、终身教育，越要求从学校教育走向社会教育，越要求与实践相结合，使教育社会化、社会教育化。

（三）学习型城市的内涵与特征

城市作为人类社会进步和发展的产物，是现代化的基础和载体，也是创建学习型组织、建设学习型社会的基本单元和重要组织者。为实现城市发展的转型，包括杭州在内的许多城市把“学习型社会”和“学习型组织”的理念综合运用于城市建设、城市管理和城市发展，开始了建设学习型城市的新探索，在实践中不断深化并拓展对学习型社会和学习型组织的认识。

学习型城市就是将学习型组织和学习型社会的理念运用于城市管理、城市建设和城市发展，从而确定城市管理、城市建设和城市发展的新理念、新模式和新目标。学习型城市内涵可表述为，以人的全面发展为着眼点和根本目的，在一个城市的发展中形成有组织的自觉学习、广泛学习、善于学习、终身学习的体系和行为，并以学习推动城市不断创新、全面发展。学习型城市的前提是学习，核心和关键是城市为了创新和发展所进行的自觉、有组织、系统的学习。

学习型城市具有以下几方面的基本特性：

第一，学习意识的普遍性和渗透性。每个市民都认识到学习的重要性，都具有学习的愿望和需求。

第二，学习行为的持续性和终身性。学习不再是阶段性的、局限在学校的行为，而是成为人们的一种生活方式。强调终身学习，城市将为每个人提供不断学习的机会和条件。

第三，学习体系的社会性和网络性。学习体系将不再局限于传统意义上的学校，各级各类社会组织都有责任和义务把有组织的、导向性清晰的学习活动融入到自己的工作和内部管理，成为学习型组织，从而构建起社会化的学习体系和学习网络。

第四，学习方法的创新性和科学性。学习型城市中的组织和个人有科学的学习方式，不仅愿意学，而且善于学。

第五，学习运行的组织性和服务性。在学习型城市，学习者是社会的主体，政府要为学习者提供服务。为此，政府在结构和功能上必须做出必要的安排，以便更好地实现这个目标。

第六，学习评价的目标性和发展性。学习型城市体现着时代精神和进取精神，体现城市的生机与活力，是以人的发展为中心，以提高人的综合素质为目标，学习型城市不是局限于讲学历的城市，而是讲素质的城市。是否重视学习、善于学习决定着一个城市的兴衰，也是检验一个城市发展水平高低的根本标准之一。

学习型城市就是“教育社会化、社会教育化、工作和生活学习化、学习和工作生活化”的城市，是学习成为市民的一种生活态度、生活方式，成为城市管理的基本理念和基本途径的城市，是教育、学习与工作、生活紧密结合，共同发展，生活品质不断提高的城市。

建设学习型城市，就是一个城市通过有组织的学习深化对城市的认识，对建设什么样的城市、怎样建设城市形成共识，从而赋予城市灵魂，增强创新能力，转变发展模式，实现城市有特色的全面、协调、可持续发展。

二、杭州建设学习型城市的重要意义

（一）深入贯彻落实科学发展观，加快转变经济发展方式和城市发展方式的需要

改革开放以来，特别是进入21世纪以来，杭州的经济社会发展取得了突出的成就，一个经济欣欣向荣、社会和谐稳定、人民幸福安康、环境整洁优美的生活品质之城已经走在前列。同时，我们也要看到，在新世纪新时期，面对新的挑战，杭州的发展凸显出城乡发展不均衡、产业结构不合理、自主创新能力不强、节能降耗和保护生态环境的压力比较大等许多深层次的矛盾。深入贯彻落实科学发展观，推动经济、社会又好又快发展，需要解决统筹城乡发展、增强自主创新能力、实现产业结构转型升级、建设生态文明、

发展低碳经济、建设低碳城市等重大课题。

贯彻落实科学发展观，加快转变经济发展方式是发展观念、发展方式的深刻转变，也是一次深刻的社会变革。杭州要实现城市发展由重“物”向以人为本转变、由片面追求发展速度向更加重视质量和效益转变，由大量投入资金资源向依靠知识创新转变、由人口往城市集聚向城市生活条件和生活方式往农村扩展，实现城乡一体化转变，就要把知识作为最重要的、永恒发展资源，把知识创新成为经济发展，提升竞争力的核心要素，把知识生产和消费作为经济发展、社会进步乃至人的全面发展的重要方式。通过知识快速增长、迅速普及、拓宽应用面，为杭州的转型发展提供智力保障和动力源泉。美国的管理思想家戴维斯曾经预言：“21世纪的全球市场，将由那些通过学习创造利润的企业来主导。”我们要像渴求资金投入那样渴求知识的增长，要像推进项目带动那样推进学习型城市的建设，通过有组织的、有效的学习实现杭州经济发展方式和城市发展方式的转变。

（二）转变政府管理方式，破解城市管理难题，构建社会主义和谐社会的需要

近年来杭州城市发展的加速给城市管理带来不少新的难题。杭州市进行的“破七难”，是改善民生的重要举措，也是应对城市管理挑战的探索。在探索中，杭州不仅在建设服务型政府方面推出了许多新的举措，提出要以民主促民生，开展了“请人民评判、让人民满意”的活动和绩效评估工作，促进了政府管理方式的转变。必须看到，随着杭州的发展，我们还将面临许多新的难题。要适应现代城市发展的必然趋势，实现城市管理理念的创新，增强市民的民主法治意识，使城市管理从“硬”化 到“软”化，从“权力型”到“治理型”，以民主促民生，需要通过学习在政府、具体管理者和被管理者之间进行三维互动，实现相互塑造、相互磨合、相互调控，通过学习增进人们之间的相互理解、交流与交往，促进社会和谐与稳定。因此，建设学习型城市是转变城市管理模式，建设服务型政府，构建社会主义和谐社会的有效途径。

（三）提高市民素质，开发人力资源的需要

城市的发展从根本上说是市民素质的提高。城市最丰富和最强大的资

源是人力资源。学习是提高市民素质，特别是提高市民科学文化素质、文明素质和生活品位的根本措施和唯一途径。人只有不断地学习，才能不断地进步，不断地突破自己的能力上限，实现自己的人生价值。人力资源的发展、文化竞争力的形成，也都要通过有组织的学习来促进和凝聚。建设学习型社会就是要通过建立全民教育体系，进行有组织的学习活动，系统地、经常地、全面地对市民进行社会主义核心价值体系的教育、科学文化的教育、文化传统的教育、文明行为的教育、专业技能的教育，形成崇尚学习的氛围和人人学习、终身学习的局面，使每一个市民能够激发学习的意愿，进行自主学习、终身学习和开展互动式的学习，不断提高自身素质，并通过市民素质的提高，最广泛地开发人力资源，壮大人才队伍，形成独具特色的城市精神，增强城市的核心竞争力。

（四）发挥杭州优势，共建共享生活品质之城的需要

竞争力的核心是文化竞争力，杭州是著名的历史文化名城，教育文化事业发达，教育文化资源丰富。发展中，杭州十分注重发挥文化优势，以“精致和谐、大气开放”的人文精神，开创了一条“和谐创业”的道路，确定了“生活品质之城”的城市定位，促进了杭州产业结构的积极变化。在服务业优先、培育发展十大特色潜力行业、发展高新技术产业、“一总部（楼宇经济）、两基地（消费性服务基地和生产性服务基地）、三亮点（商贸、文创及第三方解决方案和物流）”等新思路、新政策的引导下，电子商务、创意产业、现代服务业以及生态产业等知识经济因素正在形成杭州新的发展优势。

文化的活力在于学习，文化竞争力的形成在于有组织的学习。生活品质的实现取决于对生活的认识，生活品质之城的实现取决于对生活的共同认识。古希腊诗人米南德曾经说，学会学习的人，是非常幸福的人。学习改变生活，知识创造生活。学习使我们的生活更有活力，更有品质，对学习的态度决定生活品质，学习的能力决定竞争力。建设学习型城市，就是要继续发挥杭州的优势，增强杭州的竞争力，使城市的生活品质得到不断提高。

学习是前进的基础。建设学习型城市对杭州贯彻落实科学发展观，实现“创业富民、创新强省”的总战略，增强自主创新能力，加快转变城市发展方式和经济发展方式，实现城乡一体化发展，加强生态文明建设，提高城市

管理水平，进一步提高生活品质，发挥优势，实现全面、协调、可持续发展具有先导性、全局性、基础性的作用，是决定杭州未来发展的重大战略措施。

三、杭州建设学习型城市的总体构想

（一）指导思想

以马列主义、毛泽东思想和中国特色社会主义理论体系为指导，深入贯彻落实科学发展观，紧密结合杭州城市建设、城市管理、城市发展的工作实际，以完善全民学习和终身教育体系为基础，以创建各级各类学习型组织为主体，以广泛开展形式多样的学习活动为主要内容，切实推进马克思主义中国化、时代化、大众化，践行社会主义核心价值体系，普及科学文化和管理知识，不断提高领导水平，增强创新能力，建设服务型政府，转变经济发展方式和城市发展方式，促进人的全面发展和社会的全面进步，共建共享与世界名城相媲美的生活品质之城。

（二）建设学习型城市的目标

建设学习型城市要树立四大理念，构建一大体系，收到五大实效，从而确立自己的价值目标、工作目标和效果目标。

1. 树立四大理念，就是要在学习中形成正确的价值取向，确立正确的价值目标

第一，树立崇尚知识、崇尚学习的理念。学习型城市是把学习作为第一需要的城市，要把知识作为城市发展最重要的发展资源，把追求知识与推进发展结合起来；要把学习作为最高尚的生活品质，把坚持学习与完美自我结合起来，确立人人向学、处处可学、社会褒学的理念和风尚，使学习成为杭州发展的前提，成为城市发展的主要推动力和市民生活的第一需要，把杭州建设成为学习的天堂。

第二，树立尊重人才、开发人才的理念。学习型城市是人才集聚和不断发展的城市，具有吸引和培养、开发各类人才的优势。建设学习型城市，要树立尊重人才，培养和开发人才的理念，以人的发展为中心，以提高人的素质为目的，在学习中打造人才高地，使人才在学习中充分发挥作用，得到开发和培养，形成人才效应，通过人才的集聚、开发、成长，促进和实现知识的传播、创新和发展。

第三，树立勇于创新，不断进取的理念。学习型城市是不断创新的城市。“学然后知不足”，学习本身是一个提高、发展和创新的过程，学习的效果要在创新中体现。建设学习型城市，要把创新作为城市的追求目标，倡导并努力实现理论创新、制度创新、科技创新和管理创新。

第四，树立注重生态，协调发展的理念。学习型城市是生态友好型和全面发展型的城市。学习的起始点和根本目的是探求人与自然的关系，人与社会的关系。要用马克思主义以人为本的观点，深刻理解和认识人与自然的关系、人与社会的关系，以马克思主义的终极关怀建造美好的精神家园，在建设生态文明和社会的全面、协调发展中实现人的全面发展。

2. 构建一大体系

就是以学习有条件、有组织、有制度、有活动这“四有”为工作目标，在“十二五”期间初步建立一个软硬件相结合，学历教育与非学历教育相结合，系统教育与短期培训相结合的人人学习、终身学习的社会化学习大体系。这个体系包括夯实基础，建立主体，充实内容三部分。

夯实基础，即以国民教育体系为主体，整合党校、干校和各种教育培训机构等社会教育资源，发展教育事业，提高教育质量，在发展学历教育的同时，发展非学历教育，扩大各级各类学校的社会服务功能，构建人人学习、终身学习的制度基础。

建立主体，即广泛建立学习型机关、学习型县区（市）、学习型街道（乡镇）、学习型企（事）业单位、学习型社团、学习型社区和学习型家庭等学习型组织，使这些学习型组织成为开展学习活动的组织者，共同构成建设学习型城市的主体。

充实内容，即各级各类学习型组织要广泛组织动员广大干部群众开展形式多样的学习活动，充实建设学习型城市的内容。要结合工作和生活，充分利用和完善原有的好的学习平台和学习载体，不断创新和设计灵活多样且能够满足各层面干部群众学习需要的新平台、新载体，真正使学习工作生活化，工作生活学习化。

3. 收到五大实效

建设学习型城市要从以下五个方面收到实效，实现建设学习型城市的效果目标。一是增强创新能力。要通过建设学习型城市激活创新思路，形成创新氛围，加大创新投入，取得创新成果。二是促进社会和谐。要通过建设学习型城市提高城市管理水平，实现城市管理方式的转变，实现政府、具体管理者和被管理者的三维互动，促进社会和谐。三是提升城市品位。城市形象是由文化品位决定的，而文化品位又是由学习决定的。建设学习型城市要在杭州形成积极向上的文化氛围，要提倡高雅文化、发展通俗文化、摈弃低俗文化，弘扬“精致和谐、大气开放”的杭州人文精神，提升城市的品位。四是提高市民素质。学习的效果最终是通过个人的提高体现出来的。建设学习型城市要在切实提高市民的思想道德素质、科学文化素质和文明素质方面取得实效。五是搞好生态建设。生态文明是一个国家和地区的发展进入较高阶段的特征，是知识发展水平在生产、生活中应用程度的指针，也是建设学习型城市是否取得实效的客观标准。

树立四大理念、建立一大体系、收到五大效果的价值目标、工作目标和效果目标是统一的，共同构建在“十二五”期间杭州建设学习型城市要达到的目标体系。要根据这四大理念、一大体系、五大效果制订评估考核体系，促进学习型城市的建设。

（三）基本要求

建设学习型城市要做到“五个结合”：

1. 把建设学习型城市与加强和改进党的建设结合起来

建设学习型党组织，是新形势下加强和改进党的建设的重要内容，是建设学习型政党的基础工程，也是建设学习型城市的核心和龙头工程。建设学习型城市开辟了加强和改进党的建设的新领域、新途径和新办法。把建设学习型城市与加强和改进党的建设结合起来，一是要求党员领导干部要带头学，把学习作为提高素质、增长本领、做好领导工作的根本途径，先学一步，学深一些，通过学习提高领导水平、增强执政能力；二是要切实按照中央和省委的要求，推进学习型党组织建设，把组织学习作为基层党组织的重要作用，通过建设学习型党组织带动本部门本单位的学习；三是广大党员要在学习中充分发挥先锋模范作用，争当自觉学习、刻苦学习、善于学习的模范。

2. 把建设学习型城市与本地区本部门本单位的各项工作结合起来

通过建设学习型城市推动杭州经济社会又好又快发展，是建设学习型城市的根本目的。建设学习型城市一定要发挥理论联系实际的学风，坚持学以致用的原则，注重学习和研究杭州的实际，在学习中要始终着眼于杭州如何加快转变经济发展方式和城市发展方式、如何提高城市管理水平、如何进一步体现和发挥杭州的优势、如何提高市民的综合素质等重大问题，加强学习的针对性，以推进创新为切入点，把学习的成果运用到各项具体工作中去，通过学习促进解放思想、实事求是、与时俱进，实现观念创新、制度创新、科技创新、管理创新和发展模式创新。

3. 坚持学习的主导性和多样化相结合

建设学习型城市是一种价值引导的过程，也是一种多维互动的过程。建设学习型城市，要通过学习内容的确定和学习活动的组织坚持正确的导向，在学习中不断推进马克思主义的中国化、时代化、大众化，引导人们践行社会主义核心价值体系，同时也要注意区分不同层次人们的不同需要和接受能力，针对不同行业、不同对象，确定不同的学习主题和学习内容，采用不同的学习组织方法，使不同的人都能够学有所得、学有所获，并在学习中实现多维互动，共同提高、共同前进。

4. 坚持团队学习、组织学习和个人学习相结合

建设学习型城市，要通过“团队学习”、“组织学习”实现“全民学习”。团队学习是学习型组织的基本特征，也是创建学习型组织的关键环节。团队学习就是要在团队成员之间进行合作性学习，通过思想沟通和相互探讨在团队中形成共同的认识和知识共享。组织学习是建立在团队学习的基础之上，使组织中的若干团队能够通过学习相互了解和相互支持，增强系统性和协调性。但学习能否取得成效，最终取决于个人学习。因此，团队学习、组织学习要着眼于调动每个人的学习积极性，体现“快乐学习”的理念，运用“网络学习”的方法。“快乐学习”就是从学习者的兴趣出发，把学习与工作、生活融为一体，运用启发式、研讨式、情景式等不同的方法，激发学习者的求知愿望，使学习者看到学习的成效，从而把学习这一艰苦的脑力劳动变成一种享受和快乐的行为，成为生活品质的有机组成部分。“网络学习”就是要充分利用因特网丰富的学习资源，学习者能够在浏览、搜索信息中进行个性化的学习，并在学习中进行平等互动的特点，让学习能够更自主、更快乐、更平等、更及时、更有效，不受年龄的限制，贯穿人的一生，影响人的一生。

5. 加强学习的针对性与建立学习的长效机制相结合

人生有涯，学无涯。学习是一个动态发展，永无止境的过程。同时学习又有

一定的阶段性。建设学习型城市首先要使学习开展起来，迅速在全市范围内形成深厚的学习氛围，并通过加强学习的针对性，使学习一开始就能够收到明显的实效，保证在“十二五”期间初步建成一个社会化学习的大体系。同时，在建设学习型城市伊始，我们就要着眼于长远，摒弃急功近利的思想，注重基础理论、基础知识和基本方法的学习，着手建立一种能够使学习持续发展的长效机制，从加强领导、发展规划、绩效考评、加强投入以及干部选拔任用、职工考核晋级、人才培养使用等方面建立不断推进学习型城市建设的领导机制、组织机制、激励机制和保障机制，使学习能够持续不断地发展下去。

四、杭州建设学习型城市的举措

（一）创建学习型组织，使学习组织系统化

建设学习型城市的主体是各类学习型组织，要以创建学习型党组织为龙头，以创建学习型党组织、学习型企（事）业单位和学习型社区为重点，积极创建学习型机关、学习型企（事）业单位、学习型区县和学习型街道（乡镇）、学习型社团、学习型社区和学习型家庭等各种学习型组织，构建学习型城市的系统和网络，组织和推动学习活动的开展，提高学习者的学习能力、创新能力，使学习型城市建设健康持续发展。

创建学习型党组织要使全市各级党组织按照科学理论武装、具有世界眼光、善于把握规律、富有创新精神的要求，以提高思想政治水平为基本目标，深入学习马克思主义理论，学习党的路线方针政策和国家法律法规，学习党的历史，学习现代化建设所需要的各方面知识，不断在武装头脑、指导实践、推动工作上取得新成效。使党员的学习能力不断提升、知识素养不断提高、先锋模范作用充分发挥，使党组织的创造力、凝聚力、战斗力不断增强。

创建学习型企（事）业单位要把指导职工学习、团队学习作为促进本单位发展与创新的基础，把学习与本单位的改革发展结合在一起，保证教育培训经费的投入，调动员工学习、创新的积极性。企业要把学习作为提高管理水平，增强企业凝聚力的基础和重要措施，满足员工的学习需求，通过学习形成积极和谐、团结创新的企业文化。事业单位要面向社会，增强社会服务功能，积极履行相应的职责，为建设学习型城市作出应有的贡献。

创建学习型社区要从社区工作的特点和社区自治的原则出发，以提高社区居民的生活品质为中心，通过有组织的学习使学习成为居民的自觉行动，通过学习提高居民的素质，实现社区群众的自我管理、自我教育和自我服务，实现社区和谐和提高生活品质的目标。要以发展社区教育为重点，建立健全市民学校、老年学校等社区教育机构和图书室、阅览室、健身场（房）等文化体育设施，以丰富多彩的文体活动吸引居民的学习注意力。要把学习培训与就业服务、社会保障等工作结合起来，拓宽学习教育的渠道。要以社会主义道德教育为主要内容，进行社会公德、家庭美德和文明行为的宣传教育，提高居民的综合素质。

（二）打造学习平台，丰富活动载体，使学习活动经常化

杭州建设学习型城市，必须充分运用各种行之有效的学习平台和活动载体，组织和吸引广大市民积极参与学习，以增强学习效果，提升学习质量。

1. 坚持和完善学习制度

在建设学习型城市中，要坚持和完善学习制度，如领导干部定期培训制度、党委（党组）中心组学习制度，党员干部自学制度、基层党组织三会一课制度、形势教育制度、决策调研制度、职工岗前培训制度等，使学习进一步制度化、规范化、长期化。

2. 充分利用已有的学习平台和学习活动载体

要充分利用已有的学习平台和学习活动载体开展学习活动，充分发挥它们在学习中的作用。如专题学习（报告）会、研讨会、课题调研、社科普及周、社科宣讲团（宣讲点）、人文大讲堂、市民大讲堂、西湖书市、科普示范街道（乡镇）、科技活动（科普宣传）周、科技日、科普画廊、杭州科技馆、大学生读书会以及各大新闻媒体开辟的有关学习和科普的专栏、节目等。在充分利用已有的学习平台和学习活动载体时，要突出特点，形成特色，扩大影响，形成品牌效应，增强活动的效果。

3. 创新学习活动载体

在建设学习型城市中，各学习型组织要注意围绕读书、交流和创新三个环节，创新学习平台和学习活动载体。

读书是建设学习型城市最基本的活动，是把建设学习型城市的各项任务落在实处的前提。要提倡爱读书、读好书、善读书，真正把读书学习当成一

种生活态度、一种工作责任、一种精神追求，自觉养成读书学习的习惯，真正使读书学习成为工作、生活的重要组成部分，使一切有益的知识和文化入脑入心，沉淀在我们的血液里，融汇在我们的行为中。要围绕如何开展读书活动创新学习平台和学习活动载体，使大家，特别是领导干部真正能够保证有时间读书，能够静下心来读书。

交流是促进学习的有效途径，要把建设学习型城市活动开展起来，特别是把读书活动开展起来，就要通过创新学习平台和活动载体，在各种不同的学习型组织之间，在不同的学习者之间开辟沟通和交流的渠道，进行知识共享，相互启发、共同提高。

创新是建设学习型城市的目的。要把建设学习型城市的活动落在实处，就需要把学习的成果转化为创新。要在学习、交流的基础上，通过建设创新团队、设立科技园、创新区等措施，搭建有利于创新的平台和活动载体，使创新的火花能够及时碰撞、闪光并发展成为自主创新的硕果。

（三）进一步健全和发展全民终身教育体系，使教育社会化

建设学习型城市，需要满足社会多样化的教育需求，实现教育公平。要健全和发展全民终身教育体系，形成全民学习、终身学习的社会氛围，提供多渠道、多时空、多媒体的学习机会和方式，实现教育社会化和社会教育化，使市民能够满足学习的愿望，能够做到终身学习，实现把人的全面发展作为城市发展的目标。

要普及学前教育，巩固和发展义务教育，提高高中阶段教育的质量，积极发展高等教育、职业教育、成人教育和继续教育，其中包括继续支持杭州师范大学建设成为省内乃至国内一流综合性大学；学校教育，特别是高等教育要强化社会服务的功能；要充分发挥计算机网络教育、行业（企业）教育以及社会教育系统的作用，满足各类人群的教育需求、努力办好社区学院、社区市民学校。降低受教育门槛，保障市民接受全民终身教育的权利，使得全面终身教育体系更具开放性和系统性，促进各个年龄段的社会成员学习，提高市民的整体素质。

（四）优化整合，充分利用城市的学习资源，使学习活动方便化

杭州是著名的历史文化名城，文化资源十分丰富。创建学习型城市，要

优化整合，充分利用杭州丰富的文化资源。要加大对杭州历史文化的研究力度，不断充实各种文化设施、旅游设施的内涵，使之成为杭州建设学习型城市的优质资源。各种文化设施要把公益性放在第一位，扩大开放性，使广大市民能够充分利用这些学习资源。高等院校、科研院所和相关部门的图书馆要采取积极措施，向社会开放。要把文化产业的发展与学习型城市的建设结合起来，使二者相互配合、相互促进，通过文化产业的发展丰富学习资源，通过学习型城市的建设推动文化产业的发展，为市民的多样化学习提供更多的机会和更方便的平台。

（五）建设数字化的学习型城市，使学习资源、学习活动、学习效果数字化

学习型城市是在信息网络技术发展的基础上提出来的，而信息网络技术又是为学习服务的。马奎特的“学习型组织系统”模型中表明，支持学习和信息访问与交换的支持性技术网络及信息工具，可以提高学习和知识管理的速度与效果。

杭州作为“天堂硅谷”，已经成为全国首批三网融合（电信网、广播电视网和互联网）试点城市之一，在硬件建设上，已经具备了一定的网络基础和信息化水平，同时由于集合了阿里巴巴、中国化工网、中国化纤网等为代表的在国内、国际享有一定知名度的电子商务网站，也出现了像信雅达、恒生电子、东信等为代表的软硬件开发商，资金、人才等资源纷纷涌入信息产业领域，电子政务、电子商务、各种业务应用系统的开发工作不断走向深入。目前，在杭州，电信宽带用户已超过150万，已有多个旧小区进行了光纤入户接入改造，新建小区的光纤入户率达到50%以上。浙江电信在浙江全省的IPTV用户数已超过30万，杭州除了酒店用户外，就有约6万。这些都为学习型城市的发展蓄积了巨大的潜能。要通过编制规划，建立信息资源集约化管理平台，充分整合现有资源，提高信息资源利用效率，对传统网络进行互动改造，推进光纤入户建设等措施，使更多市民体验到最新的互联网技术。要充分利用信息网络技术的发展提高学习效率、丰富学习形式。如积极运用干部学习新干线、党员干部现代远程教育网、电化教育、理论网页等途径，利用新兴的移动网络技术，提高学习的信息化水平，可以开展菜单式学习、互动式学习、创造性学习，不断提高学习效率，增强学习效果。创建学习网站，汇聚有关学习资料，在各类学习型组织中架设一条信息化桥梁，传递学习信息，开展学习中的交流和互动，启发创新性思维。杭州要建设数字化的学习型城市，使学习资源、学习活动、学习效果数字化。

（六）建立和完善运行机制，使学习活动机制化

要通过建立和完善领导机制、激励机制、投入机制这三大机制，保证学习型城市建设的顺利推进。

1. 健全领导机制

为加强对建设学习型城市的领导，建议在市委的统一领导下，成立由市委、市政府主要领导同志担任组长、副组长，由市委组织部、市委宣传部、市教育局、市直机关工委等部门（单位）负责同志担任成员的杭州市学习型城市建设工作领导小组，负责建设学习型城市的决策、统筹、协调、指导、检查等工作。领导小组办公室可设在市委宣传部，具体承担建设学习型城市的联络、协调、综合、督查等日常工作。办公室可建立联席会议制度，通过建立健全各类学习型组织和工作载体的牵头单位联席会议制度，定期交流情况、分析问题和部署工作。

各区县（市）和市直机关各部门、各单位也要建立健全相应的指导、协调和工作机构，负责指导本地区、本部门、本单位建设学习型城市的工作。

要充分发挥工会、共青团、妇联、科协等群众团体和社会组织的作用，加强各部门统筹协调和相互配合，形成党委领导、政府主导、部门联运、社会协同、全民参与的格局。

2. 建立激励机制

要建立科学的评估制度，客观、全面地评价各部门、各单位建设学习型城市的工作情况，建立健全学习成绩认可制度，使学习成果能够得到社会的承认。要把创建学习型机关作为市直机关综合考评的重要内容；要建立科学的用人制度，坚持科学的人才观，在提职、晋级、评优和技术职能、技能等级评定等工作中突出学习态度、学习能力、实践创新能力；建立培训、考核、使用与待遇相结合的激励机制，鼓励和支持职工参加各种在岗培训和学历升级，对在坚持学习、实践创新方面取得成绩的员工给予表彰和奖励。加

大向农村劳动者和城市弱势群体提供职业培训服务的政策倾斜力度。构建全市知识产权监管、保护、服务平台和利益激励机制。支持科技人员、科研机构和企业家利用创新成果创办科技型企业，鼓励市内外高校、科研院所拥有创新成果的科技人员和科研团队，以兼职或离岗等方式，创办、领办科技型企业，或与企业家合作创办科技型企业。鼓励各类科技人员以技术转让、技术入股、技术服务、项目承包等多种形式转化创新成果、参与科技创业；定期召开学习型组织示范单位、先进个人表彰大会，授予光荣称号和嘉奖等。

3. 完善投入机制

逐步拓宽资金来源渠道，形成政府、企事业单位、社会团体和学习者共同承担的投入保障机制。政府要按《国家中长期教育改革和发展规划纲要（2010−2020年）》的要求，保证每年安排的教育财政性支出相应增长，实现到2012年教育财政性支出占地区生产总值的4%的目标，要运用财政、金融、税收等政策杠杆，拓宽资金渠道，鼓励社会力量办学。除学校教育外，政府要保证用于社区教育的经费和公务员培训的经费。企事业单位要从开发人力资源的需要，在培训员工方面发挥主体作用，要确保职工教育经费的足额缴纳，把职工教育经费主要用于一线职工的培训。各类企业都应加大研发力度，提高自主创新能力。高校和科研机构要面向杭州经济、社会发展，加强社会服务，开展社会合作，加大研发投入。个人投入是实现人人终身学习的重要资金来源。除九年义务教育以外，要在实现教育公平、规范合理收费的基础上，为各种不同的学习需求提供更多更好的教育服务，不同程度地由个人或其家庭承担教育费用。要在确保公益性的前提下，鼓励并吸引个人投资教育、文化、科普事业。

（七）加强理论研究和队伍建设，使建设学习型城市人才化

重视人才的作用，培养和开发人才是建设学习型城市的一个重要思想和目标。学习型城市建设本身也要大力开发人力资源，培养和开发大批人才，使建设学习型城市成为人才成长的快车道。

建设学习型城市是一个动态的过程，发展的过程，是一个涉及方方面面的系统工程，有许多问题需要深入研究。为了加强理论研究、建议成立杭州市建设学习型城市研究中心，中心挂靠杭州师范大学，在杭州市学习型城市建设工作领导小组及其办公室的领导和指导下，整合全市教育科研工作者，

社会各界专家为基本队伍，聘请国内有关知名学者和浙江大学等省内高校的有关学者担任指导，从哲学、教育学、管理学、政治学、经济学、人类文化学、历史学等各个领域开展具有杭州特色的建设学习型城市理论研究，在为建设学习型城市提供源源不断的理论支持和决策咨询的同时，培养和造就一支能够支撑学习型城市不断发展的高水平的社科理论队伍。

要在建设学习型城市的过程中，培育一支高水平的管理工作者队伍和组织一支热心的志愿者队伍，充分发挥建设学习型城市第一线的机关工作人员、教育工作者、社区工作者以及企事业单位的有关管理人员和志愿者的作用，在组织学习中实现组织者和学习者的共同提高，培养一支热心为群众服务，学习能力强，理论水平高，实践经验丰富的学习组织者、城市管理人员和志愿者队伍，使学习型城市建设轰轰烈烈、扎扎实实地开展起来。

五、杭州建设学习型城市要有鲜明的特色

建设学习型城市意味着杭州的城市建设、城市管理、城市发展要有一个新的开端。如何使杭州在建设学习型城市中形成自己鲜明的特色，这是一个需要在建设学习型城市的实践中不断探索，不断总结的问题。在研究中，我们认识，可以从两个方面努力形成自己的特色。

第一，结合生活品质之城，打造学习的天堂。共建共享生活品质之城的城市定位，体现了以人为本的要求和杭州的发展特色，有深厚的群众基础，我们认为，杭州在建设学习型城市中可以结合生活品质之城形成自己的特色。在这个方面，除了体现以人为本的要求，还需要强调学习与生活品质的关系，强调以学习提高生活品质，同时，要提倡“快乐学习”，讲究学习方法，注重学习效果，丰富学习资源，把杭州打造成学习的天堂。

第二，突出数字网络化建设，建设数字化的学习之城。杭州数字化建设有比较好的基础，是国家三网合一的试点城市之一。信息产业发展比较成熟，有阿里巴巴这样国际知名的企业。近年来，杭州的动漫产业发展很快，中国国际动漫节的影响力不断扩大。杭州在电子政务方面也走在全国前列。

学习型社会的提出本身就与信息网络技术的发展有着直接的关系。信息本身就是知识，掌握信息、处理信息本身就是一种学习，并且对建设学习型城市提出了迫切的要求。因此，我们认为，应该突出杭州在数字化建设和发

展电子商务、动漫产业等信息产业方面的优势，利用信息网络技术给学习提供的便利条件和革命性要求，提出建设数字化的学习型城市，即把杭州建设成为数字化的学习之城。

（崔鹏飞、黎青平、曹力铁、金波、项洁雯、龚上华）

【附一】

学习社会视野中学习型城市的构建

学习社会一词，近年作为一个专门术语出现在社会各个层面。随着经济全球化与知识经济的到来、社会节奏的加快和急剧变革，使我们身处终身学习的时代，教育与学习成为我们生活的需要，每个人理应成为终身学习者；社会鼓励所有成员参与学习活动，知识传播和能力培养的方式发生了变化。学习社会蕴藏的丰富内涵，着眼于人的技能、能力和未来新型社会的构想，由此产生巨大的能量，引起我国政府、机构、个人的广泛关注和重视。学习型城市是小康社会的目标，也是全面建设小康社会的动力，作为现代文明发展摇篮和基地的城市是社会的重要组成部分，在形成学习社会中具有重要的战略地位和作用。北京、上海、深圳、杭州、青岛、南京、济南等50 多个城市相继提出了建设学习型城市的目标。杭州作为浙江的省会城市和长江三角洲南翼的中心城市，只有加快与上海国际大都市圈的融合，推进长江三角洲、省域、市域三级经济区域一体化进程；强化国际风景旅游城市、区域中心城市、省会城市、制造业基地四大城市功能；做大做强中心城市，加速集聚各类要素，增强城市综合竞争力，才能构筑城市新优势，赢得发展主动权。同时通过创建学习型城市，提升城市文化品位，塑造城市精神，形成处处有学习场所、时时有学习机会、人人有学习愿望的学习型城市。因此，如何完善终身学习体系、创建学习型城市，成为城市普遍关注的、具有深远意义的重大理论和实践问题。

一、目标厘定：学习型城市特征分析

学习型城市的内涵比教育型城市要广泛得多，它是一个有活力的城市系统，学习已成为城市发展的核心理念。教育概念相对狭窄，是由特定的教育机构出面完成的有组织的行为；学习是一个包含教育在内的更加广泛的过程，是学习者获取知识、技能、修养的非组织行为。在学习型城市中，市民的学习方式、学习过程以及核心技能是关注的焦点，学习使广大市民日益加

深对提高生活质量和开发人力资本以及实现经济社会可持续发展的理解。学习型城市是以知识经济为导向，由政府统筹领导，整合社会资源，广泛开展学徒资格、职业培训和成人教育等学习活动，以保持城市的可持续发展和实现人的全面发展，加快迈向学习社会。

学习型城市是主动追求新知的城市。学习型城市以信息社会和知识经济为其深厚的生存背景和发展空间，信息化、高科技和经济全球化带来空前的知识更新频率，知识成为经济增长的核心因素，科技进步和知识创新成为经济发展的根本动力，将赋予教育和学习以特殊的使命。著名学习社会理论家Donald Schön在《跨越稳定状态：变革时代中的公立和私立教育》中指出："为帮助社会积极应对快速的社会变革，把学习置于社会的中心位置是实现未来社会发展的关键。在一个稳定的世界里，我们知道我们自己，我们扮演什么角色，以及怎样扮演。面对不可预期、不断变革的社会，我们不知道怎样表演，我们将缺乏安全感。"职业的变更和人员的流动，使每个市民认识到学习对自身和城市发展的重要性，满怀强烈的学习愿望和需求，主动选择多样化的学习内容和学习方式。学习型城市将主动应对未来的变化，广泛开展国内外城市的交流、合作，建立促进个人学习的管理模式和机构；以人为本，不断研习国外先进、科学的学习方式，鼓励社会成员自主选择适合个人的学习计划，把教育和人的幸福、人的自由、人的尊严、人的终极价值联系起来，以实现人的全面发展。

学习型城市是反思自身发展的城市。真正的学习型城市是充分认识自身发展优劣、借鉴其他城市经验发展起来的，城市管理者应当经常被派往国内外访问经济复苏典范的城市。访问可以开阔城市领导的眼界，便于城市之间相互了解，打破相互隔阂，共享基于广泛合作的知识。也可以借助网络和图书馆，如瑞典的公共图书馆系统和华盛顿在线交流合作伙伴，开展异地读书、交谈、电视、会议、专题研讨等。为此，学习型城市将积极应对快速的经济社会发展，尤其考虑目前的教育活动，激发每个人的聪明才智和潜能，因为人的需要、动机、想象力和创造性在某种程度上决定了知识的质量，城市经济的发展有赖于人的素质的提高。因此，有远见的城市领导人纷纷将学习文化渗透到城市未来的发展中。

学习型城市是参与终身学习的城市。“终身教育是进入21世纪的钥匙”，它超越了启蒙教育和继续教育之间的传统区别。为适应知识经济和教育发展的需要，要求改变学习的方式。霍森（Husen）认为教育改革的任务是主动适应社会变革的需要，并通过对教育的反思，改变传统的学习方式。具体措施有三点：构建“学习社会所需的教育制度”，满足全体市民接受教育的高涨热情；形成满足“知识爆炸和信息传递、储存和恢复的技术”；开展个性化教学，使每一位学生能学到最适合自己的学习内容。人的一生无法分成学习和工作两个阶段，学校教育不是学习的终结，而是学习的一个场所，学习将贯穿人的一生。教育的终极目的是为了培养社会有用的公民，这就要求将普通教育和职业培训相互贯通，形成学前教育、初等教育、中等教育、高等教育以及职业教育、成人教育、正规教育和非正规教育、学历教育与非学历教育相结合的终身学习网络。实现精英教育向大众教育转变，使广大市民充分享有接受教育的基本权利，掌握终身学习的能力，树立终身学习的观念，激发终身学习的愿望。

学习型城市是保障学习权利的城市。学习型城市不仅保障社会成员受教育的权利，而且为城市各级各类组织和不同背景、各个年龄段的个人提供平等的正式、非正式和非正规的学习环境。全社会各领域通力合作，提供便于信息交流共享的资源和渠道。社会成员变消极旁观者为积极学习者，参与各项学习活动，了解城市经济、社会、文化、政治发展状况，以迎接城市和国家繁荣发展的挑战。学习型城市将积极构建灵活的教育制度，努力打破传统的学校学习时间、工作时间和社会之间的界限，满足全体市民参与各级各类教育学习的需要。

学习型城市是拥有良好学习氛围的城市。形成全员学习的良好氛围，需要社会成员普遍把学习作为参与社会生活的第一需要。因此，良好学习氛围的形成，有赖于整个社会的全面参与和运作。学习社会本身就是一个学习的民主政体，明确政府是学习型城市创建的第一责任人，政府部门首先必须成为学习型组织，把学习从政府工作的边缘移到中心位置上来，形成学习型政

府。同时以学习型社区、学习型企业、学习型家庭、学习型学校为抓手，使学习活动深入千家万户，逐步形成全体市民参与的终身学习文化。

二、殊途同归：中英学习型城市比较

21 世纪是知识经济的时代，终身学习已成为每个人生活的核心内容，法国教育家保罗·朗格朗率先提出终身教育和学习社会的构想，一些国际组织和国家积极投入到建构学习社会的运动中去。联合国教科文组织和世界经合组织纷纷倡议，如联合国1993 年发表名为《教育——财富蕴藏其中》的报告，提出21世纪要把人作为发展的中心，接受教育是为了社会的和谐发展和个人能力的充分发挥；欧盟将1996 年定为欧洲终身学习年。英国、美国倡导和实施的构建终身教育体系和学习社会，形成了一场席卷全球的教育革命浪潮。英国提出学习社会是经济复苏和社会繁荣的指导性原则，也是城乡经济社会发展的核心策略； 明确终身学习和学习社会是提升英国经济竞争力、增强社会凝聚力的核心。从1997 年起，教育与就业部推出了一系列有关终身学习的政府报告，如《学习的时代》绿皮书、《学会成功》白皮书和《学习与技能法》等，通过政府的倡导，在全社会培育和塑造一种学习型文化。在中国，上海、北京、杭州等经济实力较强、居民收入和生活水平较高的城市先后提出创建学习型城市，以上海为龙头的长江三角洲都市圈迅速崛起，成为中国最具活力和竞争力的经济区域之一。上海更是以构建学习型城市作为营造国际大都市闪亮形象的重点实事工程之一。杭州作为长江三角洲地区重要的中心城市，已成为推动区域经济的主要动力源和仅次于上海的区域经济增长中心。2002 年，杭州市政府提出了“构建终身教育体系”和“建设学习型城市”的发展目标，出台了《杭州市人民政府关于杭州市构建终身教育体系、建设学习型城市的意见》，进一步实施科教兴国和可持续发展战略，围绕“ 构筑大都市、建设新天堂”的目标，以成人教育为主线，建立从学前教育到老年教育，学校教育到社会教育的终身学习体系；以加强农民教育、大力发展社区教育、发展现代远程教育为内容，形成开放、灵活、高效的教育发展格局；打响“学在杭州”的品牌，为促进市民素质的提高和经济社会的发展提供智力支持和人才保障。总之，中英在创建学习型城市的过程中有许多共同之处：强调推行终身学习政策和构建学习型城市，是为了城市乃至国家经济社会的可持续发展，注重宣传终身学习思想，激发人的学习积极性，保证人人有平等的学习机会，重视人的基本学习权利，提供多种学习方式等。两国之间的差异在于：第一，目的和着眼点不同。英国的学习社会，着眼于国家整体社会和经济发展目标，政府强调“终身学习是确保英国未来繁荣，建设更加公正、全纳（inclusive）社会的中心策略”。通过教育与培训所提供的高质量、灵活的个性化学习，提高英国劳动力素质，保持英国经济国际竞争力，在新的学习时代重现英国昔日“日不落帝国”的辉煌。我国构建学习型城市，着眼于城市的未来发展，以学习型政府、学习型社区、学习型企业的创建为抓手，通过教育提高市民的整体素质，为城市经济社会发展提供智力支持和人才保障，从而将教育更好地融入城市竞争力攀升上。第二，内容不同。我国的学习型城市，要求市民开展以普通话、日常外语和计算机应用能力为内容的学习培训，学习经济、政治、文化、法律、科技、管理、历史、军事；还要求学习政治，学习理论，学习马克思列宁主义、毛泽东思想、邓小平理论和“三个代表”重要思想；善于学习中华民族的优秀传统文化以及人类社会创造的一切先进文明成果，尤其是要从中学习具有时代精神的科学方法和创新思维，培养有用的社会公民。英国的学习社会，引导公民学习新知识、新技能。第三，政府作用不同。我国的学习型城市，明确政府要发挥主导作用。政府应是终身学习的发起人，建设学习型城市的“第一推动力”；政府应建立一个机构，规划、启动学习社会的建设，指导和管理学习社会的各项创建工作，以保证学习社会建设的有序、高效；政府运用法律、财政等手段，多方促进学习组织的发展；政府应整合各种教育资源，汇合各方力量，促进终身教育体系和学习社会的成长。英国政府积极推行市场导向的教育与培训政策，强调市场的作用和个人的责任，政府的作用是学习活动的倡导者和引导者，提供多种学习机会和灵活的学习方式供人们挑选，提高其学习效果；通过建立个人学习账户、成立产业大学、开展直接学习等推进终身学习的措施，激发公民终身学习的需求，扩充家庭学习和公民与社区能量的机制，使劳资之间形成适应未来变化的有效伙伴关系；积极实施政府、企业与个人的学习分担制度，发展灵活多样的学习形式，设置个性化、学习化的社会环境，培育和营造学习者时时可学习、处处可学习的学习文化。第四，手段和方式不同。我国政府计划通过社区教育、远程教育、农村科技扶贫和职工教育培训等活动，促进教育社会化、学习终身化。英国政府推出个人学习制度，帮助人们用专门的“学习账户”资金购买学习，对自己的学习进行投资；产业大学的作用是把教育举办者和学习者联结起来，为学习者提供学习的中介服务；直接学习通过在线学习服务，为离校者继续学业和成人参与学习提供便利。

三、结构统整：学习型城市现实建构

（一）学习型城市的宏观统整

学习型是社会发展形态层次上更高级的社会形态，在农业经济条件下，表现为农业社会；在工业经济条件下，表现为工业社会；在知识经济条件下，表现为学习社会。学习型的意义并不在于单纯强调学习，而在于使学习成为社会的一种运行模式和发展方式。从斯堪的纳维亚到澳大利亚的“ 二次教育机会”运动，从英国的“开放大学”运动到意大利的“150小时”学习计划都表明： 教育改革打破了欧洲国家的社会结构，人员流动频繁，社会结构趋向现代化。统一前的西德，工人阶级子女入大学的比例，从1950 年年初的4%增长到1992 年的18% ；女性接受高等教育的比例已经从同期的14%上升到39%。成人教育在其中起了关键性作用，是引导人们接受高等教育的催化剂。法国著名学者皮埃尔·布迪厄（Pierre Bourdieu）的理论彰显了欧洲国家社会融合和系统统整之间的矛盾。他把资本分成符号资本、文化资本和社会资本，认为文化资本主要通过家庭来积累与传承，它努力将“先天继承的特权与后天获取的优良品行化合在一起”，这一事实使文化资本非常适合于将社会特权的世代传承合法化，尽管民主理想试图去打破这种传承。中国之所以创建学习型城市：一是创建学习型城市是为适应社会发展而进行的一场促进人的全面发展的思想解放运动；二是创建学习型城市是为进一步解放生产力的体制创新；三是创建学习型城市是适应全球化背景下竞争和环境变化而进行的持续的社会变革。在宏观统整中，学习文化和制度建设具有最为强大的整合力。因为“如果学习包括一个人的整个一生，而且也包括全部的社会，那么我们除了对教育体系进行必要的检修以外，还要继续前进，达到一个学习社会的境界”。要完善全社会的终身学习体系；营造社会学习文化氛围，创建学习型个人、学习型家庭、学习型企业、学习型组织、学习型政府；制定全国性和地方性终身学习法律、法规，依法保证全民终身学习法制化、体系化；建立多渠道筹措学习经费的体制，加大对终身学习的投入，吸引中外合作和社会力量办学，实现劳动、知识、技术、管理和资本的活力竞相进发；建立终身学习举办机构的考核、监管和奖励制度。这些只有通过制定和修订相关的教育法律、政策、制度等国家行为才能实现。

（二）学习型城市的中观统整

建立与终身学习相适应的体制和环境，各种正式、非正式和非正规教育机构的整合和协调统一，这是创建学习型城市和满足市民学习多样化需要的核心措施和关键所在。担任柏林Hamboldt大学客座教授的美国社会学家司迈尔塞（Smelser）认为："假如我们不去关注中观层面，那么我们可能忽视未来十年社会最重要的特征。"司迈尔塞用中观层面指称社会自我认同的协调过程，认为上层社会、下层公民之间的并置是文明社会的核心。一方面，促进教学机构的系统化和网络化。改变以往教育机构之间、教育机构与其他社会文化机构之间的自我封闭、相互孤立的状态。加强他们之间的联系与合作，形成一个各部分优势互补的终身学习网络，为学习者提供选择适合自己的学习机会。各种教育机构之间要打破障碍，开展合作交流，实现资源共享，目的是满足不同学习者的培训、学习需要，建构有利于学习者学习的有效机制。在这些机构中，学习者拥有大量的培训机会，能自由选择学习内容，为今后的就业、提高和终身学习做准备。在学习型城市创建初期，应该鼓励和促进社会力量办学，设置和建设更多、更好的学习型组织，以给不同层次市民学习之用。尽管这些学习和培训并不能使市民具备进入劳动力市场的资格，政府也应该设置各种教育机构的市场准入标准，聘请相关组织评定各种教育机构的培训资格，保证培训机构的质量。建立学习成就的认证制度。构建学历教育以外的学习成果评价体系，鼓励学习者从各种渠道参与学习，实行学分制，为学习者开设学习账户，学习成果的积累成为现实，规定"学习护照"，使各种学习渠道畅通无阻。另一方面，结合杭州经济社会发展实际，建设好一批学习型组织。要大力发展社区教育，以杭州电大为基础，建设杭州社区大学，并使其成为我市的远程教育中心和终身教育基地。同时，抓好社区教育试点，争取形成统一管理的"市社区大学—区（县、市）社区学院—街道（乡镇）社区学校—社区（村）教学站"四级办学的社区教育网络，以非学历教育和培训、市民综合文化素质提高和社区工作者培训为主要办学方向和任务，逐步实现非学历教育与学历教育的衔接。要构建企业教育培训基地，建设一批学习型企业。政府要鼓励和支持企业开展岗位技能和下岗再就业培训，依据《浙江省职工教育条例》提取和使用职工工资总额2%的职工教育经费； 以打造浙江省先进制造业基地为依托，将行业性教育与学习型企业建设结合起来，建立现代教育学习制度，支持学习者进行脱产、半工半读、工读交替制等终身学习新形式。要提高农村劳动力科技文化技术水平，积极实施“ 百万农民培训工程”和“绿色证书制度”，开展农业知识的培训，为农村培训一大批致富带头人和农村技术骨干。要积极推进素质教育，建设一大批学习型学校。加强教师专业发展方面的校本培训，提高教师整体素质；调整学校专业结构，根据未来经济结构、就业结构的变化而改变，逐步增加法、商、工、人文在整个专业结构中的比重；营造教师合作的组织氛围；学校管理从事务型向战略型转变，构建新型的学校管理模式。

（三）学习型城市的微观统整

学习型城市建设最终要体现在个人身上，需要通过个人的努力，培养自身的终身学习能力。在全面建设小康社会的进程中，应该倡导以人为本的理念，人是教育的基础，也是教育的根本，帮助个人努力实现人的发展与幸福是教育的目的。学习型城市在个人层面上的统整，首先是个人树立终身学习的理念。要确立学习的目的不仅仅是掌握知识，更重要的是学会如何学习；教育的目的不仅仅是传授知识，更重要的是培养学生的能力；教育的职能不仅仅是保存、传播、发扬已有知识，更重要的是创造新知识、新思维和新的价值观，使学习终身化、学习自主化成为每一个社会公民的共识。其次是实施教育关怀，关注处境不利群体。关注并致力于改变教育中的不平等，消除由于外在各种差异而带来的教育机会的不平等，并致力于由于各种差异带来的歧视。对他们实施特殊的教育政策和待遇，如学习账户、教育券等，构建“教育超市”。再次是个人要具备终身学习的能力。学习社会应该是培养全民不断学习的能力，我国的小学、初中、高中、大学教育应该侧重于培养学生的学习能力，注重培养学生的创新精神和实践能力。

（金岳祥）

【附二】

学习型城市建设对于杭州走新型城市化道路的价值探究

改革开放以来，特别是进入21世纪以来，杭州的经济社会发展取得了突出的成就，一个经济欣欣向荣、社会和谐稳定、人民幸福安康、环境整洁优美的生活品质之城已经走在全省前列。同时也要看到，在新世纪新时期杭州的发展也面临许多新的机遇、新的矛盾和新的挑战。在未来的发展中，杭州要贯彻科学发展观，加快经济发展方式转变，实现“创业富民、创新强省”的总战略，统筹城乡发展，加强生态文明建设，提高市民素质，走新型城市化道路，需要大力建设学习型城市，为城市发展夯实新的基础，注入新的动力。

一、学习型城市是城市现代化的新模式

经过数百年漫长的发展，城市如今正走向一个新的发展阶段。随着科学技术的发展，知识特别是知识的广泛应用和不断创新极大地改变了人类生产和生活的面貌，也使城市现代化的发展进入了一个崭新的阶段。在当今时代，城市现代化的基本内容，就是以文化和现代科学技术的聚集和发展为主要特征，融现代生产方式、生活方式为一体，通过市民素质的不断提高，在经济社会发展中充分发挥引领作用。知识的不断发展和对知识的渴求越来越成为把人口聚集到城市的重要力量。在今天的世界和中国，一个城市文化和科学技术的发展状况往往决定着这个城市的地位和发展水平，市民对知识的掌握和运用程度往往直接关系到市民素质的高低和一个城市的美誉度。城市发展的基本趋势就是：知识改变着我们的城市，知识充实和提高着我们的市民。知识与学习是不能分开的。如果不把知识看作是僵化的符号，而看作是一个充满活力的发展过程，我们就会看到知识是学习的结果，学习又是知识发展并促使人们行为发生变化的过程。因此，学习从本质上说是文化发展和科技进步的过程。离开了人的学习，任何知识都将失去活力。城市让生活更美好，正是知识赋予了城市在人类发展中的这种地位和作用，学习推动着城市的不断发展，改变着人们的生活。

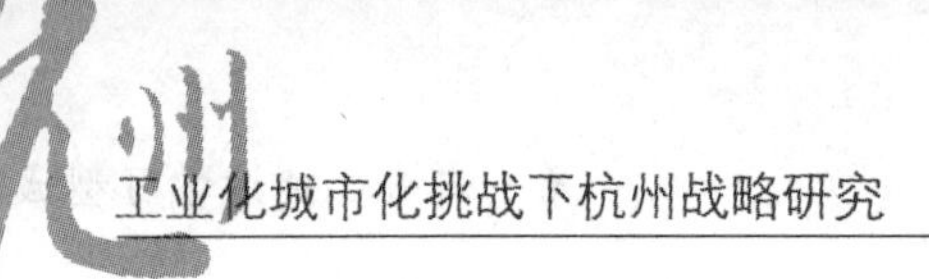

因此，学习是推进现代城市不断发展的重要力量。学习的普遍化和不断强化，是现代城市发展的重要特征和基本要求。一个现代化的城市，必定是学习型的城市。

二、学习型城市的内涵和基本特征

在过去的时代，学习主要表现为一种受国家、社会和社会组织鼓励的个人或一部分人的活动、表现为个人在生活的某一阶段的活动。随着时代的发展，国家、政党、城市和企业、社团等各种组织在发展中为了获得新的力量源泉，开始把获得知识、创新知识的学习与自己的发展结合起来，进行有组织的学习活动，并使学习扩展到人们生存、发展的整个过程。正是由于这样的需要，人们把教育学与管理学结合起来，提出了学习型组织这一新的理论，后来又引申、发展为学习型社会等，极大地丰富和发展了教育学和管理学理论。中国台湾学者认为，学习型组织有五个要点：一是学习型组织是一种组织形态或组织结构；二是学习型组织要包括所有不同层次的学习；三是学习型组织要结合学习与生活和工作各层面；四是学习型组织的发展是持续不断转化的过程；五是学习型组织的发展必须获得共享的成果。大陆学者也认为，学习型社会是将学习型组织的理念运用于社会管理和发展的一种新型社会。学习型社会的核心在于通过组织化的学习活动，努力培养社会不断创新、不断进步的文化精神，提高社会成员的综合素质，加强社会组织的运作效率和竞争能力，推进社会的全面快速发展。在世界处于大发展大变革大调整的当今时代，知识创造、知识更新速度大大加快，建设学习型组织、学习型社会，已经成为一种影响各个国家和地区的世界性潮流。

学习型城市是将学习型组织和学习型社会的理念运用于城市管理、城市建设和城市发展，从而确定的城市管理、城市建设和城市发展的新理念、新模式和新目标。学习型城市的内涵，是指在一个城市的发展中形成了有组织的自觉学习、广泛学习、终身学习、善于学习的体系和行为，并以全体市民的学习推动着城市不断创新、全面发展。学习型城市的前提是学习，关键是城市为了创新和发展，为了市民素质的提高、生活品质的改善所进行的系统的有组织的学习。学习型城市主要应具有以下几方面的特征：

第一，学习意识的普遍化。每个市民都认识到学习的重要性，都具有学习的愿望和需求。每个行业、每个单位、每个人都能够从竞争的压力中产生学习的动力。

第二，学习行为的终身化。学习不再是阶段性的、局限在学校的，而是成为人们的一种生活方式。强调终身学习，社会将为每个人提供不断学习的机会和条件。

第三，学习体系的社会化和网络化。学习型城市中学习体系将不再局限于传统意义上的学校系统，而是充分整合社会系统中各种可以利用的教育资源，构建社会化的学习体系和学习网络。

第四，学习方式方法的科学化。学习型城市中的组织和个人不仅要有学习的愿望，而且还要有科学的学习方式，不仅愿意学，而且善于学，能够从学习中获取城市和个人发展的丰富资源。

概括起来说，学习型城市就是一个“教育社会化、社会教育化、工作和生活学习化、学习和工作生活化”，即教育、学习与工作、生活紧密结合，共同发展的城市。

三、建设学习型城市，走新型城市化道路的战略措施

学习是一个人获取知识、提高素质、增长本领的重要方式，是一个民族和国家传承文明、繁荣进步的重要途径。重视和善于学习，是我们党在长期实践中形成的优良传统，也是党的一个重要政治优势。80多年来，我们党总是根据形势的发展和任务的变化向全党提出学习的任务，特别是在每一个重大历史转折时期，都把加强学习作为战胜艰难曲折、夺取新胜利的重要法宝，极大地推动了党的事业的蓬勃发展。建设学习型城市是在杭州发展的新阶段，适应杭州经济社会发展新要求，为了加快经济发展方式转变，推动杭州实现科学发展、跨越式发展，走新型城市化道路的新的重大战略措施。

（一）建设学习型城市是杭州进行经济结构调整，实现城乡统筹、城乡互动、城乡一体化发展的需要

城乡关系是人类社会发展中最基本的关系之一，是所有争取实现现代化的国家所必须面对的重大的理论和实践问题，也是我国发展战略中的首要问题。只有破解了城乡二元结构，做到了统筹城乡发展，建立了平等的城乡关

系，中国才能够说是实现了真正意义上的现代化，实现了深层次的实质性的城市化。杭州五县（市）土地面积占全市的81.5%，而2008年地区生产总值只占全市的20.8%，杭州与全国一样也呈现出“东强西弱，东快西慢”的发展态势。如何实现城乡统筹，城乡一体化发展，在缩小农村与城市的差距的同时使进入城市的新市民真正融入城市生活，是杭州高起点推进城市化进程中面临的重大课题。学习是城乡人民有组织的共同的社会行为，是联结城乡人民的精神纽带，通过建设学习型城市，有助于从根本上破解城乡统筹，城乡互动这一难题，推动城乡一体化的发展。

（二）建设学习型城市是杭州增强自主创新能力，实现产业转型升级，建设创新型城市的需要

实现产业转型升级，核心是增强自主创新能力。自主创新能力是一个国家的核心竞争力，经济发展能否从依靠低工资竞争优势转变到更加依靠科技竞争优势，提高自主型科技要素的贡献率，是产业升级、提高节能环保水平、提高经济整体素质、乃至改善初次分配水平和扩大内需决定性因素。自主创新也是企业的核心竞争力。一个企业能否在市场竞争中抢占先机，提高产品质量，做大做强，在提高利润率的同时为社会多做贡献，都取决于自主创新能力。企业的发展能力从根本上说，就是自主创新能力。对杭州来说，增强自主创新能力尤为重要。经过多年努力，杭州工业转型升级迈出了新步伐。高新技术产业产值占工业比重不断提升，工业综合经济效益指数、全员劳动生产率、成本费用利润率稳步提高，单位工业增加值能耗、化学需氧量和二氧化硫排放量也逐年下降，但是杭州在自主创新方面也存在着明显的不足。2009年，杭州规模以上高新技术产业产值占规模以上工业销售产值比重为24.4%，而同样的指标，在深圳为54%，青岛为46%，苏州为34%。随着工业化、城市化的快速推进和经济总量的不断增大，杭州经济社会发展，受资源环境制约越来越大，经济发展技术含量不高、企业技术创新能力不强、产业结构不合理，以及发展的不平衡性、不协调性和不可持续性等结构性、素质性深层次矛盾进一步显现，传统的粗放型发展方式，已难以为继，加快转变经济发展方式刻不容缓。学习是创新不断发展的阶梯，杭州要增强自主创新能力，实现产业转型升级，建设创新型城市，必须以建设学习型城市为基础，通过学习实现创新。

（三）建设学习型城市是杭州建设生态文明，实现可持续发展的需要

杭州是一个经济大市、资源小市，人多地少、资源匮乏、环境容量有限，经济社会发展与人口资源环境之间的矛盾比国内其他城市出现得更早、表现得更为突出。杭州历来十分重视环境和生态建设，近年来，杭州市又明确提出，要在加强节能环保、建设生态文明上走在前列，打造低碳经济、低碳建筑、低碳交通、低碳生活、低碳环境、低碳社会“六位一体”的低碳城市。

低碳生活实质是一种知识化的生活。企业节能降耗和资源的循环利用也必须建立在科学技术的不断发展和广泛应用上。因此，建设生态文明、实现可持续发展离不开学习和知识，建设学习型城市是建设生态型城市的内在支撑。

（四）建设学习型城市是杭州实施国际化战略，以国际化提升城市化、工业化、信息化、市场化，大力发展低碳经济、服务经济、文创经济、民营经济、楼宇（总部）经济、开放型经济和郊区经济的需要

21世纪是全球化飞速发展的世纪。经济全球化使世界发生了巨大的变化，也赋予城市发展以新的内涵。实施“城市国际化”战略，提高城市国际化水平，是杭州参与国际竞争、抢占发展“制高点”的战略选择，是杭州实现发展方式转变的关键之举，也是共建共享与世界名城相媲美的“生活品质之城”的内在需要。从一定意义上说，经济全球化是知识经济的表现形态。智力开发和智力投资对生产力发展的促进在经济全球化的发展中起到了举足轻重的作用。美国的管理思想家戴维斯曾经预言：“21世纪的全球市场，将由那些通过学习创造利润的企业来主导。”实施国际化战略，首先就要了解经济全球化的发展趋势，学习国际经济的基本规律和规则，学习别人的先进技术和管理经验，学习有关国家的历史文化。因此，建设学习型城市是实施国际化战略的前提。

（五）建设学习型城市是杭州转变城市管理模式，建设服务型政府的需要

转变管理模式，建设服务型政府是社会主义民主政治建设的重要内容，也是现代城市发展的必然趋势。要实现城市管理理念的创新，增强市民的民

主法治意识，使城市管理从“硬”化 到“软”化，从“权力型”到“治理型”，需要通过学习在管理者和被管理之间进行相互塑造、相互磨合、相互调控。因此，建设学习型城市是转变城市管理模式，建设服务型政府的有效途径。

（六）建设学习型城市是杭州提高市民素质，开发人力资源，实施“软实力提升”工程的需要

城市的发展从根本上说是市民素质的提高。城市最丰富和最强大的资源是人力资源。城市竞争力的核心是文化竞争力。市民素质的提高、人力资源的发展、文化竞争力的形成，都不是自然而然形成的。建设学习型社会，就是要通过建立全民教育体系，进行有组织的学习活动，在系统地、经常地、全面地对市民进行社会主义核心价值体系的教育、科学文化的教育、文化传统的教育、文明行为的教育、专业技能的教育的基础上，使市民能够进行自主学习、终身学习和开展互动式的学习，通过市民素质的提高，最广泛地开发人力资源，形成独具特色的城市精神，增强城市的核心竞争力。因此，建设学习型城市是城市全面发展的核心和基础。

总之，学习是个人生存、发展的前提，有组织的学习是一个城市生存、发展的前提。学习不仅本身就是一种价值取向，而且强烈地影响着主导的社会价值取向的形成，体现着对个人和社会价值取向的引领。从一定意义上说，学习是引导社会发展、个人成长最主要的渠道。建设学习型城市体现了在我国城市化发展的新时期新阶段贯彻落实科学发展观，加快转变经济发展方式，走新型城市化道路的基本理念、基本方向。建设学习型城市，是促进人的全面发展、推进城乡一体化建设、建设创新型城市和生态友好型城市、提高城市管理水平的基础和战略措施，是渗透在城市建设、城市管理和城市发展各项工作中的“灵魂”工程。

（曹力铁、臧继良）

【附三】

建设学习型城市 促进人的全面发展

杭州市第十一次党代会确定了今后五年的奋斗目标和主要任务是“动员全市广大党员和干部群众，坚持科学发展，推进富民强市，为打造东方品质之城、建设幸福和谐杭州而努力奋斗”。要实现这一宏伟目标，必须加快建设“三城（学习型城市、创新型城市、生态型城市）三区（安居乐业示范区、城乡统筹示范区、人文法治示范区）”，而加快建设“三城三区”，首先是要更加注重人的全面发展，努力把杭州建设成为人人皆学、时时能学、处处可学的学习型城市。人的全面发展，是经济社会发展的根本目的和动力。因此，学习型城市建设应注重人的全面发展，在建设学习型城市过程中要促进人的全面发展。

一、人的全面发展是人与社会发展的最高价值目标

人的全面发展至少应当包括两个方面的内涵。一是人的活动能力的诸多方面的发展。由人的身体与精神相统一的结构所产生的活动能力，是人的身体和精神的全面发展在人的活动能力上的具体表现，因而人的活动能力的多方面发展能够明确且具体地反映出人的全面发展的程度。二是人与社会的协调统一和全面发展。人不是抽象、孤立的个体，而是在社会中存在的个体，社会在人的劳动过程中创造并不断发展着，这是人的本质的外在表现，是人类发展水平的客观标志；同时，特定的社会条件作为每一时代的人们存在的基础和前提，既促进个体的发展又制约着个体的发展，因此人的发展和社会的发展不仅是同步的，而且是同一问题的两个侧面。我们不能脱离社会来讨论人的全面发展，人的身心的全面发展既要以社会的全面发展和高度完善为条件，又要以进一步推动和促进社会的全面发展为目的。

实现人的全面发展是需要一定的条件的。一是人的发展与社会经济发展和社会制度变迁相互依存，生产力的发展是实现人的全面发展的物质基础。二是每个人的全面发展与所有人的全面发展相互依存。因为，每个人的全面发展与所有人的全面发展，与社会的政治、经济的发展互为条件。离开了一

定的社会历史条件，每个人的全面发展和所有人的全面发展都无从谈起。三是生产劳动是实现人的全面发展的基本途径。生产劳动给每一个人提供全面发展和表现自己全部的体力和脑力能力的机会，生产劳动同智育和体育相结合，是造就全面发展的人的方法。人类社会的实践证明，教育与生产劳动的相互促进，既是理论与实践结合的必由之路，也是全面实现脑力劳动与体力劳动的内在有机联系的基本途径。

二、人的全面发展是建设学习型城市的本质要求和应有之义

一座现代化城市和一个国家一样，它的全面进步最终要落实在作为主体的人的全面发展上。国家需要全面提高人的素质，促进人的发展，同时国家也为人的全面发展提供了良好的物质、社会和文化条件；要把培养和造就全面发展的新人作为国家建设的一个重要方面。城市的现代化，说到底是人的现代化和人的全面发展。因此，人的全面发展是建设学习型城市的本质要求和应有之义。

促进人的全面发展是建设学习型城市的目标，而建设学习型城市又是迈向“东方品质之城、建设幸福和谐杭州”的重要一步。在建设学习型城市的过程中，就是要重视人的现代化和人的全面发展，使每个人学习的基本权利和终生学习的需求均能得到保障和满足，营造宽松和谐的人文环境，实现城市的全面和可持续发展。

建设学习型城市不仅是一种高品质的生活方式，更是一种发展方式。学习型城市是以全民学习、终身学习和创造性学习为主要特征，以提升人的生活品质和促进人的全面发展为目标的现代城市管理模式。学习型城市是一种学习化的高品质的生活方式。学习社会化、教育终身化、知识便利化、人才资本化既是学习型社会的核心理念，也是学习型城市的重要特征。让人生活在一个学习化的社会中，自由学习、快乐学习、全面学习和终身学习，在生活中学习，在学习中生活，逐步实现学习意识普通化、学习行为终身化、学习体系社会化和学习平台网络化，使人的潜能不断发展，人的创造自由释放，人的个性充分张扬，人的关系高度和谐，最大限度地享受一个学习型城市所缔造的开放、民主、包容、创新和可持续发展的美好生活。学习型城市的最显著特点是以人的全面发展作为城市发展的目标，推进学习型城市建设应以人的发展为导向。

通过开展全民学习活动，培养出全体市民开放、创新、包容的思维方

式；使各种组织的创新与成长目标，与各组织成员的个人理想高度融合；使市民的潜能得到不断发展，最大限度地释放出他们的创造力；使城市在民主、开放和可持续发展中，市民的自我意志获得自由体现，各种需要、潜能素质、个性获得最充分的发展。

建设学习型城市，是转变经济发展方式、增强杭州核心竞争力的迫切需要。面对资源要素和生态环境制约日益加剧的形势，只有更加重视和善于学习，才能不断提高创业创新能力，走出一条创新驱动、内生增长的道路。建设学习型城市，是提高生活品质、促进人的全面发展的重要途径。学习是生活的重要组成部分，是人生成长之梯、进步之基。只有更加重视和善于学习，才能使人的思想道德素质和科学文化素质不断提高，使人的生活更充实、精神更丰富、生命更有意义，真正实现人的自由而全面的发展。

三、在建设学习型城市过程中促进人的全面发展

建设学习型城市，是杭州市委、市政府的一项重大战略决策，它不仅是贯彻落实中央提出的建设学习型社会、学习型政党、学习型党组织的重要举措，而且还是适应城市化快速发展需要以及城市管理现代化需要的重要举措。到2015年，杭州将初步形成学习型城市雏形；到2020年，基本建成学习意识普遍化、学习行为终身化、学习组织系统化、学习体系社会化的学习型城市。建设学习型城市是我们杭州社会主义各项事业中的重要工作，既要满足杭州人民现实的物质需求，又要着眼于促进广大市民素质的提高，也就是要努力促进人的全面发展。在建设学习型城市的进程中，我们要更加明确人的全面发展这一目标，为杭州的全面发展和可持续发展提供动力。

第一，在建设学习型城市过程中促进人的全面发展，就要大力推进社会主义核心价值体系大众化。社会主义核心价值体系是社会主义意识形态的本质体现，是我国国家文化“软实力”的核心。推进社会主义核心价值体系大众化，增强社会主义意识形态的吸引力与凝聚力，把社会主义核心价值观转化成广大社会成员的价值追求和自觉行为，是社会主义核心价值体系建设的关键环节。坚持用社会主义核心价值体系引领社会思潮，引导全社会树立“物质上共同富裕、精神上共同富有”的价值追求，建设全市人民共有的精神家园，巩

固全市人民团结奋斗的共同思想基础；进一步突出群众性、实践性、导向性，深化“我们的价值观”主题实践活动，大力弘扬以爱国主义为核心的民族精神和以改革创新为核心的时代精神，大力弘扬杭州城市人文精神，进一步增强全市人民的认同感、自豪感和凝聚力，激励人民把爱党爱国爱乡的热情转化为推动学习型城市的生动实践。这是通过通俗易懂、贴近人心的方式践行社会主义核心价值体系的重要路径，是推动社会主义核心价值体系内化于心、外化于行的重要手段。也只有如此，才能更好地促进全体杭州人的全面发展。

第二，在建设学习型城市的过程中促进人的全面发展，必须大力发展社会主义市场经济。当前，我国正致力于社会主义现代化建设的伟大事业，整个经济社会正在经历着由计划经济向市场经济的转变。杭州市经济发展进入了人均生产总值从1万美元向2万美元跨越的新阶段，正处于全面提升国际化、城市化、工业化、信息化、市场化水平的关键时期，推动科学发展、促进社会和谐的任务繁重而艰巨。我们不熟悉、不了解、不懂得的东西还很多，只有更加重视和善于学习，才能不断提高领导水平和执政能力，更好地把握发展规律、创新发展理念、破解发展难题，推动杭州科学发展、和谐发展。杭州缺少矿产资源、土地资源、港口资源，面对资源要素和生态环境制约日益加剧的形势，加快经济发展方式转变已刻不容缓。全面提高人的素质，是转变经济发展方式的关键，是实现城市可持续发展最核心的驱动力。各项事业发展需要的各种知识、科技、资金、资源、信息、体制、环境、政策等要素和条件，只有为人所掌握、所运用，才能充分发挥作用。因此，建设学习型城市过程，就是大力发展社会主义市场经济的过程，也是促进人的全面发展的过程。

第三，在建设学习型城市过程中促进人的全面发展，需要构建完备的科学的全民现代化教育体系。影响人的全面发展的因素很多，诸如社会经济发展水平、文化传统等，但最为重要的是教育，现代化教育是实现人的全面发展的决定性因素。培养城市发展所需要的各类人才，是建设学习型城市中一项非常重要的“人力资源”建设工程。我们必须适应经济社会发展的要求，扎实推进现代化教育体制，优化育才、引才、荐才、聚才、用才的人才机制，科学选拔一批具有较高理论素养、世界眼光、战略思想和驾驭复杂局面能力的领导人才，着力建设一支具有较高政治业务素质、爱岗敬业、廉洁奉公的公务员队伍，努力培养一支具有现代经营理念、掌握科学管理知识、富有创业开拓精神的经营管理队伍，积极吸引一批熟悉国际商务、懂得国内外经济和法律、精通外语的外向型经贸人才，倾力挖掘一批掌握高新技术、善于研究开发、创新能力强的科技人才，自主培训一批适应先进工业技术、熟练掌握先进设备的技能人才等。只有拥有了这些具有创新精神和实践能力的人才队伍，才能为城市的现代化建设提供源源不断的新生力量，才能托起城市崛起和城市振兴的希望。

第四，在建设学习型城市的过程中促进人的全面发展，要注重以人为本，全面提高城市市民和劳动者的整体素质和劳动技能。在建设学习型城市的过程中要立足以人为本，坚持把满足人民群众的学习需求作为建设学习型城市的根本出发点和落脚点，营造浓厚的学习氛围，整合学习资源，构建完善的终身教育体系和学习服务体系，创造良好的学习条件，方便群众学习，使人民群众的学习权益得到更好的保障。建设学习型城市必须重视人文关怀，尊重劳动、尊重知识、尊重人才、尊重创造，这有利于提高人的思想觉悟、激发人的积极性，发挥人的聪明才智，创造有利于人们平等竞争、全面发展的环境和条件，营造人们干事业、支持人们干事业的社会氛围。

第五，在建设学习型城市过程中促进人的全面发展，在全市大兴学习之风，培育和营造良好的学习氛围。要引导全市广大干部群众深入学习中国特色社会主义理论，引导全市人民学以立德、学以增智、学以创业，努力实现经济社会发展与人的发展相互协调、相互促进。要树立“学习是工作之基、能力之本、水平之源”，“学习人生、成就事业”，“学习、协调、合作、发展”等理念，确立“终身学习”、“全民学习”的观念，积极倡导自我学习的意识，加强团队学习的能力，激发人们强烈的学习欲望，焕发人们的学习热情，在城市中形成崇尚学习的良好风气，营造“人人是学习之人，处处是学习之所”的浓厚社会氛围，从而提升整个城市的学习力、创造力和竞争力。一座热爱学习、善于学习、学以致用的城市，是美丽动人的城市，是充满活力的城市，更是充满奋进动力的城市。

总之，建设学习型城市需要时间，人的全面发展是一个逐步提高、永无止境的历史过程。人的全面发展必须使人民群众在经济上富裕、政治上民主、思想文化上文明，三位一体，缺一不可。

（余龙进）

【附四】

以名城强市建设为载体 全面促进文化素质提升

杭州市委十届十二次全会通过的《关于认真贯彻党的十七届六中全会精神，深入推进文化名城文化强市建设的若干意见》，对杭州文化名城强市建设进行了全面部署，在实施的文化建设“八项工程”中，把文化素质作为一项重要工程提出，充分体现了对文化素质的高度重视和对文化建设规律的深刻把握，对于杭州文化名城强市建设有十分重要的意义。

一、提升文化素质是文化名城强市建设的内在要求

提升文化素质是文化名城强市建设的核心内容。文化素质作为人们在文化方面所具有的基本品质，以及与之相适应的能力行为、情感等综合发展的质量、水平和个性特点，是一个城市的灵魂和魅力所在，也是判断一个城市是否是文化名城强市的根本标准。看一个城市是否是文化名城强市，不仅要看它有无发达的经济基础、现代化的城市建筑、良好的社会秩序和优美的自然环境，而且要看它有无深厚的文化积淀、完善的文化设施、发达的文化事业和文化产业，更重要的是要看它包括市民精神风貌和道德风尚在内的整个文化素质的状况。没有高水准的文化素质，谈不上真正的文化名城强市。不仅如此，文化素质还决定城市的前途命运。16世纪德国宗教改革的推动者、基督教路德宗的创立人马丁·路德说：“一个国家的前途，不取决于它的国库之殷实，不取决于它的城堡之坚固，也不取决于它的公共设施之华丽，而在于它的公民的文明素养，在于人们所受的教育、人们的远见卓识和品格的高下。”国家如此，城市也是这样，文化素质是关系城市兴衰成败的“真正的利害所在、真正的力量所在”。

提升文化素质是文化名城强市建设的根本目的。江泽民同志指出：“我们建设有中国特色社会主义的各项事业，我们进行的一切工作，既要着眼于

人民现实的物质文化生活需要，同时又要着眼于促进人民素质的提高，也就是要努力促进人的全面发展。要着眼于人的综合素质的提高，促进人的现代化。”作为中国特色社会主义建设组成部分的城市建设，也要着眼于人的发展。人是城市的主体，城市的发展，首先是人的发展，城市的现代化，首先是人的现代化，促进人的发展，是城市发展的根本目的，这是科学发展观“以人为本”理念在城市发展上的体现。建设文化名城强市，属于城市文化建设范畴，更要把提高人的素质作为根本出发点落脚点，这是由文化建设“以文化人”的实质决定的。文化建设，主要不在于出了多少书，演了多少戏，建了多少图书馆，放映了多少电影、电视剧，创造了多少GDP，而在于人的素质得到了多少提升。如果城市的每个人都能从“以文化人”的文化建设中感受到精神的力量，领悟到文明的内涵，那么城市的文化品位就会大大提高，文化名城强市建设的任务就能实现。

提升文化素质是文化名城强市建设的重要保证。城市发展与市民素质关系密切。从表面上看，城市发展是由经济实力和科学技术决定的，但实质上是由市民的素质和文明程度决定的。市民作为城市发展与文明进步的能动力量，是城市文化的创造者和体现者，其文化素质决定整个城市的文化品位。城市市民的文化素质越高，城市的文化品位就越高，反之亦然。杭州建设文化名城强市，必须在提高市民的文化素质上下工夫、出高招、出绝招。杭州市委《关于深入推进文化名城、文化强市建设的若干意见》，把文化素质作为工程提出，就是文化名城强市建设的高招、绝招。之所以这么说，因为所谓工程，是指“以某组设想的目标为依据，应用有关的科学知识和技术手段，通过一些人的有组织活动将某个或某些现有实体转化为具有预期使用价值的人造产品过程”。把文化素质作为工程，就是要把提升文化素质工作，像工程建设那样有规划、有指标、有进度、有投入、有检查地进行，使文化素质这个看似抽象、虚空的事情，变成看得见、摸得着的工作，从而推动文化素质提升工作扎扎实实地进行。

二、提升文化素质是文化名城强市建设的现实需要

杭州市第十一次党代会提出“打造东方品质之城、建设幸福和谐杭州”，是对杭州未来发展方向的总的概括，体现了杭州城市定位的传承与拓展。“打造东方品质之城、建设幸福和谐杭州”，包括很多方面内容，其中文化的发展和繁荣是其题中应有之义。没有文化的发展和繁荣，不可能有真正的东方品质之城、幸福和谐杭州。实现文化的发展和繁荣，必须大力推进文化建设。为此，杭州市第十一次党代会强调，坚持社会主义先进文化前进方向，深入推进文化名城、文化强市建设，提升城市文化软实力，提高社会文明程度，并进一步提出打造人文示范区的目标任务。这是杭州市为落实党的十七届六中全会精神，推动文化大发展大繁荣，打造东方品质之城、建设幸福和谐杭州作出的重大决策。

所谓人文示范区，根据杭州市委《关于文化名城文化强市建设的若干意见》的表述，即到2020年，社会主义核心价值体系建设深入推进，公民文明素质和社会文明程度显著提高，成为文化引领样板区；文化管理体制和文化产品生产经营机制充满活力、富有效率，文化创造活力更加迸发，成为文化创新先行区；覆盖全社会的公共文化服务体系全面建成，文化产品更加丰富，精品力作不断涌现，人民基本文化权益得到更好保障，文化生活品质显著提高，成为文化服务示范区；文化创意产业整体实力和竞争力显著提升，成为文化创意中心区；高素质文化人才队伍发展壮大，文化繁荣发展的人才保障更加有力，成为文化人才集聚区。努力把杭州建成经济文化协调发展，传统文化与现代文明完美融合，文化发展主要指标和综合实力位居全国同类城市前列的文化名城和文化强市。显然，提出打造人文示范区，对文化素质提出了新的更高要求。

从杭州的实际来讲，杭州市历来重视提升市民文化素质，采取了很多措施，取得很大成绩，杭州文化素质总体上是比较高的，2011年杭州市还荣获了全国文明城市的称号。但是，与国内外先进城市比较，杭州在文化素质方面还有不小的差距。以科学素质为例，2002年以来，杭州市具备基本科学素质的公民比例不断提高，从2002年的2.9%、2005年的3.2%，到2008年的3.54%。2010年，杭州市具备基本科学素质的公民比例更提高到7%，高于全国3.27%和浙江省5.6%的平均水平，表明杭州市公民科学素质已由原来的全国城市的中等水平上升为全国前列水平。但是，与北京、上海等先进城市比较，杭州公民的科学素质仍然有很大差距。资料显示，2010年北京公民具备基本

科学素养的比例为10%，高于杭州3个百分点。2011年上海公民具备基本科学素质的平均比例为17.3%，比杭州2010年的比例高10.3个百分点。不仅如此，杭州公民科学素质不平衡问题也很突出。2010年杭州男性公民具备基本科学素质的比例为9.7%，而女性公民比例只有4.2%；2010年杭州市具备基本科学素质的公民比例超过全国水平一倍多，但“崇尚科学精神”的公民比例为51.8%，低于64.94%的全国水平和61.4%的浙江省水平。文化素质是文化软实力的核心要素，杭州文化素质上存在的上述问题不解决，必将成为制约经济社会发展的瓶颈，直接影响到杭州文化名城强市建设。

由此可见，杭州市提出实施文化素质工程非常必要和及时，它反映了杭州文化名城强市建设的客观需要，是从实际出发作出的正确决策。但战略决策提出后，关键要付诸实施，否则，决策再好也不起作用。落实文化素质工程，首先要绘制好文化素质工程的施工图，然后按照施工图一步一步地实施。需要指出的是，文化素质工程与其他建设工程有很大不同，要在实践探索适合文化素质工程建设的办法。文化素质工程，也不像其他工程那样在短时间内可以完成，而需要长期努力。

三、以“四个强市”建设为载体全面促进文化素质提升

杭州文化名城强市建设的文化，是介于“广义文化”与“狭义小文化”之间的文化概念，包括科技、教育、卫生、体育等领域。正因为如此，杭州市在提出文化名城建设任务后，接着提出了教育、科技、卫生、体育“四个强市”建设。建设“四个强市”既是文化名城强市建设的重要内容，也是文化名城强市建设的重要载体和保证。推进文化名城强市建设，必须大力推进教育、科技、卫生、体育“四个强市”建设。

提升文化素质，要大力推进文化事业发展。发展文化事业是提升文化素质的基础和前提，没有文化事业的发展，文化素质提高就会因为没有基础而难以奏效。通过文化事业发展来实现文化素质提高，从杭州的实际讲，就是要把文化素质提升与“四个强市”建设结合起来进行。要着眼于提升人民群众的科学文化素质和身心健康素质，深入推进“四个强市”建设。

建设教育强市，提高文化素质。要贯彻落实《杭州市中长期教育改革和发展规划纲要（2010—2020年）》，推进教育优先发展，健全覆盖城乡、布局合理的学前教育体系，推进义务教育学校标准化建设和高中教育高质量多样化发展，推进职业教育专业现代化发展，推进高等教育内涵建设，支持民办教育健康发展，积极发展社区教育，加强教育国际交流与合作，全面构建终身教育体系和优质均衡的杭州特色现代教育体系。

建设科技强市，提高科学素质。要以实施"十大科技专项"为重点，着力突破一批关键共性技术，推进青山湖科技城、杭州未来科技城等科创基地建设，推进创新载体、科技服务平台和产学研相结合的区域创新体系建设，支持企业间或企业与高校、科研院所建立技术创新联盟，加强国家级产业基地、试点城市的申报和建设工作，加快拓展区认定和建设，推进高新技术产业化和战略性新兴产业集群发展，大力发展海洋研发和涉海产业，全面发挥科技支撑引领作用。

建设卫生强市，提高卫生素质。要按照"保基本、强基层、建机制"要求，加强城乡公共卫生服务体系建设，推进市区医院功能布局和专业设置调整，支持县级医院改造提升、乡镇（街道）卫生院改建扩建和村（社区）卫生室建设，加强农村基层一线医卫人才队伍建设，规范民营医疗机构发展，全面实施国家基本药物制度，健全药品供应保障体系，推进以居民电子健康档案和患者电子病历为核心的卫生信息化建设，大力普及卫生知识，加强疾病预防控制和精神心理卫生工作，加快健康城市建设，全面提升人民群众的健康水平。

建设体育强市，提高身体素质。要推进杭州市全民健身中心等城乡公共体育设施建设，鼓励机关、学校等各类体育健身设施向社会开放，建立健全覆盖城乡的全民健身服务体系，积极开展国民体质监测和全民健身活动，稳步发展竞技体育项目，加快发展体育用品制造业和体育服务业，积极发展赛事经济，全面促进体育事业健康可持续发展。

总之，建设教育、科技、卫生、体育"四个强市"，是提升文化素质的重要载体和支撑，"四个强市"建设搞好了，杭州整体文化素质就会大大提高，杭州文化名城强市建设的目标也就能实现。

（黎青平）

第二部分　建设创新型城市

杭州创新型城市建设研究

在“创新”已成为国家发展核心驱动力的今天，建设创新型城市已成为国内外城市发展的战略选择。杭州是中国沿海经济发达城市，正处在全面建成小康社会和向基本实现现代化迈进的关键时期，面对新的机遇和严峻挑战，杭州市提出了建设创新型城市的战略任务，这是中共杭州市委、市人民政府立足杭州现实、着眼杭州未来发展作出的重大战略决策，对杭州的发展有十分重要的现实意义和深远的历史意义。

一、创新型城市的由来、内涵与特征

（一）创新型城市的由来

创新理论由美籍奥地利经济学家熊彼特于1912年首先提出，他认为创新是建立一种新的生产函数，即企业作为主体，把一种新的关于生产要素和生产条件的“新组合”引入生产体系，是改变经济均衡状态的唯一因素。此后，创新理论逐渐被广泛接受并不断演化，20世纪50~70年代，从熊彼特的原始创新概念中演化出“技术创新”和“制度创新”两大类型，但两者都把创新视作一个单向、有序的过程。

20世纪70年代以来，人们逐渐认识到创新实际上是一个系统过程，系统中各要素存在互动关系，于是“创新链”、“创新带”、“创新走廊”、“创新集群”、“国家、区域、城市创新理论”等应运而生。随着创新理论研究和实践的日益系统化，创新主体也由微观逐渐扩展至中观、宏观，城市在创新体系中的地位和作用得到逐步显现，有关城市与创新之间关系的研究开始逐渐引起人们重视。尤其在“核心竞争力”概念引入城市研究后，将“创新”定位为城市核心竞争力的观点得到了普遍认同，创新型城市概念便应运而生。

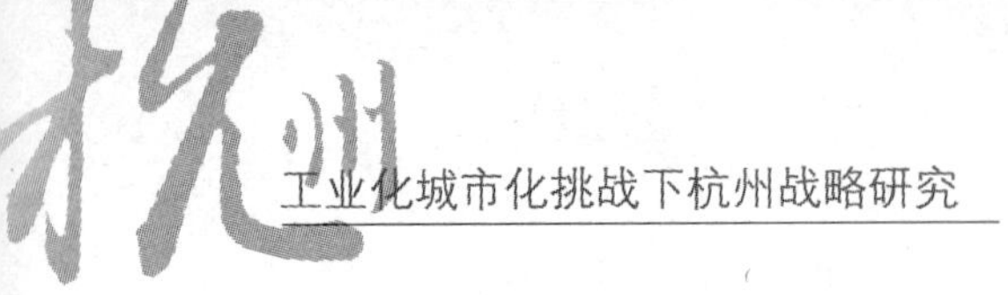

（二）创新型城市的内涵

创新型城市（Innovative City）是指在新经济条件下，以创新为核心驱动力的一种城市发展模式。它有以下几方面内涵：

第一，城市发展到了一定历史阶段，摆脱传统的以土地、资本和低成本工业劳动力等为主要增长要素的发展模式，形成了主要依靠科技、知识、人力资本等创新资源为核心发展要素，以创新为主要驱动力的发展模式。

第二，具有一定的地域空间范围和开放边界，不仅仅是特定行政区划范围为空间结构的地域概念。由于创新系统与环境进行物质、能量和信息的交换，使创新活动突破既定的城市行政区划范围，显现出创新系统边界的开放性特征。

第三，以企业、研发中心和中介服务组织为创新主体，不同主体之间通过交互式学习以及知识创造与共享，客观上构成了创新系统的组织结构和空间结构，即城市的创新系统。

第四，创新系统通过自身组织的运行以及组织与环境交互反馈作用，实现系统的创新功能的持续进行和创新系统的持续发展，对城市的社会、经济和生态产生影响。

第五，创新活动的体系化、规模化和常态化。不仅包括技术创新，还包括与之相关的理念创新、服务创新、制度创新、文化创新；创新行为不是自发进行的零散活动，而是通过有组织、有规划的规模化活动；创新行为也不是运动式的、间或的，而是一种常态。

（三）创新型城市的特性

创新型城市是在新经济时代，创新主体在创新型城市发展环境下，通过协同、整合创新要素，形成以创新为核心动力、以创新资源为基础、以创新制度和文化为支撑的城市发展模式。它具有六大特征。

第一，创新体系健全。体现在创新价值链完整，知识创新、技术创新、知识传播与技术转移、创新服务以及创新政策与制度环境等体系相对完善配套。

第二，创新要素集聚。体现在创新人才、资金、机构等创新要素集聚，并产生城市创新集群效应，提高创新资源利用水平。

第三，创新活动效率高。体现在城市创新资源集约利用能力强，创新投入产出比高。

第四，创新活动效益好。体现在科技含量高、经济、社会效益好、资源消耗低、环境污染少等方面。

第五，创新引领作用强。体现在对区域范围内各种经济和技术活动能起到引领、示范和带动作用。

第六，创新辐射范围广。体现在城市创新信息、网络、条件平台共享，人才交流合作等对周边区域辐射的范围大。

二、杭州建设创新型城市的重要性和必要性

杭州提出建设创新型城市，是落实中央提出的建设创新型国家战略的重大举措。城市尤其大中城市，是社会资源的主要集聚地，是现代经济的主阵地，也是推动创新发展的主战场。城市作为一定区域范围内各种经济和技术活动的聚集点，能够有效带动和影响周边区域，对整个国家创新水平提高有重要意义。同时，杭州提出建设创新型城市也是杭州城市发展的内在要求。

（一）创新新型城市是杭州转变发展方式的必由之路

改革开放以来，杭州经济建设取得了显著成就，但也存在一些深层次的矛盾和问题。比如，随着城市化、工业化的推进，土地等资源制约越来越突出。相比之下，国内很多城市的土地、劳动力和各类资源成本大大低于杭州；杭州工业化城市化发展较快、水平较高，但工业化、城市化带来的交通拥堵、环境污染等“城市病”也在杭州比较早地出现；杭州是沿海开放城市，产业对外依存度较高，但由于缺乏具有自主知识产权的核心技术，在国际竞争中只能获取价值链中的低端利润，等等。这些问题的出现，使杭州在城市发展中面临严峻挑战。解决这些问题，根本的出路就是要变原来的传统的高投入、高消耗、高污染、低效益的发展方式为低投入、低消耗、低污

染、高效益的发展方式。当前，世界经济正进入后危机时代缓慢复苏阶段，国内经济正跨入新一轮上升周期，杭州市正处于转变经济发展方式、提升产业结构的关键突破期，位于决定未来城市发展命运的十字路口，面对新的机遇以及空间、资源、人口、环境等发展要素的瓶颈制约，在包括“科学技术、经济发展、城市管理、社会文化”在内的城市各领域进行“全方位、立体式”创新，实现资源集约利用、城市可持续发展、人与环境和谐共处，不仅是杭州未来城市发展的必由之路，并且已经到了刻不容缓的阶段。建设创新型城市以创新为城市发展的核心要素和基本动力，从模式上走出了对资源禀赋条件和历史积淀因素的依赖性，为城市发展提供了一条具有广泛适应性的道路。

（二）创新型城市是杭州提高城市综合竞争力的客观要求

目前杭州经济发展走在全国的前列，城市综合竞争力也处于全国城市的前列，但其他城市也在发展，城市之间你追我赶，竞争非常激烈。根据中国社会科学院发布的《中国城市竞争力蓝皮书》，2005—2009年杭州在中国294个地级以上城市综合竞争力排名分别为第11位、第10位、第10位、第11位和第12位。2010年，《中国城市竞争力蓝皮书》公布的中国最具竞争力的十名城市中，杭州榜上无名，一些分项竞争力的排名也不容乐观。比如，在企业本体竞争力排名中，杭州落后于苏州、唐山、深圳、广州、武汉、绍兴和南京等城市，没进入前10名；在商务环境竞争力排名中，杭州落后于苏州、深圳、青岛、宁波、厦门等城市，没进前10名；在创新环境竞争力排名中，杭州落后于深圳、广州、大连、长沙、宁波等城市，没进前10名。2011年后，杭州在城市综合竞争力排名有所提高，但与先进城市比较，仍有很大差距。如何进一步提高杭州城市综合竞争力，是一个需要引起高度重视的问题。提高城市综合竞争力，在知识经济时代，在科技日益发展的今天，必须走创新发展之路。创新是城市经济发展的内在动力和决定性因素，通过科技创新、制度创新、文化创新、组织创新、体制创新等，铸造城市发展的核心竞争力，已成为城市之间竞争的关键和焦点。目前，我国许多城市都在大力提高创新能力，推进建设创新型城市。能否抓住机遇，大力推进创新型城市建设，对杭州未来发展至关重要。

（三）创新型城市是杭州率先进入后工业化时代的根本路径

工业化可分前工业化、工业化、后工业化三个阶段。中国现在处于工业化中后期阶段。按照社会发展的规律，中国每一个城市最后都将进入到后工业化的发展阶段，但各个城市由于发展的水平、条件有差异，进入后工业化的时间是不一样的。对杭州来说，率先进入后工业化时代不仅有条件和基础，也是杭州的迫切愿望。杭州是一个以自然风光、人文底蕴、休闲生活为特性的城市，非常适合以高技术和现代服务业为主导的后工业化时期产业发展的需要。杭州又是一个“无资源优势、无港口优势、无政策优势”的“三无”城市，在以重化工业为主导的工业化中后期，发展处于非常不利的境地。如果杭州能率先跨过“高物耗、高能耗、高污染、低附加值”为特征的“重工业化”阶段，进入以创新驱动为主要特征的后工业化时代，那么杭州就能在城市发展中占据发展的制高点。创新驱动是后工业时代的特征，建设创新城市是杭州跨入后工业化发展阶段的有效途径。

（四）创新型城市是杭州发展水平和所处阶段的必然选择

城市发展是一个动态过程，城市发展的动态驱动力演进遵循从初级生产要素到高级生产要素、从一般性生产要素到专业性生产要素的规律。借鉴波特的“国家竞争优势驱动阶段理论”，城市发展驱动阶段可分为初级要素驱动、投资驱动和创新驱动三个阶段。根据多国经济发展模型，当一个国家或地区人均GDP达到2000～4000美元时，土地、资本等传统的生产要素，对经济增长的贡献率呈现递减的趋势，而科技创新的重要性明显上升，成为经济发展的核心驱动力，进入所谓创新导向阶段。杭州市人均GDP从2001年的3000美元，增长到2006年的6505美元，2010年，更突破1万美元。根据城市发展的经验，杭州发展的资源禀赋、需求结构和支撑要素在发生深刻变化，经济发展已经进入了由主要依靠投资驱动向依靠创新驱动转变的阶段，杭州建设创新型城市的条件已经成熟。正确把握杭州市所处发展阶段，以创新作为城市发展第一驱动力，让创新精神内化城市精神，创新文化融入市民核心价值观，是杭州市当前阶段的必然选择，也是历史赋予我们的重大使命。

三、杭州建设创新型城市的基础和条件

（一）杭州建设创新型城市的有利条件

1. 杭州建设创新型城市的独特优势

杭州是沿海经济发达城市，2010年常住人口人均GDP突破1万美元，2009年财政收入突破1千亿元人民币。雄厚的经济实力为杭州创新型城市建设提供了强有力的经济支持。这几年杭州创新资金投入之所以有较大幅度增加，是因为有经济发展作为后盾。杭州市又是民营经济大市，市场经济体制改革起步早，市场机制发育相对成熟，市场能够更为充分地发挥创新资源的配置与整合作用。杭州市的知识产权体系相对完善，知识产权保护机制效率较高，能够有效保障各类主体的创新权益、维护创新积极性。杭州具有开放、稳定、灵活和健康的支持创新的金融环境，中小企业融资率高。世界银行对中国120个城市投资环境报告调查结果中，杭州位居榜首。杭州市还具有得天独厚的地理区位优势、自然环境优势、人文底蕴优势和生活品质优势，非常有利于集聚外部创新资源、自由激发创新理念，尤其适合电子商务、文化创意、旅游会展等现代服务业的发展。所有这些综合起来，形成杭州建设创新型城市的独特优势。

2. 杭州建设创新型城市的良好基础

杭州在创新型城市建设方面进行了许多有益的探索和实践，取得了明显成效。第一，创新投入增幅较快。2005—2008年杭州全社会R＆D投入呈较快增长，年均增速达22.28%；R＆D占GDP的比重也呈逐年上升趋势。特别是政府财政投入强度加大。2011年，杭州市本级财政科技经费达到12.75亿元，占财政经常性支出的比重达7.57%，比2006年增长2.3个百分点。第二，人才资源丰富，各类创新人才存量指标居全国前列。2005年杭州市的人才资源数和每万人中人才资源数分别达到865662人和1310.72人；每万人在校大学生数达到了532.85人。2002年杭州人才总量达到122.36万人（含在杭省部属单位人才），每万人口中拥有人才1536人，居国内领先水平。第三，专利申请和授权数量快速增长。2009年杭州专利申请量、授权量分别达26075件和15507件，分别比2008年增长40.6%和57.7%，均在全国15个副省级城市中排名第2位、省

会城市第1位。第四，企业（行业）技术研发中心建设取得突破。到2011年年底，杭州共有企业技术中心546家。其中，国家级企业技术中心20家，省级146家，市级380家，国家级、省级企业技术中心的数量在全省排名第一位，在全国排名也处于前列。第五，产学研合作得到推进。杭州市加强与浙江大学、中国美院、中科院、工程院、清华大学等的合作，大力联合国内外大院名校科研机构。2009年年底，杭州共引进国内外大院名校科研机构共建科技创新载体86家。企业与国内外科研大院、名校的合作也在不断加强。第六，创新载体建设得到推进。2008年，杭州市共有国家级、省级和市级孵化器55家，场地总面积达100.5万平方米。国家软件产业基地等10多个国家级基地和试点落户杭州，是国家级基地和试点最多的城市之一，初步形成了“科技信息资源导航公共服务平台”、“动漫游戏产业平台科技创新服务平台”、“重大动物疫病监测预警与控制技术服务平台”等14家公共科技创新服务平台。第七，形成了较为健全的创新政策体系。杭州市先后颁布了《杭州市科技进步条例》、《杭州市专利管理条例》等地方性法规，制定了《杭州市建设创新型城市规划纲要》，出台了包括《关于进一步打造“天堂硅谷”推进创新型城市建设的决定》在内的“1+10”配套政策，从财税扶持、平台建设、研发机构资助、孵化器建设、融资担保、商标和版权资助奖励、技术标准研制奖励、品牌培育、政府采购、人才培养等方面加大对自主创新的支持。2012年8月，杭州出台了“创新战略30条”，对增强创新型经济发展的源动力、智力支持、资金保障、平台支撑等给予大力支持。第八，形成了较为宽松的创新金融环境。杭州市具有开放、稳定、灵活和健康的支持创新和中小企业发展的金融环境。2006年世界银行对中国120个城市投资环境的研究报告显示，杭州在120个城市排序中位居榜首，杭州市中小企业获得金融机构支持率达100%。第九，综合科技实力不断提高。“十一五”期间，杭州的科技进步与创新不断推进，综合科技实力保持全省第一，国家专利工作试点城市通过验收，杭州成为全国首个版权保护示范城市。2009年，在首届建设创新型国家年会上，杭州被授予全国“建设创新型国家十强市”荣誉称号。

3. 杭州建设创新型城市的难得机遇

2006年中央提出建设创新型国家战略，在推进创新型国家建设中，中央高度重视城市的作用，把建设创新型城市作为创新型国家的基础和保证。为全面贯彻落实国家自主创新战略，加快建立、完善各具特色和优势的区域创新体系，探索中国特色的创新发展道路，促进经济社会发展向创新驱动转变，从2008年开始，国家发改委开始创建国家创新型城市试点。国家发改委对城市试点的指导思想和目标、内容和重点以及组织工作等提出了明确的要求，并表示将加强对试点工作的指导、监督和考核，同时对试点城市的自主创新和高技术产业发展工作优先予以支持。2010年，杭州被列为国家发改委确立的16个创新型试点城市之一，从而为杭州建设创新型城市提供了难得机遇。杭州市抓住这一机遇，在成为国家创新型城市试点后，出台了《中共杭州市委杭州市人民政府关于推进创新型城市建设的若干意见》。2011年，杭州市人民政府又下发了《杭州国家创新型城市总体规划（2011—2015年）》。杭州市正以创建国家创新型城市试点为契机，加快创新型城市建设。杭州创新型城市建设，将为杭州经济社会发展提供强大的动力。

（二）杭州建设创新型城市的问题和薄弱环节

杭州市建设创新型城市建设方面取得很大成绩，但也存在许多不足和薄弱环节。

1. 企业自主创新能力有待提高

杭州企业大部分是分布在传统块状经济中从事传统产业的民营中小企业，在一定区域内形成比较完善的产业链集聚，依靠规模产生效益，以短期赢利为目的，缺乏创新能力和创新动力。具体表现在：企业对创新的投入不足、工业企业新产品产值率较低、企业创新活动中得到高校、研究机构的支持有待加强、企业知识产权保护积极性不够等。与北京、上海、深圳等国内先进城市比较，杭州企业在参与科技活动人员数量、科技经费内部支出、研发经费投入、新产品开发经费、新产品的产值等方面都有不少差距。

2. 创新投入有待增强

2008年，杭州R＆D投入总量为122.2亿元、R＆D投入占GDP比重为2.56%。2008年杭州地方财政科技拨款达18.55亿元，地方财政科技拨款占地方财政支出的比重达4.42%，这四大数据在15个副省级城市处于前列，均在前5位之中。但与创新能力处于首位的深圳比差距较大。深圳2008年R＆D投入为260.39亿元；2008年度的地方财政拨款为54.68亿元，遥遥领先于杭州和其他副省级城市。特别是杭州企业R＆D投入不足突出，2008年杭州企业R＆D经费支出占企业主营业务收入的比重仅为0.79%，低于深圳的1.2%、厦门的1.7%、青岛的0.85%、南京的0.88%。

3. 高新技术产业发展有待加快

杭州发展高新技术产业采取了很多措施，取得了一定成绩。但相比国内先进城市有一定差距。2008年杭州高新技术产业总产值2452.21亿元，占工业总产值的比重为26.28%，两项指标在15个副省级城市的排名分别是第8和第15，处于中下游水平，低于深圳、广州、宁波、南京等城市。2011年苏州市1347家高新技术企业总产值达到10516亿元，占全市规模以上工业产值的37.3%，远超杭州市3000多亿元的高新技术产业总产值。

4. 创新型高端人才资源增加

2008年，杭州市有专业技术人员59.12万人，每万人专业技术人员742人，同比增加37.15%，但杭州专业技术人员总量和相对量仍落后于广州、深圳、南京等城市。2008年杭州专业技术人员总量和每万人专业技术人员量在15个副省级城市中分别在第6位和第7位。特别是缺少高精尖科技人才，高层次的领军人物和精通WTO规则的国际人才。

5. 创新支撑服务体系有待完善

杭州创新支撑服务体系还有不完善的地方，存在着政策激励面偏窄导致对民间资本引导力不强，制度设计不足导致民间投资缺乏规范，要素价格偏高导致民间资本创业创新成本较大，融资渠道狭窄导致民间资本扩张，能力不足、社会中介组织不健全导致“第三方力量”对民间资本创业创新服务不够，居民社会保障负担较重导致大量民间资金缺乏创业创新的冒险冲动，投资信息传输渠道偏窄影响民间资本投资效益等问题。杭州创新城市建设方面存在的上述问题不解决，将严重制约杭州创新城市建设的推进。

四、杭州建设创新型城市的战略构想

（一）总体要求

新的形势下，杭州建设创新型城市的总体要求是：创新发展战略，明确

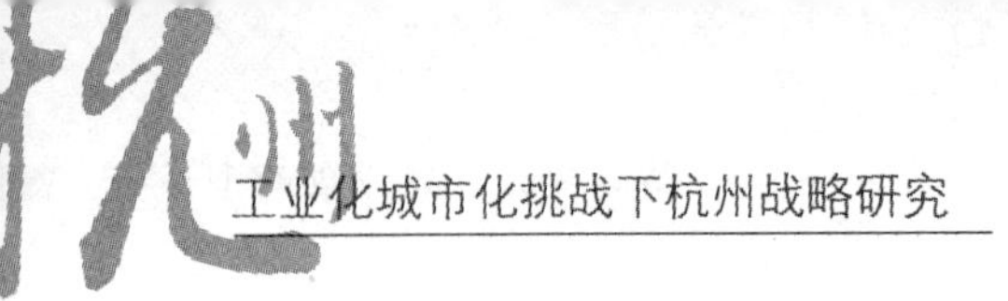

发展模式，提升发展目标，加快发展速度。

1. 创新发展战略

建设创新城市必须把创新驱动作为城市发展主战略，这是创新型城市建设的内在要求。杭州城市发展战略经历了从最初“五大战略”到后来“六大战略”的发展过程，在把建设创新型城市作为城市发展目标定位的背景下，有必要进一步把创新驱动作为城市发展主战略。提出创新驱动战略不否定杭州现在的“六大战略”，创新驱动是城市发展主战略，它渗透在“六大战略”中间，实施创新驱动战略有利于更好实施“六大战略”。

2. 明确发展模式

创新是城市发展的必然趋势，但每个城市的特点和基础不一样，创新型城市的建设路径也不完全一样。创新型城市的类型有很多种，如文化创新型、工业创新型、科技创新型、服务创新型等。有单项的也有复合性的，如科技与文化复合创新型等。从杭州实际和城市特色出发，我们认为，杭州应该建设以高科技和服务业为重点的复合型的创新型城市。这个定位符合杭州城市的特色和定位，符合杭州城市产业发展实际，也符合杭州城市未来发展走向。

3. 提升发展目标

2006年杭州提出的建设创新型城市的战略目标，是建设国内一流世界有影响的科技强市，经过这些年努力，杭州积累了较强的综合实力，具备了进一步推进创新型城市建设的良好基础，加上面临有利机遇，杭州有必要在创新型城市建设方面提出新的更高要求，即要在26个城市中率先建成创新型城市，目标是建设国内领先国际有影响、有特色的一流创新型城市，打响“创新天堂”品牌，使创新真正成为杭州经济和社会发展的主动力。

4. 加快发展速度

杭州在建设创新型城市方面已经取得很大成绩，但总体水平还不高，与先进城市相比，杭州还存在不小的差距，需要迎头赶上；杭州被列为国家创新型城市试点，为杭州发展提供了难得的机遇，能否抓住机遇，乘势而上，对杭州是一个考验；越来越多的城市把创新型城市作为城市发展的重大战略，工作力度很大，发展速度也很快，给杭州建设创新型城市带来压力和挑战。杭州要实现自己率先发展的目标，继续保持全国的领先地位，不加快发展也不行。所有这些都要求杭州建设创新型城市，必须在“加快”二字上狠下功夫。唯有加快发展才能带来爆发性增长，带来跨越式发展。

杭州建设创新型城市的指导思想：以实现创新驱动发展为导向，以提升自主创新能力为主线，以体制机制创新为动力，健全创新体系、聚集创新资源、突出效益效率、着眼引领示范，大力推进“科学技术、经济发展、城市管理、社会文化”创新，率先建成“创新体系全、创新机制活、创新环境优、创新效益高、辐射范围广”的国家创新型示范城市，成为国内一流的区域创新中心和辐射源，力争成为中国创新型城市的“领头雁”和在国际上具有一定影响力的特色创新型城市。打响杭州“创业天堂”品牌，为杭州经济社会又好又快发展、为建设与世界名城相媲美的“生活品质之城”提供有力支撑。

（二）建设创新型城市需要把握的几个关系

从杭州的自身优势和实际情况出发，总结建设的经验，杭州建设创新型城市，必须注意把握五个关系，即做到五个结合。

1. 创新型城市建设与学习型城市建设结合

创新型城市建设不能孤立地就创新型城市建设而建设，而必须与学习型城市建设结合起来，因为两者有密切的内在联系。建设学习型城市，不是简单要求读几本书，取得什么学历，关键要着眼于学习力的提高。学习力是把知识资源转化为知识资本的能力，是知识总量、知识质量、知识流量和知识增量的综合效应。衡量一个人、一个城市的学习力高低，不仅要看他（它）的知识总量，而且看他（它）的知识质量，学习者的综合素质、学习效率和学习成果的创新程度以及学习者把知识转化为价值的程度。而这些实际上是创新能力的体现，可见，创新力是学习型社会的灵魂。可以说，建设学习型城市是建设创新型城市的基础，没有学习型城市建设为基础，创新型城市建设会变成无源之水。

2. 坚持创新型城市共性与突出城市特色个性结合

创新型城市是有标准的，甚至有指标体系，创新城市建设要按照标准和指标来推进，但创新型城市建设也要注意与城市特色个性紧密结合。因为任何一个城市都具有其区别于其他城市的独有特征，如资源特色、区位特色、文化特色、产业特色，等等。特色是一个城市比较优势的集中体现，充分有效地发挥城市独有的特色，有利于国内外创新资源的集聚，推动创新型城市建设发展。比如杭州城市文化底蕴深厚、环境优美、生活品质高的特色，对发展文化创意产业、高技术产业和现代服务业十分有利，杭州建设创新型城市应充分考虑这些个性特色要求，在创新型城市建设的定位、重点和举措等方面给予体现。又如休闲是杭州文化的一大特色，建设创新型城市要把握这个特色，把创新型城市建设与发展休闲产业有机结合起来、把发扬创新精神与弘扬休闲文化有机结合起来。建设创新型城市的根本目的是促进城市的可持续发展，一切创新活动都要指向提高城市发展能力、增强城市发展后劲、提高市民生活品质。为此，创新型城市建设的思路也要创新，而城市个性和特色就是创新型城市建设需要特别关注的问题。

3. 利用内在资源和利用外部资源相结合

创新资源是创新活动的要素之一。创新资源包括内生变量和外生变量。内生变量主要与自身的创新基础、创新能力有关，是依靠自身既有的创新条件所创造的创新资源增量。外生变量主要与城市的创新策略及综合环境有关，是通过实施富有吸引力的创新政策、营造良好的创新环境而引进的创新资源增量。内生变量是建设创新型城市的基础和关键。创新型城市建设能否成功，在很大程度上取决于一个城市的内生变量。但由于每个城市在一定时期内能够动用的资源是有限的，尤其是内生变量的积累速度比较缓慢，所以完全靠利用内生变量是不够的。另一方面，随着全国市场化进程的推进、国内外区域合作与交流的加强，高端人才、科技成果等创新资源在国内各区域间及国内外双向流动的速度日益加快。特别是杭州处在中国经济最发达、创新资源最丰富的长三角区域中，与中国经济最发达、创新能力最强的上海相邻，利用外部创新资源十分有利。杭州建设创新城市要注意利用外部资源来发展，通过政策、环境等来实现创新人才集聚、要素集聚，加速把一个城市的内生创新资源变量演变为另一个城市的外生创新资源变量的过程。

4. 发挥政府有形之手和发挥市场无形之手结合

从世界经验看，创新型城市建设有市场主导和政府主导两种模式：市场主导就是发挥市场机制作用，形成有利于创新的环境，引导创新要素和产业要素向城市集中；政府主导就是政府发挥引领作用，明确发展战略，制定政策措施，加强基础设施投资，创造优良环境，吸引国内外创新资源要素向城市集中。由于政府主导具有对城市市场战略水平要求相对较低，模式选择面临的进入壁垒较低等优势，受到许多发展中国家的青睐。我国正处在经济转轨时期，政府在经济领域具有深厚的历史积淀，政府主导型具有良好的现实适应性，采取政府主导模式顺理成章，并实践中已经取得很好的效果。但在继续发挥政府主导作用的同时，不能忽视发挥市场的作用。创新的主体是企业、个人，创新的主战场是市场。忽视市场的作用，单靠政府推动，创新是不会长久的。

5. 推进科技创新与推进城市创新的结合

过去对创新型城市的理解比较狭窄，往往局限于科技层面，把创新型城市等同于科技城市。提出的创新型城市指标也多是技术指标，如技术对外依存度、技术进步对经济增长贡献率、发明专利申请量占全部专利申请量、企业专利申请量、社会研发投入与国内生产总值的比重、企业研发投入超过销售收入数额等。建设创新城市，科技创新是关键，但创新型城市不是科技城市，而是包括城市政治经济文化社会各方面的城市。创新型城市的六大特征“创新体系健全、创新要素集聚、创新活动效率高、创新活动效益好、创新引领作用强、创新辐射范围广”都与社会领域发展密切相关。换句话说，社会创新不仅是创新型建设的重要内容，还直接决定了创新型城市建设的成败，因此，必须推动创新型城市建设从科技和经济领域向社会领域拓展。

五、杭州市建设创新型城市的主要举措

（一）大力推进创新主体的建设

1. 提升企业的创新主体地位

要把解决企业创新动力不足作为杭州创新型城市建设的重要任务。通过

形成利益驱动机制，采取政府采购、共性技术研发、财税扶持和对企业建立科研机构实施奖励政策等多种措施，推动企业特别是民营企业创新。要引导企业加大科技投入，尤其是研发投入，不断开发新技术、新产品、新工艺。鼓励和支持企业自办技术研发中心、工程中心等研发机构；支持有条件的企业到国外设立研发中心；鼓励有条件的大型企业独立或联合高校、科研院所组建研究开发院，从事核心技术、关键技术和公共技术研究。要完善企业技术中心的技术创新研发、技术创新成果转化（孵化）、技术信息交流等功能。鼓励支持企业承担和参与国家及省重大专项、重大科技攻关等研发任务。强化企业在研究开发投入、技术创新活动和创新成果应用中的主体地位。

2. 发挥高校和科研机构的创新引领作用

要积极支持高校和科研院所提升人才培养质量和科研水平，加强高校重点学科建设，加强有特色和优势的科学研究，提升高校和科研机构的创新能力。要进一步推进与大院名校的战略合作，继续引进大院名校共建创新载体，要在引进大院名校的科研用房、用地和启动资金等方面制定优惠政策，鼓励和支持引进大院名校，联合共建科技创新载体，吸引国内外科研机构和跨国公司来杭州设立分支机构和研发中心，从源头上解决创新能力不足问题。支持高校、科研机构面向杭州优势产业和社会领域，开展共性和关键技术、应用基础研究和高新技术应用研究，支持高校面向杭州主导产业人才需求调整专业学科设置，发挥高校科研机构创新引领作用。

3. 推动产学研一体化发展

鼓励科研院所、大学等利用和发挥其科研优势，加强对企业的科技服务，促进科研机构以技术参股、专利权转让、技术合作等方式实现科技成果转化。引导企业通过委托研发、合作研发以及人才培养、信息服务等方式，与科研机构、高等院校之间建立起各种形式的合作，使企业、科研机构和大学三者之间形成优势互补的技术研发分工协作机制。要坚持市场为导向、先进实用、企业为主体，互惠互利的原则，支持重大科技成果和专利技术的转化，推动产学研合作不断发展。

（二）大力推进创新产业体系建设

1. 加快战略性新兴产业发展

以“高、精、尖”为主目标，重点发展生物医药、新材料、新能源、环保等具有战略性新兴产业，做大做强通信、软件、集成电路、数字电视、动漫、游戏和电子商务、即时通讯、搜索引擎、网游“6+4”条产业链，培育并壮大物联网、传感网等新兴领域。围绕新能源产业的核心竞争优势，以太阳能光伏和风电产业为重点，打造光伏产业链和风电产业链。推进新材料产业发展，重点发展电子信息材料、半导体照明、生物医用材料等产业。加强生物产业发展，形成集研发、试验、制造、培训等功能于一体的集群化现代生物产业体系。加快节能环保产业发展，形成污染物治理技术与设备、环保材料、节能材料、节能机电产品设备等的国内领先领域。推进涉海产业，大力发展海洋信息、海洋生物医药、海水利用等新兴产业发展。要改变杭州高新技术产业比重偏低、发展趋缓的状况。要加大对高新技术企业、创新型企业、专利示范企业的支持，加快培育和发展创新型示范企业。

2. 加快知识密集型服务业发展

围绕打造“长三角现代服务业中心”目标，大力发展文化创意、大旅游、金融、商贸、现代物流、信息与软件、科技、中介服务、房地产、社区服务等服务业；特别要依托杭州众多文化艺术资源，大力推进动漫游戏、设计、现代传媒、艺术品、教育培训等文化创意产业，要通过现代服务业的发展，形成杭州创新型城市的产业特色，并通过现代服务业的发展，创新活动主体之间的合作，加强创新主体与市场的有效互动，提高杭州科技活动效率和效益。

（三）大力推进创新平台的建设

1. 加快青山湖科技城、未来科技城建设

按照“高起点、高标准、高水平”和“特色鲜明、品质一流、作用突出”的要求，把青山湖科技城、未来科技城建设成为国际领先、国内一流的科技资源集聚区、技术创新源头区、高新技术孵化区、低碳经济示范区。要加快科技城硬件设施建设的同时，尽快研究出台能够吸引海内外著名科研院所、高等院校、跨国公司、科创企业和科研人员进城创业的优惠政策，把青山湖科技城、未来科技城建成创新资源集聚高地，成为推进原始创新、集成创新和消化吸收再创新的大平台，国家自主创新示范区。

2. 加强开发区和工业功能区建设

要进一步完善基础设施和功能环境，增强开发区和工业功能区创新的集聚和辐射功能。依托国家级、省级开发区设立一批各具特色的科技创新园，集聚一批科研创新企业和人才，加快建设省级产业集聚区，如大江东创新基地、中国美术学院国家大学科技园、浙江省大学科技园、新加坡杭州科技园等建设，使之成为区域创新基地和公共创新平台，创新型城市建设的重要支撑。

3. 推进国家级基地建设和城市试点工作

目前杭州已获得国家软件产业基地、国家集成电路设计产业化基地、国家电子信息产业基地、国家动画产业基地、国家动画教育研究基地、国家数字电视产业基地、国家生物产业基地、国家电子商务试点城市、国家电子政务试点城市、国家专利试点城市、国家低碳试点城市、国家创新城市试点等许多国字号招牌，这些招牌含金量高，要充分利用这些招牌，切实推进产业基地建设和试点工作，集聚创新资源，做大产业规模，打造创新高地，推动创新型城市建设。

4. 推进各级各类科技孵化器建设

通过建设各级各类孵化器，培育一大批高新技术企业，是推动高新技术产业发展的一条成功经验，杭州要加大科技孵化器发展的规划引导和扶持激励力度，推进各类开发区（园区）、城区、企业三个层面孵化器平台建设，形成一大批多形式多层次的科技企业孵化器。各个国家级、省级开发区都要把建设孵化器和公共科技创新平台作为工作重点，为增强区域创新能力服务。各区、县（市）要发挥区域优势，坚持盘活存量与新添增量相结合，分别建立特色孵化器，使其成为创新创业的重要载体。鼓励企业、大专院校、科研机构，以及其他社会组织和个人，利用各自的资源优势，采取多方筹资，资源折股等形式创办多种经济成分、多种形式的孵化器特别是专业孵化器。鼓励企业和社会参与孵化器的建设，对包括土地征用、道路房屋基本建设、配套设施建设、专业平台建设及环境建设等制定相应的扶持政策。

（四）大力推进创新服务组织建设

1. 完善公共服务平台建设

发挥市场在资源配置中的基础性作用，集中力量整合创新资源，通过大型公共科技设施建设、科技数据与科技文献资源共享、自然科技资源保存与利用，构建为全社会服务的科技信息资源共享平台。加强面向中小企业集群的技术创新中心、产品研发中心建设，尤其是加强工业功能区行业技术研发中心建设，鼓励各行业研发中心对自身的管理体制、运作模式进行大胆探索，对行业内共性关键技术进行积极攻关研发，使行业技术研发中心成为吸引人才的平台、成为产学研的平台、成为科技创新的平台。

2. 积极发展科技中介服务机构

大力发展技术转让、科技咨询、评估、法律和专利、风险投资等各类科技中介机构。通过政策激励，鼓励和引导科技中介机构向专业化、规范化和服务型方向发展，为企业创新提供社会化、网络化服务。加强科技行政主管部门和高校、科研院所与科技中介服务机构的交流，增加科技中介服务机构政策、项目、产业规划、科技成果、前沿技术、资金需求、人才等方面的信息流。重点扶持一批专业化服务水平高、组织协调能力强的科技企业孵化器、科技评估、技术交易机构，形成品牌和竞争优势。鼓励和吸引专业人才进入科技中介机构，加强对在职服务人员的培训，提升科技中介服务质量。

（五）大力推进政府与社会服务创新

1. 强化城市管理创新

创新城市规划理念，优化城市空间布局，实现城市空间区域的合理化和最优化。实施多元联动的综合开发模式，合理确定开发建设时序，优化城市开发建设方式。创新城市管理理念，扩大科技在城市管理中的运用，进一步提升城市综合管理、综合执法、综合服务能力，建立具有杭州特色的高效能、现代化城市管理模式。

2. 强化社会服务创新

推进社会公共服务内容多样化，实现公共资源均衡化发展和优化布局。促进社会事业供应主体多元化，满足社会群体多样性和多层次需求。加快培育和发展各类社会组织，促进社会组织在公共服务领域发挥积极作用。推进社区管理体制改革。完善社会公共安全体系。建立健全居住证制度，改善对流动人口的管理。以“破七难”为基础，建立健全解决群众热点、难点问题的决策机制、反馈机制和评估机制。创新社会管理体系，建立社会利益协调机制。

3. 推动政府管理体制创新

要用企业家精神改造政府，建立开放式、市场化和高效率的创新型政府，借助市场的力量凝聚创新资源。科技管理要由主要着力于组织科技项目向发掘、整合全市科技资源转变，拓展使社会各个群体广泛参与和充分利用科技资源的畅通渠道，形成群策群力推动科技进步、同心协力促进经济社会发展的良好格局。要深化行政审批制度改革，清理、减少和规范行政审批事项，探索行政许可服务“零收费制度”，建立完善审批和许可事项的监督管理机制；深化投资体制改革，进一步完善企业投资项目备案制和核准制，建立健全政府投资项目科学决策机制和项目储备制度；深化科技管理体制改革，加强统筹协调、分类指导，充分发挥财政科技经费的导向作用。

（六）大力推进创新体制机制建设

1. 进一步完善创新创业投融资保障机制

第一，优化财政科技投入结构。在提高财政支出对科技投入比例的同时，重点是要优化财政科技投入结构，整合优化现有各项科技发展扶持资金，改善资金使用方式，提高资金使用效益。第二，大力发展创业风险投资。引导社会资金和保险公司、证券机构投资创业风险投资企业，鼓励创业风险投资企业投资处于种子期和起步期的创业企业。积极吸引境外风险投资机构，构建企业和风险投资机构的信息交流平台。第三，加大金融信贷支撑作用。构建商业银行与科技型中小企业建立稳定的银企关系，利用基金、贴息、担保等方式，引导各类商业金融机构支持企业自主创新与产业化。建立为中小企业服务的信用担保机构，为中小企业高技术投入提供条件，允许企业以专利、商标等知识产权作为反担保。

2. 健全完善知识产权保护机制

建立以专利、商标、版权等为主要内容的知识产权体系，构建全市知识产权监管、保护、服务平台和利益激励机制。鼓励企业积极采用国际标准和国外先进标准组织生产，着力推进企业核心技术和专利技术向标准转化，引导支持企业、行业协会和科研机构主持或参与国际标准、国家标准和行业标准的制（修）订。鼓励企业强化品牌意识和商标意识，打造更多具有自主知识产权和国际竞争力的名牌。加大知识产权保护力度，坚决查处和打击各种违法侵权行为，积极开展知识产权维权援助工作，强化商标权保护行政执法，加大对侵犯商标权行为的打击力度，有效保护自主创新型企业的创新权益。

3. 建立政府支持自主创新产品机制

加大政府采购自主创新产品力度，用政府采购手段扶持技术创新，编制杭州市人民政府采购杭州市自主创新产品目录，加大政府采购中的自主创新产品比例，建立根据科技产品市场化的程度相应调整政府采购政策的制度。增加政府采购的额度，有计划地扩大自主创新产品的需求；有效拉动技术创新的发展，为技术创新产品主动创造需求市场。对中小企业自主创新产品参与政府采购予以支持和倾斜，以突出政府采购对创业创新的支持。

4. 建立完善创新管理和评价机制

借鉴国内外创新型城市评价指标体系，加快“杭州创新型城市建设评价考核指标体系”的研究和制定，并在此基础上着力研究建立创新型城市评价考核工作机制，形成鼓励创新、支持创新的政府绩效考核标准，充分发挥评价考核的导向、引领作用，使创新成为杭州经济社会发展的主要动力。

（七）大力推进创新人才队伍建设

1. 加强高层次创新人才引进力度

借鉴国内外创新型城市在人才引进上的成功做法，加强杭州高层次、精英型人才的引进力度。推行国际专才引进、海外高级专家特殊岗位等计划，加大海外人才引进力度；通过为留学人员、高层次专业人才提供有吸引力的工作、创业和生活环境，制定优惠的引智、引才政策，使杭州从外部获得必要的各类创新人才。建立不同种类的人才集聚区。通过规划有意识地做好人才集聚的引导，形成高科技人才村落、IT人才村落、创意人才村落、音乐人才村落、画家人才村落等。对同领域的核心高层次人才要舍得花大本钱积极引进，并实行“一人一策”，根据他们的需要提供相应服务。同时，要创造一种灵活的人才流动模式，大大扩展本区域的人才引进与流动空间，使杭州成为一定区域内的人才流转中心。

2. 加大创新人才引进培育力度

深化“新世纪131优秀中青年人才培养计划”、企业经营管理者“356”工程、“万千百”长三角紧缺人才培训工程、专业技术人员知识更新工程、“万名大学生创业实训工程”、“名校、名师、名专家”等一系列人才培养工程，加快杭州重点产业、重点行业、重点技术领域、重点学科的专业技术人才培养，形成一批高层次创新型人才和高水平创新团队。加强高校创新教育，培养学生独立思考、勇于创新的精神和能力。加快杭师大等在杭高等院校建设，争取省里和国家支持增加博士点和硕士点数量，扩大人才培养规模。制定优惠的引智引才政策，加大全球引才“521”计划和引进国外智力“115”计划的实施力度，以领军型科技创业人才为重点，着力引进一批掌握核心关键技术的海外高端创新型人才、创新型团队，加快人才落户。探索建立高校、科研院所与企业创新创业人才互向流动机制，创造灵活的人才流动模式，扩展本区域的人才引进与流动空间，使杭州成为一定区域内的人才流转中心。

3. 建立健全人才评价激励机制

对企业家、企业重要技术人才、大专院校和科研机构中的重要研发人员进行有效激励和优化配置，激发其不断创新的激情。如通过调整分配制度，在政策中明确管理、技术、专利、知识等生产要素都能通过转化为股权而参与分配，肯定其自身价值；通过实施年薪制、股份期权等被实践证明行之有效的形式对创新人员的创新业绩进行收益激励；通过职称晋升、业务培训、授予荣誉等多种形式进行精神激励等。稳定政策，鼓励科技人员、科研机构和企业家利用创新成果创办科技型企业。鼓励市内外高校、科研院所拥有创新成果的科技人员和科研团队，以兼职或离岗等方式，创办、领办科技型企业，或与企业家合作创办科技型企业。进一步强化对青年科技人才的奖励导向，营造崇尚创新、支持创业的浓厚氛围。

（八）大力推进创新文化建设

1. 开展学习型创新型城市建设活动

提高公众文化和科技素质，把公众科学和文化素质建设作为建设学习型城市的重要内容，切实加强对全市各级领导干部、公务员和市民各种形式的科学普及和创新培训。要充分发挥新闻媒体的优势资源条件，及时宣传杭州建设创新型城市的指导思想、战略部署以及先进典型的先进事迹，全方位地介绍国内外建设创新型城市的各种经验。要在每年一度的社会科学和自然科学普及周活动期间，把建设学习型创新型城市作为重要的主题加以宣传，使其逐步做到家喻户晓、人人皆知。要实施全民学习计划，建设一批国家、省、市社区教育实验区及示范区，构建终身教育体系，提高全民的科学和文化素养。要大力推进学习型创新型城区、学习型创新型县（市）、学习型创新型单位、企业建设，形成共同推进学习型创新型城市建设的强大合力。

2. 加强创新文化的培育

营造良好的创新氛围，努力营造一种大突破、大开放、大发展的外部环境，加快杭州的国际化进程，使国内外的各种先进理念能够自由流动，从而为创新活动奠定良好的思想和知识基础。进一步弘扬“精致和谐、大气开放”的人文精神，培育“求真唯实、争先创优”的创新文化，使创新文化成为城市精神的重要内涵，“讲科学、爱科学、学科学、用科学”成为城市的社会风尚。进一步实践“和谐创业”杭州发展模式，培育科学精神、企业家精神、团队精神，在全社会培育“敢为人先、敢冒风险、敢争一流、宽容失败”的杭州创新创业文化，营造“凭劳动赢得尊重、让知识成为财富、为人才搭建舞台、以创造带来辉煌”的良好社会氛围。尊重群众的首创精神，支持基层的创新实践，激发全社会的创新创造活力，使一切有利于社会进步的创造愿望得到尊重、创造活动得到支持、创造才能得到发挥、创造成果得到肯定。

3. 加快构建创新型教育体系

创新型城市建设需要大量的创新型人才来支撑，而创新型人才的培养开发主要依靠教育。因此，要加快杭州创新型城市建设，必须加快构建创新型教育体系。深化教育改革，建立多元化的教育目标和评价体系，为全面建立创新教育体系打下坚实基础。推进素质教育，注重青少年创新实践能力的培养，切实加强中小学的创新教育，培养学生独立思考、追求新知、敢于创新的精神和能力。建立健全网络化、开放式、自主性的终身教育体系，形成有利于创新型人才生成的教育培养体系。整合优质基础教育资源，推进优质教育均衡化、普及化。大力发展职业技术教育，构建适应杭州经济社会发展的现代职业教育体系。培养多层次的技能型实用人才，建立技能培训公共实训基地，不断提高职业教育为经济社会发展服务的能力和水平。

（黎青平、金波、龚上华、王明琳、王琳）

【附一】

抓好发展创新型经济的几个重点环节

在经济发展的不同阶段，创新不同程度地发挥着推动作用。从创新的作用程度看，杭州产业发展经历了成熟技术的商品化阶段，亟待实现向创新成果产业化阶段转变。而创新型经济是创新要素占主导地位的经济，在创新的社会化组织程度和机制保障方面有着更高要求，需要加快完善相关体制机制加以支撑。市委十一届二次全会提出发展创新型经济，是应对新形势发展的重大战略抉择。本文就认识和推动创新型经济发展谈几点粗浅看法。

一、杭州产业创新的动力分析

杭州经济总量在连续21年保持两位数快速增长的同时，经济发展的动力也发生了明显变化。主要表现为四大特征。一是创新驱动力明显增强。根据国际通行的工业化发展水平评价结果，杭州“十一五”期间新产品产值率、每万人专利申请数量、专业技术人员数量等创新动力因素的贡献率均超过10%，说明创新正在成为推动杭州经济发展和产业转型升级的主动力。二是创新资源集聚度较高。目前，杭州专利申请量、授权量均居全国省会城市首位，拥有国家千人计划34人，省千人计划95人，国家级试点和基地总数超过50个，国家重点扶持高新技术企业、技术先进服务型企业1596家。重点产业中，电子商务网站数量、B2B、C2C、第三方支付等方面位居全国第一。装备制造业中的空分设备、余热锅炉、汽车零配件、水电设备等行业处于领先水平。物联网产业发展也位居全国“第一方阵”。文化创意产业竞争力居全国第三，动漫出口连续多年居全国首位。总体看，杭州创新资源集聚度位居全国大中城市前列，为发展创新型经济奠定了坚实基础。三是创新成果转化率不高。2011年高新技术产业的销售产值占规模以上工业销售产值的比重仅为25.1%，与先进城市相比有较大差距。从相关政策梳理的结果看，当前相关政策多达60多条，不少存在内容重叠、管理职能分散的问题；政府扶持资金主要采取直接扶持的方式，引导放大的效果不佳，在科技成果产业化方面较为薄弱。四是企业创新支撑不足。从近年来对1500家企业的调查结果看，影响技术创新意愿的主要因素是周期长（占60.4%，下同）、风险大（55%）以及自身技术水平低（40.5%）；内部影响因素依次为缺乏高素质技术人才队伍（74.4%）、缺乏创新意识（43.8%）、资金投入不足（40.1%）、内部激励机制不完善（18.4%）和缺乏明确目标（15.9%）；外部影响因素依次为技术市场不健全（47.6%）、缺乏技术支持（45.1%）、技术人员留不住（32.3%）、知识产权保护力度不够（20.8%）和政府支持力度不够（19.4%）。对于政府在创新活动中的作用，企业认为政府应主要在搭建科技条件平台（51%）、提供优惠政策（50.3%）、提供科技信息服务（43.2%）、提供创新基金（34.8%）和推动产学研合作（32.2%）等方面发挥作用。说明创新成果和创新资源没有充分渗透到企业主体，企业创新意愿不高、创新支撑不足、投入力度不大等问题依然存在，创新仍未真正成为杭州产业创新的核心驱动力。

二、创新型经济的规律分析

创新贡献率提高而创新成效不明显，创新要素集聚度提高而企业创新支撑不足的原因，与杭州不同发展阶段需求相关。根据创新推动作用程度的不同，经济增长可分为“成熟技术的商品化”和“创新成果的产业化”两个阶段。

在“成熟技术的商品化”阶段，由于技术创新和产业路径较为成熟，产业发展主要通过承接技术转移、加大投资、带动消费、扩大出口来实现。在生产地，由于核心技术研发和品牌营销网络在外，难以形成完整的产业链和创新链，知识和人才仍处于辅助地位。与此相对应，政府引导创新的主要模式是各部门分工负责投资、技改、生产等相应环节，创新资源虽有集聚但难以有效整合。

根据杭州工业化发展水平评价结果，杭州目前总体正处于工业化中后期，而“十二五”正是杭州进入工业化后期的关键时期。根据国际经验，这一时期经济增长的动力，必须由“成熟技术的商品化”向“创新成果的产业化”转变。当前，国际金融危机导致的外需萎缩，国内生产成本上升以及产能过剩，逐渐削弱了扩大投资、消费、出口的边际效益和基本动能，而新的技术革命正在酝酿形成，随时都可能影响现有的产业基础。在此情况下，走资源能源消耗、技术设备引进和“点式”创新的老路已日见艰难。

然而，走“创新成果的产业化”的新路也并非一帆风顺。从技术创新的规律看，由于单一创新成果具有不完备性，加上众多的成果由分散的利益主体持有，凭一项成果“单兵深入”，不仅投入大、风险也大，很容易碰到“专利丛林”、“专利雷区”。何况，从技术创新到出新产品，必须经历成果转化、技术集成深化和产业化（可统称为产业化）过程。如果企业和科研院所不下大决心强化协同创新，政府部门按“多龙分头治水”老思路抓产业创新，走科技成果产业化的路同样会很艰难。

从新兴技术产业阶段发展规律看，由于没有现成的模式可以套用，加之技术更新步伐加快，创新投入往往伴随一定的技术和投资风险。这就要求经济发展不能仅仅依靠少数技术，过分追求少数技术的产业化规模。否则，一旦更为先进和具有成本优势的新产品出来，原有产品和产业就面临被市场淘汰的风险，还可能错失其他技术产业化的发展机遇。因此，政府应以创新成果产业化为重点，充分发挥市场的基础性作用，围绕企业创新需求，灵活高效地配置资源和强化服务，通过加快完善区域创新体系，推动创新型经济发展。

三、创新型经济的特征分析

创新成果产业化阶段，必须大力发展以科技创新为主导的创新型经济。创新型经济是以知识和人才为依托，以科技创新为核心，以要素创新为动力，以创新产业为标志的经济形态。与知识经济不同，创新型经济是以企业为主体，以创新成果产业化为导向的“共生经济”。即，不仅注重知识成果，更加注重知识的创新作用；不仅注重单一环节、单一技术、单一产品的创新，更加注重创新的协同性；不仅注重创新成果的产生、创新资源的集聚，更加注重创新成果的产业化，从而通过完善创新链，嵌入供应链，提升价值链，使创新融入企业生产的全过程。

市委十一届二次全会提出发展创新型经济目标，突出强调创新的共生性，更加突出人才的核心作用和协同创新的推动作用，更加突出体制机制、平台构建、要素资源的统筹推进，更加突出创新成果的产业化和传统产业的高技术化，从而通过加快完善区域创新体系，推动创新链和产业链、价值链的高度融合发展，力争率先走出一条具有杭州特色的依靠创新驱动加快科学发展的新路。

发展创新型经济，应重点强化科技统筹机制和协同创新机制，加快推进创新成果产业化。据权威数据统计，科技研发和成果转化、产业化三个阶段所需资金的比例约为1：10：100。为此，政府需要集聚更多资源，同时增强扶持政策措施的针对性和灵活性。一是完善科技统筹机制。强化科技统筹机制，推进协同创新，营造创新环境，加大对应用性科技成果的扶持。目前，市里已挂牌成立市科委、科技创新服务中心、专家委员会和工研院，下一步还将形成跨部门的综合服务平台和政策扶持平台，形成多主体联合扶持，多因素综合评价，多途径推进科技成果产业化的服务机制。二是创新科技成果产业化资助方式。除基础共性技术和民生公益技术实行直接资助外，改变应用性成果“撒胡椒面”的资助方式，将切出30%以上的专项资金，采取贷款贴息、设立创投引导和产业投资基金等方式扶持企业创新，从而带动专业机构和社会资本进入，激活创新要素，加快产业创新进程。

四、发展创新型经济的重点环节

要加快科技成果转化、深化和产业化，解决科技经济“两张皮”问题，重点要在七个环节上下功夫。

第一，主体培育。坚持以企业需求为导向，通过强化科技统筹机制，把优质资源资本和服务引向企业，通过完善创新链，将创新链嵌入企业供应链，进而提升价值链、整合形成产业链，实现多链融合发展。支持企业把自主创新作为自身发展的首要推动力，通过原始创新、集成创新和引进消化吸收再创新，掌握一批具有自主知识产权的核心技术，努力争取在重要行业和关键领域占据领先地位。加大对企业自主创新的引导和支持，通过政府采购、直接投入、财政补助、贷款贴息、税收优惠等多种方式，鼓励企业特别是民营企业加大研发和技改投入，重点投向十大产业和实体经济。

第二，协同创新。要加快科研成果产业化，仅有松散型的产学研合作还不够，更要通过共建创新平台和联盟推进协同创新。要坚持以“产”为主，支持企业依托自身科技研发资源，与高校和科研机构共建实验室，甚至到国外设立研发中心，开展委托研发、技术入股、投资入股等多种形式的产学研合作，构建一批产业技术创新战略联盟和技术创新服务平台。要围绕发展十大产业，组织重点企业和产业技术创新战略联盟，实施重大科技创新项目，攻克一批十大产业的关键共性技术，提升产业竞争力。

第三，集成制造。集成制造是创新成果产业化的“临门一脚”，也是推动产业向价值链高端升级的重要环节。要大力扶持优势企业通过收购兼并、引进战略投资者等途径，聚合技术优势和规模优势，转型发展成为总承包商、总集成商。支持企业组建总集成总承包联盟，共同开拓市场。对新获得相关资质，实施重要项目的企业，要重点给予奖励和融资扶持。此外，要搭建信息平台，发布本地产工业品推荐目录，制定自主创新产品的认定标准、采购清单和指南，在政府采购和公共资源交易中，不断增加自主创新产品和采购比重，同时要推进首台（套）重大技术装备试验和示范项目，推进本地企业新技术、新产品的广泛应用，让企业获得“第一桶金”。要加快建立首购首用风险补偿机制，研究制定首台/套购买补贴、保费补贴等扶持政策。加快推进电子商务应用与发展，引导和鼓励企业应用第三方电子商务平台发布信息、开拓市场。

第四，智力开发。科技是第一生产力，人才是第一资源。引进一个团队，能够带动一个企业，从长远来说，还有可能带动一个行业的发展。坚持每年到硅谷等人才高地选才引智，引进高端人才带技术、带资金、带项目来杭发展。深入实施“瞪羚计划”、“雏鹰计划”、“青蓝计划”，办好“知识市场”，完善科技人才技术入股、股权奖励、分红权等创新激励制度和大学生创业、实训政策。完善人才专项房、公共租赁房等政策，解决好人才落户及子女就学等问题，降低城市商务成本，解除人才创业创新的后顾之忧。实施人口素质提升计划，强化人力资源培训服务，优化人力资源结构，提升劳动者整体素质。

第五，平台集聚。加快高新区（滨江）、青山湖科技城、未来科技城、大江东等大平台建设，以整个城市为平台，争创国家自主创新示范区。推动所有的工业园区和开发区，转型为创新集约园区。今后新增工业用地要全部用于创新型产业。加强公共科技创新平台建设。要做强科技创新综合服务平台，完善信息发布、供需对接、产业化评估、社会化服务机制。要加快建设科技创新十大平台，尤其要完善“政府引导、企业主体、资本助推”模式，共建杭州工业技术研究院，为科技创新提供更多服务和保障。同时，加快之江地区文化产业创新示范区建设。将现有的开发区、工业区、各类功能园区整合提升为创新集约园区，发挥创新示范作用。

第六，体系构建。加快构建杭州特色的创新体系，实现科技与实体经济、人才与资本、政产学研、成果转化与产业化相互融合发展。重视科技中介服务体系建设，鼓励发展各类技术评估、技术经纪等中介机构，完善社会化、专业化创新服务网络。重点强化科技金融支撑，抓紧出台促进股权投资发展补充意见，推进母子产业基金体系运作，吸引知名股权投资机构集聚杭州，鼓励在杭投资机构引进国内外重大科技成果在杭落地。完善科技银行、创投中心和金融超市等服务，通过建设多层次资本市场，更好满足企业融资需求。

第七，服务保障。把统筹推进科技成果产业化工作纳入综合考评和党政领导科技进步目标责任考核，确保政策措施落到实处、见到实效。对完成目标成效突出的区、县（市），要给予表彰奖励，并在资源配置上予以重点倾斜。健全科技进步监测指标体系和成果转化统计指标体系，及时发布监测结果。对科技创新成果研发和产业化扶持资金的申报、执行和结果，实行全过程严格监管。建立完善重大产业化项目工作协调机制，抓紧制定出台具体操作办法。加大宣传力度，大力弘扬求真务实、勇于创新的科学精神，在全社会培育“敢为人先、敢冒风险、敢争一流、宽容失败”的杭州创新创业文化。

（涂冬山）

【附二】

培育创新载体 推动杭州创新型城市建设

创新型城市是杭州城市发展的必然选择，培育创新载体，是建设创新型城市的重要支撑。创新载体是聚集创新资源、开展创新活动的平台，没有创新载体，创新型城市建设就会失去依托而无法实现。培育创新载体要明确方向，要把发挥企业创新主体作用、高校科研院所创新主力军作用和各类园区主创新战场作用作为创新载体建设的出发点和落脚点。

一、推动企业建立科技创新载体

培育创新载体，首先要推动企业建立创新载体。企业是市场经济的基本单位，是区域创新的主体力量，企业创新能力如何直接关系到整个城市的创新能力。深圳创新能力强，主要在于深圳90%以上研发在企业，90%以上研发人员在企业、90%研发经费来自企业、90%的专利由企业申请。相比之下，杭州企业创新动力不足、创新能力不强是一个薄弱环节。杭州建设创新城市要把提高企业创新能力作为重要突破口，而培育创新载体则是提高企业创新能力的重要支撑。

企业创新载体，是指企业设立的独立或非独立的具有自主研究开发能力的技术创新组织，它是企业科技基础能力建设的重要组成部分。作为企业技术创新的核心和骨干力量，企业创新载体代表着企业的市场竞争力和发展后劲，对企业发展关系重大。大力推动企业创新载体建设，对于加快建立以企业为主体的技术创新体系和推进创新型城市建设具有十分重要的意义。

杭州市对培育企业创新载体历来十分重视，出台了很多政策措施，也取得了很大成绩。杭州许多著名企业如万向集团、娃哈哈等都建立了自己的研究中心或技术中心；一些企业则与科研院所联合建立技术中心，如杭州和合玻璃工业有限公司与中科院理化技术所共建“自清洁玻璃热固化法制备技术中试基地”等。但由于杭州企业大部分是分布在传统块状经济中从事传统产业的民营中小企业，主要依靠区域内形成比较完整的产业聚集的规模效应产生效益，多以短期赢利为主要目标，对自主创新并不重视。因此，企业创新载体建设仍然是一个需要着力解决的问题。

培育企业创新载体，首先要提高企业的创新意识。要加大舆论宣传和引导，营造有利于创新的良好氛围。要通过加强对企业家教育和培训、采取典型示范等多种形式，提高企业家创新意识，使他们真正认识到创新是企业发展的不竭动力，是企业的生命力所在，从而激发自主创新的内生动力。其次，要利用利益驱动机制激发企业创新积极性。要落实各种产权保障制度，使科技创新主体从技术创新中获得相应的收益。完善对科技成果的评价体系，制定有利于促进专利保护的政策措施，弥补市场缺陷。要从政府采购、共性技术研发、财税扶持等方面，形成市场拉力、技术推力和政府引力结合的促进企业自主创新的动力机制。第三，对企业建立科研机构实施奖励政策。杭州市已制定《关于鼓励企业建立和引进研发机构的实施办法》，出台了包括对被认定为国家、省、市级企业研发机构和企业与“大院名校”合作兴办的研发机构给予经费资助；对被评定为优秀的企业研发机构给予奖励；对企业与国内外高等院校、科研院所、大中型企业合作，单向引进或双向共建的研发机构的专门用地，按科研用地办理协议出让手续等许多含金量很高的政策。对这些政策，要加大宣传力度，让企业普遍知晓。同时，要根据新的发展要求，研究制定鼓励企业建立研发机构的新的政策和举措。第四，加强对企业建立创新载体的指导。政府有关部门对企业建立创新载体要及时指导，提供服务。对已建的各级各类研发机构，要帮助其提高运行效率和在市场中的生存发展能力。要引导企业加大研发投入，促使研发机构集聚优秀研发人才，提高技术创新和高新技术产品开发能力，真正发挥研发机构在企业自主创新中的核心引领和资源载体作用。

二、依托高校科技院所建立创新载体

高校、科研院所具有人才、科研项目等方面优势，是创新城市建设的生力军，创新城市建设必须依靠高校、科研院所不断地提供人力资源和科研成果支撑。但高校、科研院所的人才和科研成果优势要转化为现实生产力，实现产学研结合是条件，否则，科研项目再多，也变不了成果，更变不了生产力。为此，要把依托高校科研院所建立产学研结合的各类创新载体作为创新型城市建设的重要任务。

（一）鼓励高校科研单位与企业建立合作关系

目前科研与生产“两张皮”现象严重，一方面企业对市场的需求最了解，但缺乏相应的人才和技术，难以满足新产品开发的要求；另一方面科研院所和高等院校掌握众多的人才和技术，但对市场需求反应不够灵敏，形成了一种信息不对称的局面。为此，要通过各种形式，搭建信息交流的平台，让企业与高等院校、科研院所直接对话，充分了解对方的需求。要建立产学研紧密结合的机制，使资源能够得到最佳的配置。推动产学研合作，一要以市场为导向。发挥市场在资源配置、课题选择、合作对象确定方面的基础性作用。二要坚持先进实用。企业最迫切需要的是先进实用的技术。要在开发新产品上、在技术装备更新上、在提高企业效益上，做到“短、平、快”。三要以企业为主体。产学研合作要以“产”为先，突出企业的创新主体地位。四要互惠互利。要树立双赢、多赢的理念，推动产学研合作不断发展。

（二）依靠在杭国家级科研院所建立创新平台

目前杭州共有国家级科研院所25家，涵盖农业、林业、建筑、机械、医药、电力、电子、纺织、海洋等各个领域。这些科研院所拥有丰富的科研资源，代表我国某个行业或领域科学技术的最高水平。要本着“不分隶属关系、只求共同发展”的原则，建立政府引导、企业主体、市场导向的合作机制和渠道，依托在杭国家级科研院所建立各类创新平台。要推动在杭国家级科研院所面向杭州开展科研活动，帮助本地企业设立技术研发中心或实验室，采取多种形式举办产业实体，促进科研成果转化。要借鉴国际上“常青藤”联盟模式，拉长科技供应链。政府相关职能部门要增强服务意识，认真落实支持在杭国家级科研院所的相关政策，切实解决在杭国家级科研院所发展中遇到的困难和问题，推动其在为地方经济服务中发挥更大作用。

（三）引进“大院名校”建立产学研合作载体

要紧紧围绕杭州经济、社会发展和产业结构优化升级的需要，积极引进国内外“大院名校”和知名企业的优质科技资源，联合共建科技创新载体。尤其要重视引进中科院、部属科研机构、国内外著名高校、国内特大型企业以及世界500强企业建立科技创新载体。根据实际情况，可以建成为科研分支机构，也可以是联合共建的科技园、研究院（所）、重点实验室、科技企业孵化器、区域科技创新服务中心和博士后流动站等各类研发机构和科技中介服务机构，也可以是一个机构多种形式共存。同时，支持有条件的企业到外省（市）甚至国外，与“大院名校”共建科技创新载体。要落实引进“大院名校”的政策措施，在科研用房、用地和启动资金等方面提供优惠待遇。加强指导和检查，对引进“大院名校”共建科技创新载体成绩突出的单位和个人，要进行表彰。

三、发挥开发区等各类园区科技创新载体作用

高新开发区、经济开发区等各类园区具有体制优势、企业优势、政策优势和技术优势，是杭州经济发展的主战场，也是杭州科技创新的主战场。杭州建设创新型城市，要充分发挥高新开发区、经济开发区等各类园区的科技创新主平台作用。

（一）推进经济园区和科技新城建设

一要围绕创新城市建设，推进高新开发区、经济开发区等各类园区新一轮发展。高新开发区、经济开发区等各类园区要进一步扩大对外开放，在坚持引进、消化、吸收、再创新基础上，把自主创新作为推进经济结构调整的中心环节，加强产业高端技术的研发与创新，积极开发具有自主知识产权的原创技术和关键技术。要努力促进引进外资、引进技术与自主创新相融合，引导跨国公司建立本地的研发机构，发挥技术外溢效应，实现技术研发、产品设计开发的本地化，培养本地化技术人才。要加强产学研的国际合作，提升企业自主创新能力，培育一批掌握核心技术、拥有自主知识产权和自主品牌、具有较强竞争优势的大型高新技术企业。二要加快滨江科技城、钱江科技城、余杭创新基地、青山湖科技城建设。特别是青山湖科技城作为省政府的重点项目，要按照省委主要领导提出的“高起点、高标准、高水平”和“特色鲜明、品质一流、作用突出”的要求，努力建设成为国际领先、国内一流的科技资源集聚区、技术创新源头区、高新技术孵化区、低碳经济示范

区。另外，要充分利用杭州已获得的国家试点城市和产业基地的金字招牌，发挥这些“国字号”试点和基地的创新载体作用，推动城市创新能力提高。

（二）推进现代产业集群的发展

杭州产业集聚特别是高新技术产业向开发区集聚趋势明显，但集聚的程度和企业间基于产业链、价值链的专业化协作有待于加强，产业集群促进创业创新和知识、技术扩散的功能也没有得到很好发挥。为此，要以提升产业竞争力为目标，以培育现代产业集群为载体，加大主导产业、支柱产业和战略产业培育力度，充分发挥产业集群在竞合中促进创新、传播扩散创新成果、降低创业门槛、增加创业机会的作用。要坚持培育龙头企业与提升产业配套能力并举、拓展产业链与完善价值链并举、提升创新发展能力与培育自主品牌并举，提高块状经济发展的公共服务水平，完善公共服务设施与平台，着力推进传统块状经济向现代产业集群转变。要大力引进跨国公司研发中心、技术服务中心、地区营运中心。培育高新技术产业群，壮大国家级开发区高新技术产业实力。

（三）加强科技孵化器等创新平台建设

科技孵化器是以促进科技成果转化、培养高新技术企业和企业家为宗旨的科技创业服务机构，对区域创新能力的提高有重要意义。要进一步提高认识，将科技企业孵化器建设摆上重要位置，构建良好的政策环境、投融资环境、孵化服务支撑体系和良好的创业文化氛围，完善和发展科技企业孵化体系。要引导和鼓励孵化器与高校、科研院所的联合，建立起专家咨询、基础研究、联合攻关、人才培训、战略评估等科技支撑体系。要推进孵化器与风险投资融合发展，促进创业企业健康成长，提高孵化成功率。要推进孵化器与科技产业园的结合，引导创业企业到特色科技产业园落户，推动共同发展。要加强孵化管理人员的培训，制定孵化器管理规范和考核标准，提高孵化管理水平。要以孵化器为承载，优化配置相关资源，建立科技创新创业服务体系，为科技型创业企业提供有效的共性孵化服务和配套条件支撑。

（黎青平）

【附三】

将环境优势转化为杭州投资创业的现实优势

良好的投资创业环境既是加快区域经济社会发展的基础条件，也是衡量一个地区核心竞争能力和潜在发展能力的重要标志。杭州多次被评为中国投资环境最好的城市，环境是杭州发展的独特优势和战略资源。杭州如何进一步强化环境优势，克服存在的不足，更好地发挥投资创业环境的整体效能，将环境优势转化为投资创业的现实优势，推动经济社会又好又快发展，是摆在我们面前的一个现实课题。

一、环境：杭州的独特优势和战略资源

环境是杭州的独特优势和战略资源，不仅在区位条件、自然环境产业配套、金融支持等硬件环境方面优势明显，而且在体制环境、政务环境、治安环境、人文环境等软环境方面表现突出，具有全面性、综合性和整体性的特征。

（一）硬环境方面

1. 自然环境优美

追求投资创业与生活的和谐统一是现代创业的显著特点。自古以来，杭州就以其优美的环境著称于世，成为人们生活创业的理想天堂。杭州拥有两个国家级风景名胜区、五个国家级森林公园、两个国家级自然保护区、一个国家级旅游度假区，西湖、千岛湖、富春江、新安江的山水，钱塘江的大潮，构成了一幅色彩斑斓的自然画卷；市区群山环绕，江河纵横，绿树成荫，以和谐优美的西湖和巧夺天工的人文景观享誉海内外。近些年通过大力实施“环境立市”战略，先后获得了“中国重点国际旅游城市”、“中国园林城市”、“创建环境保护模范城市”、“联合国人居奖”、“国际花园城市”等荣誉称号，成为国内最适宜学习、生活、投资创业的城市之一。

2. 区位条件优越

良好的区位条件对于物流、人流、资金流、信息流的快速流动，降低物流成本，在更大范围内聚集生产要素具有重要意义。杭州是全国公路主枢纽

城市、内河枢纽城市、重要航空港城市，便捷的交通为各类生产要素的聚集提供了便利的条件。杭州位于太平洋西岸的“亚太经济圈”，是世界第六大都市区——长江三角洲城市群的重要城市。长江三角洲城市群作为我国乃至亚太地区最活跃的经济区域，可以为投资创业提供优越的便利条件；与世界经济联系密切，便于更全面及时地了解、跟踪世界经济发展的最新动态；总部经济发达，聚集了国内一流人才、国际一流的企业；区域产业配套程度高，技术开发能力强，可以大幅度提高劳动效率；信息交流频率和时效性更强，可以提供更多发展机会，等等。杭州正处于长江三角洲经济区的中心位置。

3. 人才资源丰富

由于具有良好的经济环境、社会文化环境和人居环境，加上近几年来市委、市政府采取了一系列措施吸引人才，杭州已逐渐成为国内人才以及海外人才向往的城市。与经济市场化相联系，杭州人才市场配置程度较高，企业特别是民营企业吸引人才的机制灵活，有利于各类人才发挥其作用。杭州在国内同类城市较早实行全日制普通高校毕业生先落户后就业的政策，引进人才政策日益宽松。

4. 金融资本雄厚

一是金融体系比较完善。形成了全国性、区域性、地方性金融机构并存，门类齐全、功能互补、协调发展的金融组织。二是金融实力比较雄厚。随着杭州经济的快速发展，金融业获得超常规发展，经营效益不断攀升，杭州是全国金融机构不良资产最低的城市之一。三是民间资本比较雄厚。民营金融机制初步形成，风险投资机构比较发达，中小企业融资满足率较高。

5. 产业匹配较好

有关专家指出，一个地区最重要的投资环境已经不再是资源优势和区位优势，也不是优惠政策，而是产业集中和由此形成的产业环境。经过几十年的发展，杭州形成了富有自己特色的产业结构。一是产业构架合理，既有高新技术产业，也有传统产业，又有新兴产业，一、二、三产业发展比较协调。二是优势产业明显，已经形成了在国内外市场有较强竞争力的机械、电子信息、食品纺织等支柱产业和医药、化工等主导产业；与城市定位相适应的文化型、知识型产业形成规模，高新技术产业、文化产业和旅游业发展迅速。三是块状经济比较发达，形成了一批区域特色明显、产业集中度较高的产业集群。

（二）软环境方面

1. 市场机制完善

杭州经济体制改革进程相对领先，市场经济体制基本形成，体制机制优势比较明显。表现在：内生型经济增长特色明显，国民经济的微观活力较强；个体私营经济起步较早，发展较快，与市场经济有一种天然的契合关系；公平竞争的市场环境和市场秩序基本确立，市场主体的进入门槛较低，企业环境相对宽松；按劳分配为主、多种分配方式并存的格局不断发展，劳动、资本、技术和管理等生产要素参与分配的新制度正在形成，各种劳动收入和合法的非劳动收入得到保护和认可。这种体制优势，表现为良好的投资创业生态环境，它可以增强投资创业的未来可预测性，提高投资创业的效率；可以使投资创业者专注于开拓事业，降低经营成本；可以为投资者提供更多的平等机会，提高投资创业的成功率。

2. 政府服务优良

杭州以政府职能转变为核心，积极推进行政管理体制改革，“有限和有效政府”逐步形成，政府决策程序民主、透明，政务公开程度较高，政府官员清正廉洁，政府机会成本较低。行政审批制度改革大大减少了审批事项，改进了审批方式，压缩了审批时间，有效地改进了政府工作质量，提高了工作效率。电子政务建设的推进，使行政程序更加公开、透明，效率明显提高，依托杭州市投资项目集中办理中心，实现了网上审批；市政府门户网站的建设，拓宽了政府信息服务渠道。通过完善和延伸市长公开电话，开展机关绩效考评，开通监督机关服务投诉电话和市民免费电子邮箱，加强机关效能建设，形成了清明、开明和为民、亲民的政府形象。

3. 文化底蕴深厚

杭州的文化优势表现为山水文化、历史文化和现代城市文化的完美融合，体现出“精致和谐”的人文精神，表现在为人处事、经济发展、城市建设和社会生活上，更多地考虑从内涵上凝聚和深化，更多地强调和合、统一、稳定、有序，因而体现了科学发展观的基本内核；“精致和谐”的实践要求是诚信、勤奋、有为、实效、拒斥欺诈、懒惰、无为和虚假。近些年来在继承“精致和谐”人文传统的同时，大力弘扬“大气开放”的人文精神。“大气开放”展现了新时代杭州追求的人生境界、时代精神和创业风范；

"大气开放"的实践是创新、开放、学习、进取，拒斥保守、封闭、自满、停滞。杭州的人文精神与现代发展理念是一致的，能为创业投资提供先进的人文环境支持。

4. 社会和谐有序

杭州经济社会发展比较协调，人际关系和谐稳定，市民文化素质和文明程度较高，讲诚信、遵规矩、守秩序，对自己的城市怀有深厚的感情，热爱自己的城市，关心自己城市的发展，对外地人和外来投资者普遍比较友善；注意个人之间、家庭之间、部门和行业之间的平衡和协调，具有较强的亲和力，社会秩序良好。通过认真落实社会治安综合治理的各项举措，特别是开展"平安杭州"创建活动，杭州已初步构筑了"打、防、控"一体化的成效机制，社会治安秩序居全国前列。

但另一方面，杭州创业投资环境也存在投资成本相对偏高、要素制约比较严重、基础设施不够完善、服务效能尚需提高等方面的不足。这些不足既有长三角城市共同性的一面，也有杭州独特性的一面。

二、强优与补弱结合，不断增创环境新优势

投资环境是一个地区政治、经济、社会、自然等要素的系统集成，是这个系统展现出来的对投资创业回报及其风险的影响力。构成投资创业环境系统的各要素之间相互联系、相互影响、相互制约，共同决定投资创业的效益和发展前景，每一个要素都对投资创业具有重要影响，某一要素的缺失都会对整体投资创业环境的效能带来"木桶效应"。根据系统性原理，必须坚持强优与补弱结合，整体推进环境建设。

（一）突出特色优势

特色就是优势，特色高于优势。一个地方的特色就是这个地方"人无我有"、"与众不同"的独特个性，特色本身就是吸引力和竞争力。因此，优化投资创业环境必须注重特色，突出特色，坚持以"特"制胜。一是突出"环境"特色，发挥杭州自然环境优美、区位条件良好、交通通讯发达的优势，大力引进和发展与杭州环境要求相适应的通信、软件、生物制药等高新技术产业，女装、包装、工艺品等都市型、环保型产业，吸引高层次的投资

创业。二是突出“人文”特色，发挥杭州文化底蕴深厚、精致和谐稳定、适合创新创业的优势，大力吸引和发展与杭州人文特色相匹配的科技型、文化型产业，吸引知识类、文化类、艺术类投资项目，发展总部经济、研发中心、楼宇经济、网络经济、管理经济等。三是突出“生活”特色，发挥杭州生活品位高、现代气息浓、消费需求旺、产业与生活高度融合的优势，以生活推动投资创业，大力引进和发展与杭州“生活”特色相吻合的现代服务业。

（二）降低商务成本

过高的商务成本是杭州投资创业吸引力受到影响的一个重要因素。尽管随着经济的发展商务成本必然不断攀升，但就同等城市比较，杭州的商务成本相对偏高，必须采取措施减缓商务成本增高的趋势。首先，要降低资源成本。按投资密度和经济密度确定差别地价，对投资规模大、投资密度高的重点外资项目实行倾斜，支持占地面积少、资本密集型、技术密集型产业的发展。实施资源节约战略，推进能源、原材料、水、土地等资源节约和综合利用工作，全面提高资源利用效率。其次，要降低生活成本。加快普通商品房建设，完善经济适用房和廉租房供应体系，降低外来创业投资者的居住成本。落实出国留学人员、来杭创业人员、引进人才及来杭投资企业人员子女入托、就学政策，规范义务教育收费行为，降低教育成本。巩固医疗体制改革成果，完善药品、医疗设备、医用耗材、后勤物资等集中招标采购制度，从源头规范购销行为，降低医药价格。第三，要降低办事成本。在国家级开发区和出口加工区实行“零收费”政策，打响“无费区”品牌。加强收费管理，对确需要保留的行政性收费以及国家法律法规规定的收费，严格收费标准，建立公示制度，接受社会监督。

（三）克服要素制约

一是做好用地保障工作。规范用地管理，坚持节约用地、集约用地，制定“单位面积投资强度、容积率和行政办公及生活服务实施所占比例”等用地控制指标，提高土地利用率。二是克服电力供应紧张矛盾。抓好省市安排的电源电网建设；支持企业租赁发电装置或安装柴油机自备发电，支持国家级和省级开发区集中自备发电，解决电、热供应短缺问题。三是努力扩大资金供应规模。做大做强城建、交通、文化、广电等资产营运平台，发挥资产经营公司和投资公司在投融资方面的作用，增强政府资金调控能力；支持企业上市融资；做好债权、股权、信托等其他融资方式的拓展工作，积极采取BOT、BTO、TOT等融资新模式，拓展融资渠道。

（四）弘扬创业文化

创业文化是投资创业赖以生存和发展的土壤，是一个地方吸引投资创业的社会基因。创业文化氛围越浓，越能吸引海内外创业者云集。创业文化包括：鼓励创新，开拓进取，积极向上，宽容失败，开放观念，全球竞争，团队精神，学习精神等。要大力弘扬“精致和谐、大气开放”的杭州新时代人文精神，倡导“和谐创业”的杭州经济发展特色，落实“尊重知识、尊重人才、尊重劳动、尊重创造”的方针，树立“人人都是创业环境、人人都是创业主体”的理念，营造鼓励干事、支持干成事业的社会氛围，形成人人投身创业、人人支持创业、人人服务创业的良好局面。要进一步破除妨碍创业的思想观念和政策规定，激励不同创业主体积极投身创业、热心支持创业，让想干事的有机会、会干事的有舞台、干成事的有地位，为“创业在杭州”营造良好的人文环境。

（五）健全服务体系

随着区域经济竞争的日益加剧，以及地方主政者的“觉悟”不断提高，一个比拼政府服务的时代已经到来。政府服务的高效与廉洁，市场化运作的成熟与规范，直接影响到投资者的决断。在政府服务和政策的引导下，充分发挥市场配置资源的作用，协同创业资本、其他金融服务机构、咨询公司、技术创新机构、中介和商务机构、社会传媒等有效资源，分别构建留学人员、大中专生、下岗失业人员的创业服务体系，为创业者提供政策、资金、技术、人才、信息、管理咨询、融资担保、培训、法律、产权交易、场地基础设施、会展交流和商务、文化和生活等全方位、全过程的创业服务，满足个性化投资创业需求。

三、将环境优势转化为竞争优势的对策思路

环境就是竞争力，环境又具有吸引、积聚生产要素，不断形成新的生

产力的能力。环境建设、开发和利用的主要任务就是不断创造和利用环境优势，为经济社会发展提供源源不断的动力。

（一）将环境优势转化为招商优势

外商现在已不满足于一般的投资环境的考量，而是更加关注具有特殊优势的环境个性因素，譬如人才因素、产业因素、生态因素、经济综合实力等。这既给我们的环境建设提出了新任务，也给我们的招商引资工作指明了方向。

第一，以民引外，就是利用民营企业吸引外资。杭州市在这方面已经有了成功经验，发展势头良好。基于杭州民营经济发达，以及民营经济发展步入新阶段并产生新需求的现实，以民引外应成为引进外资的主要方式。

第二，以外引外，就是利用现有外商吸引外资。这种方式主要建立在以下基础上：外商投资已经有了一定规模，并且投资业绩良好；外商对投资地的投资环境满意度比较高；基于自身产业链配套的需求等。杭州具备了这些条件，以外引外应成为招商引资重要渠道。

第三，产业引资，就是利用产业链吸引外资。产业链的存在可以大大降低企业经营成本，产业链的高级化可以促进企业的技术进步。产业引资的前提是成熟的产业链的存在。因此，一是利用已有的产业链招商，二是产业链的完善和高级化。杭州产业链的发展还不充分，产业配套程度还不很高，完善产业链是今后一个时期杭州招商引资的重点之一。

第四，中介引资，就是借助中介组织招商引资。这种方式之所以重要，因为有影响的专业中介组织对经济发展形势判断更准确，对国际资本的需求有着更深入的专业了解，他们能提供更科学的投资建议，并且势力强大的中介组织拥有庞大的投资资源。要让中介组织了解、关注杭州，发挥其在杭州招商引资中的作用。

（二）将环境优势转化为产业优势

产业是一个城市赖以生存和发展的基础，是城市竞争力的集中体现，产业升级表示该地区竞争力的上升。一个地区优势产业的形成受该地区经济传统、环境禀赋、资源当量、区位特点等的约束。经过多年的发展，杭州已经形成了与城市地位相适应，在国内外市场具有较强竞争力的一些主导产业。

继续做大做强这些优势产业，是杭州经济持续快速发展的坚实基础。同时，也应看到杭州产业发展还存在许多不足，譬如技术装备落后、产业链发展不充分等。将环境优势转化为产业优势就是要扬长避短，最大限度地发挥优势资源，培育优势产业。

第一，明确以产业升级发展经济的理念。科学制订产业发展规划，在经济发展战略中把产业发展摆在重要位置。在产业发展规划中，要明确产业发展的序列，既要规划当前优先发展的产业，也要规划中长期产业发展的方向，勾勒产业发展的梯队；要制定产业技术升级的标准和要求，并用财政税收政策加以扶持。

第二，集中力量发展优势产业。一是采取积极扶持措施把现有的优势产业做大做强，鼓励投资向产业链的配套产业倾斜，重点发展文化创意、旅游休闲、金融服务、电子商务、信息软件、先进装备制造、物联网、生物医药、节能环保、新能源等十大产业。二是下大力气促进块状经济发展，主要解决块状经济的技术升级和产业配套问题。三是引进外资与产业结构调整结合起来，注意引进有产业发展前景，有利于形成新产业链或整合现有产业链的龙头企业。

第三，认清产业发展的缺陷，对症下药。杭州市传统的四大支柱产业、两大主导产业不同程度存在缺陷。机械制造的总装企业规模偏小；为高新技术产业提供配套的中小企业发展不够充分，大部分原器件来自外地；纺织、食品制造业的关键技术和主题装备基本靠引进。这些问题是提升产业层次的关节点，必须下大力气解决。

（三）将环境优势转化为人才优势

人才是现代综合竞争力的关键。杭州要在新一轮竞争中立于不败之地，人才智力资源的大容量积累、高素质提升和高效率使用极为关键。

第一，用良好的生活创业环境吸引人才。杭州古有“上有天堂，下有苏杭”的美誉，今有“联合国人居奖”、“国际花园城市”、“国家环保模范城市”等桂冠，来杭州生活工作是不少人梦寐以求的目标，这是其他城市无可比拟的优势。杭州经济社会持续快速发展，也为人才提供更多的成长和创业的机会，这是杭州构筑人才高地的良好基础。杭州要进一步扩大优势，广揽人才。

第二，用良好的收入分配机制用好人才。探索建立与国际接轨的人才收入分配机制，鼓励各类人才用自己的技术、知识等要素参与分配，或实现资本化、产业化；对各类人才的个人收入直接投入在生产部分，要借鉴国际经验，予以免征或低扣个人所得税，激发各类人才的创业热情。

第三，用良好的服务机制留住人才。建立和完善与人才开发相关的服务机制，形成产业化的人才配套服务体系。建议建立“高级人才服务快速反应机制”，专门负责高级人才的住房、户口、子女上学、医疗服务、职称待遇、人才引进、专利技术、科技成果转化以及政策咨询等，充分发挥人才特别是高级人才工作的积极性和创造性。

第四，用完善的培育体系造就人才。一是完善高层次人才和紧缺人才培训制度。与国内外著名大学联合培养年轻党政领导干部；推行职业经理人制度，造就一支与国际接轨的高级经理人队伍；加快长三角人才开发一体化进程，着重引进上海等城市的优势教育资源。二是构建公务员和专业技术人员终身教育体系。整合全市培训资源，构建专业齐全、各具特色、适合不同人才需求、资源共享的继续教育平台。

（四）将环境优势转化为国际形象

具有较高国际知名度既是一个大都市的显著标志，也是一个城市综合竞争力的体现。以什么样的方式向世人展示怎样的城市形象是投资环境应该回答的问题。杭州每年举办的西湖博览会、国际动漫节等，对宣传杭州的投资环境，提高杭州知名度，打响国际品牌，起了积极的推动作用。但总体上讲，杭州在提高国际知名度方面还要进一步努力。

第一，周密规划。杭州优美的自然环境早为世人了解，是一项传统优势。但杭州的投资环境具有综合优势，除了自然环境外，经济实力、基础设施、法制环境、行政环境、融资环境、市场环境、社会环境等都在全国前列，这一点恰恰是很多人忽视和不知道的。因此，要综合这些优势，塑造杭州新型大都市的品牌和形象。

第二，突出重点。积极开展境外推介活动。一是由市政府组建规模大、层次高的经贸考察团，参加一些有国际影响力的经贸活动，或组建投资环境推介团，开展境外推介活动，扩大杭州的影响。二是根据形势需要，到美国、欧盟、日本等地组建招商中心或其他政府派驻机构，宣传杭州的投资环境，开展引资、引技、引智活动。

第三，借助外力。邀请发达国家和地区的媒体来杭采访，发挥境外商界主流媒体、行业协会和与杭州合作紧密的跨国公司等机构的独特作用，对杭州的投资环境开展全方位报道，用外国人习惯和接受的方式开展对外宣传，加强与国外网络公司合作，开办杭州对外经贸综合性网站，让世界知名搜索引擎快速、便捷地点击“杭州”。

（黎青平、万光政、李宗开）

【附四】

改革开放是推动创新型城市建设的强大动力

杭州市第十一次党代会回顾过去五年工作，把必须坚持深化改革、扩大开放作为一条基本结论。对于未来的发展，会议强调要坚持把改革创新精神贯穿到现代化建设的各个方面，把改革开放作为推动经济社会发展的强大动力。学习贯彻杭州市第十一次党代会的精神，要深刻领会其关于改革开放的思想，继续推进改革开放前进，为杭州经济社会发展注入新的动力与活力。

一、坚持改革开放是杭州经济社会发展的基本经验

改革开放以来，杭州经济社会发展取得了巨大成就。经济总量从1978年的28.4亿元增至2011年的4000亿元，增长140倍；财政总收入，从1978年的9.41亿元增至2011年的1488亿元，增长158倍；城镇居民人均可支配收入从1978年的338元增至2011年的34065元，增长100倍；农村居民人均纯收入由1978年的162元增至2011年的15245元，增长94倍。杭州经济社会发展许多指标处于全国领先地位。

杭州经济社会发展取得如此巨大成就的原因是什么？是因为杭州有资源、港口、政策优势吗？不是。杭州是一个资源小市，地下缺乏矿产资源，地上缺少土地资源，人均0.42亩耕地，工业原料90%要靠外面进口。杭州没有出海口，缺乏发展重化工业的条件。杭州不是经济特区，也不是计划单列市，没有经济特区和计划单列市的特殊政策。杭州经济社会发展之所以取得巨大成就，关键在于坚持改革开放，以改革增活力，以开放拓空间，用改革开放的办法解决发展中的问题。特别是在改革重要关头，做到先人一步，快人一招，形成了发展优势，

第一，国有企业改革。国企改革是从计划经济体制向社会主义市场过渡需要解决的中心问题。杭州市从1985年起实行以经营承包责任制为主要形式的国企改革。1991年，国企改革从经营承包责任制向产权制改革转变。1997年进

一步推进以产权制度和劳动用工制度改革为重点的改革攻坚战，从根本上解决了国有企业在体制和运行机制上的弊端，实现了经济结构的战略性调整。国企改革“领先一步”显示出明显的溢出效应，不仅从根本上解决了部分企业长期亏损的问题，而且为杭州经济发展提供了体制保障。

第二，所有制结构改革。杭州原来是一个国有经济大市，全民和集体所有制成分占全部工业产值的98%。改革开放以来，杭州大力发展民营经济，对民营经济不限发展比例、发展速度、经营方式和经营规模，实行登记申报、规费标准、税负、金融贷款、市场准入、部门服务“六平等”，在全国率先放开民间投资，积极探索以民引外、民外合璧的发展新路等。通过努力，杭州由国有经济大市转变为民营经济大市，民营企业法人单位数、民营企业总资产、民营企业年营业收入三大主要指标，均排名全省第一。民营经济对GDP的贡献率2011年为66.6%，成为推动杭州发展的重要力量。

第三，文化体制改革。杭州在全国率先启动文化体制改革，2001年出台了《关于加强市属文化事业单位转企改制的若干意见》等三个文件，推进公益性文化单位内部三项制度改革和经营性文化单位产权制度改革。2003年杭州被确定为全省也是全国文化体制综合改革试点城市，在做好改革试点的基础上，积极推动文化体制改革由重点单位向一般单位发展，由小文化单位向大文化单位发展，由点上改革向面上改革发展，从保存量改革向做增量改革发展，文化产业快速发展。2011年，杭州文创产业实现增加值843.3亿元，占全市GDP12.3%，成为经济发展的新引擎。

第四，社会领域的改革。杭州从2002年起把解决老百姓关心的“七难问题”作为党委和政府的中心工作，率先推进民生建设，并进行了一系列社会领域改革。比如，为解决看病难看病贵问题，实行医药卫生“四改联动”，推进公立医院产权制度改革；推行医疗市场、医院处方、零售药店、定点药店和定点医疗机构“四放开”，实行药品集中招标，完善社区卫生服务网络和公共卫生服务体系等。为解决上学难问题，实施名校集团化办学，推进办学模式多样化发展；落实教育资助券和人民助学金制度，建立外来创业者子女在杭入学享受公共财政资助机制等。社会领域的改革，推动了社会建设的发展。2008年，国家发改委社会发展司公布全国15个副省级城市社会发展水平综合评价，杭州名列榜首。

除了改革，杭州市把开放带动作为城市发展的重要战略，出台一席列政策措施，对外开放不断开拓新局面，成为推动经济社会发展的又一动力。

正因为把改革开放作为发展动力，杭州这样一个矿产资源缺乏、港口条件不足、地域空间局限的城市，经济社会发展仍取得了巨大成就，并走在全国前列。没有改革开放，就没有杭州今天的发展。改革开放是杭州实现跨越式发展的强大动力，是杭州走在前列的奥秘所在。

二、发展创新型经济、建设创新型城市要以改革开放为动力

杭州现在正处在全面建成小康社会并向基本实现现代化迈进的关键时期。2010年，杭州人均GDP突破1万美元，迈入新的发展阶段。在未来一段时期内，杭州的目标是实现人均GDP从1万美元向2万美元迈进，从工业化后期向后工业化时期跨越。实现这一目标，杭州有很多有利条件，也面临资源要素制约加剧，改革攻坚难度加大，社会矛盾多样多发，不少问题早发先发的压力。在目标要求不断提高，传统发展方式难以为继的情况下，杭州用什么来支撑发展的新目标新期待呢？杭州市委十一届二次全体通过的《关于实施创新强市战略，完善区域创新体系，发展创新型经济的若干意见》给出的答案是："最根本的是要依靠科技的力量，最关键的是要把增强自主创新能力作为战略基点，依靠创新驱动推进发展方式转变，依靠科技创新突破地域空间局限和环境要素资源制约，依靠增强科技竞争力提升中心城市核心竞争力。"《意见》指出："围绕建设创新型城市目标，全面实施创新强市战略，大力发展创新型经济，加快创新驱动发展，是杭州全面建成小康社会、开启率先基本实现现代化新征程，打造东方品质之城、建设幸福和谐杭州的迫切需要。"这是杭州从实际出发作出的正确抉择。

发展创新型经济，建设创新型城市，必须以改革开放为动力。建设创新型城市，是指主要依靠科技、知识、人力、文化、体制等创新要素为驱动发展新动力，建立以创新文化为基础、科技进步为动力、自主创新为主导的新型城市发展形态。建设创新型城市的战略模式是与原有城市战略模式根本不同的发展模式。选择这种发展模式，必然要求对与原有发展模式相联系的体制机制进行改革，否则，建设创新型城市的目标不可能实现。具体来讲有以下几个方面。

第一，建设创新型城市要确立企业创新主体地位。企业是经济活动的基本单元，把企业作为创新的主体，才能把知识技术转化为生产力，实现经济与科技发展的良性循环。确立企业创新主体地位，关键要建立起有助于引导创新要素向企业聚集，使企业全面成为技术创新决策、研发投入、科研组织和成果转化主体的体制机制，这必然要对现有科技体制进行改革。全国科技创新大会把“建立企业主导产业技术研发创新的体制机制”作为科技体制改革“最迫切需要解决的问题”，道理就在此。

第二，建设创新型城市，创新人才是关键。温家宝总理指出，培养创新人才，“必然要求在人才培养观念、培养视角及教育制度等方面进一步改革创新”。“要深化人才体制改革，大力培养造就高水平创新创业人才、青年人才和急需紧缺人才。”不仅如此，还要改革人才管理体制，建立创新型人才及团队选拔、培养和考核机制，完善人才激励机制和奖励制度等，为创新人才成长创造良好的制度环境。

第三，发展创新型经济要解决科技与经济结合问题。解决科技与经济“两张皮”问题，关键在于改革。要从体制上打破科研院所、高校、企业之间相互的封闭，通过机制的创新，真正实现产学研一体化。要采取更加灵活的创新机制，推动科研院所技术成果向市场的转化，支持院所和高校的技术、人才等创新要素向企业流动，促进产学研用紧密结合，形成与产业链紧密结合的创新链。正因为如此，全国科技创新大会把“推进科技与经济结合”，作为新一轮科技体制改革的“核心”。

第四，创新型城市建设，在很大程度上取决于自身的创新基础、创新能力，以及依靠自身既有创新条件所创造的创新资源增量。但由于每个城市在一定时期内能够动用的资源是有限的，尤其是内生变量的积累速度比较缓慢，要完全依靠内生变量是不够的，为此，通过对外开放，增加外生创新资源变量，是发展创新型经济，建设创新型城市的必然选择。

总之，发展创新型经济，建设创新型城市，对改革开放提出了更高要求。我们必须以改革开放为动力，推动创新型经济发展，建设创新型城市。

三、继续推进改革开放，再创杭州发展体制机制的新优势

杭州推进改革开放面临难得的机遇。从改革讲，杭州被确定为省综合配套改革试点城市。同时被确定为改革试点的城市还有嘉兴、义乌、温州、台州。但在这些城市中，只有杭州是综合性改革试点，其他都是单项改革试点。杭州改革试点涉及经济、社会、行政各方面，目标是率先建立充满活力的创业创新体制、率先建立改善民生的社会管理体制、率先建立科学高效的行政管理体制，把杭州建成创业创新充满活力、体制机制全面接轨浦东的综合配套改革试点区。这是杭州推进改革的难得机遇。从开放方面讲，经济全球化发展和世界经济增长重心南移，为中国城市参与世界经济体系提供了有利条件，长三角作为世界第六大城市群，更成为中国城市国际化的先发地区。国务院出台的《关于进一步推进长江三角洲地区改革开放和经济社会发展的指导意见》要求长三角地区率先发展，建设亚太地区重要的国际门户、全球重要的现代服务业和先进制造业中心、具有较强国际竞争力的世界级城市群，这为杭州对外开放提供了难得机遇。杭州要抓住这些机遇，加快改革开放步伐。

杭州市第十一次党代会提出了杭州今后一个时期改革开放的任务，主要是：深化国有企业和公用事业市场化改革，提升国有经济活力和素质。推进集体企业改革，发展多种形式的集体经济、合作经济。以现代产权制度为基础，发展混合所有制经济。进一步改善民营经济发展环境，推动民营经济大发展大提升，加快建设民营经济强市。深化资源性产品价格和要素市场化改革，健全土地、资本、劳动力、技术、信息等要素市场。拓宽企业融资渠道，支持企业在境内外上市融资、提升发展。深化统筹城乡综合配套改革，完善农村发展体制机制。加快构建社会信用体系，打造“信用杭州”。深化文化体制改革，构建现代文化市场体系，健全文化管理体制，建立富有活力的文化产品生产经营机制。深化行政审批制度改革，完善综合考评和政府绩效管理，健全四级行政服务体系，建设服务型政府。抢抓新一轮国际产业调整和转移机遇，加大战略性新兴产业、世界500强和行业领先企业招引力度，积极引进全球高端要素。加大智力、人才和技术引进力度，借鉴国际先进管理理念、制度、经验，促进体制创新和科技创新。稳定和扩大出口，促进出口结构调整优化，大力发展服务贸易，积极扩大先进装备、重要资源进

口，优化对外贸易结构。大力实施“走出去”战略，鼓励有条件的企业到境外投资合作，培育一批具有国际竞争力的跨国经营企业。加强与港澳台地区经贸合作。积极培育和拓展国际航线，提升口岸开放水平。营造国际化的居住和商务环境，增强城市包容性，加强与国际城市的合作交流，扩大国际知名度和影响力。大力发展总部经济、楼宇经济，支持浙商在杭创业创新，着力打造全国民营企业总部基地。加强国内经济合作交流，积极推进长三角区域合作交流和杭州都市圈建设，等等。这些任务的提出，为杭州进一步推进改革开放指明了方向。

杭州改革开放任重而艰险，必须以更大的勇气和决心，大胆地试、大胆地闯。同时，在改革开放的新阶段，要更加重视改革开放的顶层设计和总体规划，提高改革开放决策的科学性；更加重视改革开放的统筹兼顾，增强改革的协调性；更加重视以实现好、维护好、发展好最广大人民根本利益作为改革开放的出发点、落脚点，让人民群众共享改革开放成果。唯此杭州改革开放才能不断取得成效，成为推动经济社会发展的强大动力。

（黎青平）

第三部分 建设宜居城市

杭州建设高品质宜居城市研究

在工业化、城市化迅速发展给城市带来严峻挑战的背景下，建设宜居城市已成为许多城市的战略选择。杭州是中国沿海经济发达城市、著名的历史文化名城和重要的国际风景旅游城市，素有“人间天堂”的美誉，在宜居城市建设方面理应走在其他城市前面，建设成为国内一流、具有国际水准的宜居城市。本研究拟从杭州为什么要建设宜居城市，建设什么样的宜居城市，怎样建设宜居城市三个维度，对杭州建设高品质宜居城市问题进行全面深入探讨。

一、杭州建设宜居城市的必要性、可行性

杭州市建设宜居城市是落实科学发展观、建设共建共享的生活品质之城、推动杭州城市又好又快发展的客观需要，具有十分重要的现实意义。同时，建设宜居城市也符合杭州的实际，是通过努力完全可以实现的战略目标。

（一）建设宜居城市是城市发展的必然结果

1. 宜居是城市的本质和基本功能

城市是在一定的社会历史条件下形成和发展起来的，是社会生产力发展的产物，一经形成便在人类的历史长河中一直扮演着重要的角色。城市产生于奴隶社会，至今已经有几千年的发展史。城市起源的动因主要是农业创新、劳动分工、政治组织的出现以及社会阶层的分化，其中劳动分工起到了核心的作用。马克思、恩格斯指出：“物质劳动和精神劳动的最大一次分工，就是城市和乡村的分离。”城市一直被认为是人类文明的象征。在西方，“文明”（civilization）一词就来源于拉丁语的“市民生活”（civitas）。历经几千年的发展，城市从无到有，从小到大，其规模、形态、功能等都发生着巨大的变化，但是，城市的本质是不变的。

许多学者曾对城市的本质进行过探讨，认为城市因人类的需要而诞生、

发展，人是城市的主宰和主人，城市的建设发展归根到底要围绕人的各种需求进行，城市规划的根本目的就是创造满足人们各种需要的活动空间和人居环境。亚里士多德认为城市要为公民提供一个平等、参与、民主的环境，只有在这个环境中才能够体现人的灵魂之善，人的道德之美，人的品质之纯。刘易斯·芒福德从城市发展的历史过程来认识城市的本质，认为城市本质是传播和延续文化。霍华德以“人的尺度”为依据构建田园城市方案，将城市的本质归纳为城乡一体的新城市：是满足广大普通人民安居乐业需要的家园城市，是消灭贫民窟和贫富差距的公平和平等的城市。也就是说，城市与人的生活密不可分。亚里士多德说：“人们为了活着，聚集于城市；为了活得更好，而居留于城市。”芒福德也指出：“人为什么要到城市，就是为了追求更加美好的生活。”也就是说，“城市的本质就是人类为满足自身生存和发展需要而创造的相对于乡村的聚居形态和生产、生活环境。”

城市的功能依据不同的标准可以划分为不同的类别。西方城市学家们将城市功能分为外部功能和内部功能。他们认为，城市的外部功能是指城市对本市以外区域提供服务的功能，主要表现为作为区域中心的作用。内部功能是指城市为其内部企事业单位、社团和居民服务的效能和作用，表现为城市自身的凝聚作用，目的是保证城市自身的正常运转。城市的外部功能越强，获得的收益越大，辐射范围越广，城市的发展潜力和空间就越大。城市的内部功能越强，能量越大，就能更好地为外部功能服务，提供更好的投资环境，二者只有优化协调，城市才能兴旺发达。城市发展的早期阶段，外部功能一直处于支配地位，而内部功能长期处于从属地位。20世纪中叶以来，随着城市规模不断扩大，城市功能外强内弱的矛盾十分突出，严重失衡，交通拥堵、环境恶化、能源短缺、住房紧张等“城市病”日益严重，城市管理者们不得不调整策略，加快提升城市的内部功能，力图使二者保持平衡。1933年国际现代建筑协会在雅典发表的《雅典宪章》提出了城市的基本功能在于解决城市居民的居住、工作、休憩和交通四大问题，也是所有城市应该面临和解决的问题。

诚然，对于城市功能可以从多个不同的角度出发而得到不同的结论。但从城市本质是“人类为满足自身生存和发展需要而创造的相对于乡村的聚居形态和生产、生活环境”的结论来说，城市任何建设和发展，都是以满足人的生存和发展为目的的，而不应该异化成为制约和束缚人的工具，这应该是理解城市功能的最佳立足点。只有从这个角度出发来认识城市的基本功能，才能始终坚持城市为人服务的宗旨，才能避免城市发展背离人的需求，从而避免城市的“异化”。正因为如此，《雅典宪章》提出的城市的基本功能在于解决城市居民的居住、工作、休憩和交通等问题在对厘清人们对城市发展的认识方面意义深远。

2. 宜居是城市发展的必然趋势

古代城市规模一般较小，而且“职住”合一，居住的空间尺度、交往范围都比较适宜。在城市选址上，一般都依山傍水，选择自然条件较好的地方，这反映出城市为人的生活提供更好环境的本质要求。但18世纪以前的城市，具有十分明显的政治特征，城市的建设和发展始终反映统治阶级的利益需要，城市的政治职能十分突出并居于主导地位，其他职能都依附于它。城市的主要人口是统治阶级，其他居民都是为统治阶级服务的。城市的布局等级森严，都是为了便于统治阶级的管理，很少会考虑城市本身发展需要，城市居民明显处于被管理的地位。由于受到生产力发展水平的制约和剥削制度的禁锢，城市居民的生活水平、政治地位和社会文化发展等都受到极大的限制，城市的宜居问题无人顾及。

18世纪到20世纪中叶，由于工业革命和市场经济的发展，城市发生了翻天覆地的变化。在工业和经济的主导下，城市的生产性功能十分突出。重工业的快速发展，消耗了大量的能源，严重污染了环境。铁路火车、工厂矿山、工业垃圾、噪音、灰尘等取代了原来的小桥流水，打破了往日的宁静。同时，大量农村人口涌入城市，使得城市人口剧增，失业率上升，基础设施不足，交通堵塞，住房紧张，犯罪率上升等“城市病”相继爆发。破坏了城市的历史、文化和精神内涵，造成了更多的隔离、冷漠和衰败。城市的宜居性遭到极大的破坏。

从20世纪中叶开始，随着城市规模的扩大和现代交通工具的广泛出现，尤其是西方国家私人汽车进一步普及，为居住郊区化提供了可能。由于中心城市污染日益严重，房舍拥挤破烂，各种社会矛盾激化，犯罪率上升，中心城市逐步失去往日的吸引力。于是，大量的中产阶级向郊区迁移。实行“职住”分离。并且，这个趋势逐步演变为“逆城市化”。但是，城市周边郊区无边界的低密度无序蔓延状态以及过度依赖汽车的住区发展模式终究不是长久之计，造成了资源和能源的极大浪费，无法实现可持续发展。

工业化、城市化过程中产生的各种弊病，从根本上讲，是违背了城市的本质的结果。于是，人们重新探讨城市的本质和功能，对工业化进行反思，宜居作为城市发展的目的被提出，在西方许多国家出现了“城市复兴”运动。所谓城市复兴，就是政府通过对衰败的城市中心旧城区进行改造，修建新型生活区和公共游乐休闲场所，修复城市生态环境，来增加城市对于生活和工作的吸引力，增强城市的宜居性。在此基础上，1933年国际现代建筑协会在雅典发表的《雅典宪章》提出“居住是城市的第一活动”的概念。1960年，世界卫生组织提出了居住环境的基本理念，即安全性、健康性、便利性、舒适性。1985年国际建设宜居城市大会正式提出宜居概念，强调注重社区再造、城市公共空间、合乎道德的土地利用；1992年联合国环境与发展大会提出宜居城市的可持续发展理念。1996年联合国第二届人类住区大会将“宜居性”明确界定为“空间、社会和环境的特点和质量”。建设宜居城市，是人类在自己的实践活动中，通过对城市发展的经验教训进行总结得出的正确结论。

3. 建设宜居城市是世界城市的普遍选择

“宜居”已是当代城市发展的共同理念，世界上许多国家都把建设宜居城市作为自己城市发展的重要战略取向，采取了一系列举措推动宜居城市建设。温哥华地区自1990年开始，实施“宜居区域战略计划”（LRSP），主要是保护绿色地带，建设完善社区，实行紧凑都市，增加交通选择，获得很大成功，并在世界范围内产生了深远影响；新加坡以其“城市建在花园中”的绿化建设，“居者有其屋”的安居计划，高效的交通系统，等级分明的服务设施布局，连续10年被评为适合亚洲人居住的城市；墨尔本主要是现代与古老、城市与田园结合，优先安排公共设施用地的居住区和开发，精心设计与严格的公众、听证会制度，注重教育和文化推广，凭借其现代的城市繁荣和田园般的城市风光，数度蝉联EIU评选的世界最佳居住城市；2001年《巴黎城市化的地方规划》提出将城市生活质量作为巴黎规划和建设的一个重要内容，确保城市功能的多样性和居民的社会融合，在经济发展的同时，保护社会文化和环境；2004年2月发表的《伦敦规划》中，将“宜人的城市”作为一个核心内容加以论述，明确提出了经济增长不能侵占市区现有的公共开敞空间等。在众多的城市中，温哥华、新加坡、墨尔本、维也纳、苏黎世、日内瓦、法兰克福等城市凭借宜人的自然条件、繁荣的经济环境、高效的交通网络、完善的公共设施等多次被国际宜居城市评价权威机构评为世界宜居城市。

我国在20世纪末提出“人居”概念，2000年建设部设立了“中国人居环境奖”，提出“创造充分就业和创业机会，建设空气清新、环境优美、生态良好的宜居城市”目标。1996年《深圳市总体规划（1996—2010）》提出建设最适宜居住的城市。2005年1月国务院批复《北京城市总体规划（2004—2020）》提出用15年时间将北京建成宜居城市。2005年7月，国务院副总理曾培炎在全国城市规划修编工作会议上提出“要把建设宜居城市作为城市规划的重要内容”。此后，建设宜居城市的热潮在全国范围掀起。据不完全统计，目前全国有100多个城市提出建设宜居城市目标。如银川市提出建设西北地区最适宜居住的城市；秦皇岛市提出打造适宜居住的北方滨海城市；洛阳市提出建设中西部地区最美丽、最适宜居住的城市；天津市提出打造生态宜居城市；北京市提出“国家首都、世界城市、文化名城、宜居城市”。各地围绕建设宜居城市采取不同的举措和做法，如北京以产业生态化、住房建设、社区建设、环境建设、就业保障等为重点，上海主要是通过高标准污染治理、讲究居住环境质量和个性化的住宅区设计、展示海派文化魅力等。宜居成为新的城市理想，建设宜居城市已成为大多数城市的共同追求。

（二）建设宜居城市是杭州城市发展的客观要求

1. 建设宜居城市是杭州应对挑战的需要

在人类社会发展过程中，工业化、城市化是两件具有划时代意义的大事。工业化是指制造业和第二产业所创造的国民收入在国民总收入中所占比重逐步提高，制造业和第二产业中就业的劳动人口占总劳动人口的比例持续上升，传统的农业部门占主导地位向工业占主导地位转变的过程。城市化是指工业化过程中社会生产力的发展引起的地域空间上城镇数量的增加和城镇规模的扩大，农村人口向城镇的转移流动和集聚，城镇经济在国民经济中居主导地位，以及城市的经济关系和生活方式广泛地渗透到农村的一种持续发展的过程。城市化程度是一个国家的经济发达程度，特别是工业化水平高低的一个重要标志。城市化与工业化密不可分，工业化推动城市化发展，城市化促进整个社会变化。工业化和城市化对于人类社会进步产生重大的推动作用，使人类的生活条件改善，物质类更加丰富，生活更加方便，文明程度不断提高。但是工业化和城市化也给人类的生活带来消极影响，如出现工业污染、环境恶化、交通堵塞、人口膨胀、住房紧张、失业人口增加、治安问题等，从而破坏了人类的生活环境。中国正处在工业化、城市化加快发展的阶段，在享受工业化、城市化成果的同时，也面临其带来的诸多挑战。杭州的工业化、城市化虽然走在全国前列，但工业化任务并没有完成，城市化也滞后于经济社会发展的需要，在相当一个时期，杭州仍然需要大力推进工业化和城市化。正因为如此，2007年杭州市委十届四次全会强调坚持“工业兴市”战略，建设长三角地区先进制造业中心；强调高起点推进城市化，以城市化带动工业化、信息化、市场化、国际化，要做好四篇“城”的文章，并具体提出规划建设两个“十大新城”，“100个城市综合体”等一系列重大举措。这意味着杭州的城市化将出现一个新的高潮。杭州大力推进工业化、城市化是必要的，但工业化、城市化带来的负面影响也要引起高度重视，并采取积极的应对措施。我们不能因为工业化、城市化会带来负面影响而放弃工业化、城市化，同时，对工业化、城市化带来的负面影响也不能熟视无睹，否则，许多城市出现因为推进工业化城市化导致居住环境严重破坏的后果就会在杭州重现。应对工业化、城市化的挑战，建设宜居城市是必然之举。事实证明，只要理性地对待挑战，积极进行应对，做好城市规划，加强对城市的管理，合理进行产业布局，加强环境保护和建设，工业化、城市化带来的负面影响是可以得到有效防止和解决的。

2. 建设宜居城市是杭州提升核心竞争力的需要

当今时代，城市已成为经济发展的根本力量，国与国、地区与地区之间的竞争，一定程度上表现为城市竞争。城市要在激烈的竞争中处于不败之地，关键在于提高城市核心竞争力。城市的环境变化很快，相对稳定均衡的状态存在的时间始终有明显的限制，而且环境不仅在经历着明显的变化，还不时会被剧烈的质变所突破。只有培养核心竞争力，才能使城市在多变环境中立于不败之地。城市的核心竞争力，是以城市发展的质量、效率和潜力来衡量其获得外界发展机遇和加快自身发展的能力，强调的是与其他城市的横向比较，是动态的，相对起伏的，它着眼于未来的发展，表达的是城市发展的后劲。在不同的社会发展阶段，影响城市竞争力的主导因素不同。如在农业经济时代，主要表现在剩余产品交易范围及数量的大小（这也与是否交通便利及周边土地肥沃与否有关），以及对外敌入侵的抗御能力等方面；在工业经济时代，主要表现为资本、劳动力、工业原料的集聚、加工和交换的能力、交通便利的程度等；而到了知识经济时代，城市竞争力则是主要表现为与其他城市相比较所具有的吸引、争夺、拥有控制转化人才资源以创造价值和占领市场的能力。根据美国经济学家舒尔茨的人力资本理论，人力投资所带来的利润增长远远高于物力投资所带来的利润增长，据估算，人力投资增加3.5倍，利润将增加17.5倍。因此，未来城市的生存与发展，关键在于人才。谁拥有丰富的人才资源，谁就掌握了竞争取胜的法宝，就能在激烈的竞争中立于不败之地。强调人才是城市竞争力的核心，并不否定社会、政治、人文等范畴对竞争力的影响，而是将它们的作用抽象归纳到对城市未来发展起到决定性作用，以及对城市捕捉发展机遇有直接影响的人才资源的系统之中了。怎样才能获得人才资源呢？建设宜居城市是最有效的途径，也是打造城市核心竞争力的根本举措。杭州之所以把生活品质之城作为目标定位，就是要通过建设生活品质的城市来吸引人打动人，使越来越多的有智慧有资本的人聚集到杭州，从而占领城市发展的制高点。建设宜居城市也是一样，目的也是为了生活得更好。杭州经济社会空间和生态的发展，也已经越过城市发展的最初阶段，具备了将追求生活品质作为城市发展主导战略的条件。

3. 建设宜居城市是建设生活品质之城的需要

建设与世界名城相媲美的生活品质之城，是杭州市委、市政府贯彻科学发展观，着眼占领城市发展制高点，结合杭州实际，放眼城市发展趋势提出的重大战略思想和发展目标，对于杭州经济社会发展具有重要引领作用和深远的指导意义。建设与世界名城相媲美的生活品质之城是一个发展的大目标，实现这个大目标需要有许多具体的目标和举措来推进，建设宜居城市就是推进这个大目标的最有效、最切实的举措。建设与世界名城相媲美的生活品质之城的目的，是要使广大人民群众经济生活殷实富足、文化生活丰富充实、政治生活生动活泼、社会生活安全有序、环境生活舒适便利，人人生活更幸福，身心更健康。生活品质表示人们日常生活的品味和质量，包括经济生活品质、文化生活品质、政治生活品质、社会生活品质、环境生活品质共“五大品质”。宜居城市与生活品质之城有很大的相似性，宜居城市早已远远超出了简单居住的含义，成为一个复杂的综合概念。宜居城市是指人文环境与自然环境协调，经济持续繁荣，社会和谐稳定，文化氛围浓郁，设施舒适齐备，适于人类工作、生活和居住的城市，这里的“宜居”不仅指适宜居住，还包括适宜就业、出行及教育、医疗、文化资源充足等内容。宜居城市的六大指标（社会文明、经济富裕、环境优美、资源承载、生活便宜和公共安全）和杭州“生活品质之城”的五大品质（经济生活品质、文化生活品质、政治生活品质、社会生活品质、环境生活品质）是相似的，双方既有许多交叉和重叠之处，又在各自的侧重点和具体要求上有所不同。所以，建设宜居城市和建设与世界名城相媲美的生活品质之城二者是紧密联系并行不悖的。建设宜居城市是建设生活品质之城的题中应有之义，是建设生活品质之城的重要途径和举措。通过宜居城市建设，不断解决城市发展过程中不宜居的问题，就能朝着与世界名城相媲美的生活品质之城的目标一步一步迈进。

（三）杭州建设宜居城市具有的独特优势和条件

1. 自然环境与文化底蕴同时兼备

杭州素以风景优美而著称于世。杭州西北群山，千峰凝翠，洞壑深幽；山下的西湖，水清波碧，平明如镜，婀娜多姿。西湖山水景致享誉天下，旧有“天下西湖三十六，就中之最在杭州”之说。杭州还是一座“五水”共导的城市，江、河、湖、溪、海，水景样样具备。杭州还拥有两个国家级风景名胜区（西湖风景名胜区，富春江—新安江—千岛湖风景名胜区）、两个国家级自然保护区、五个国家级森林公园、一个国家级旅游度假区、首个国家级城市湿地公园。风景旅游资源非常丰富。在城市化进程中，杭州市注重环境保护与利用，通过实施西湖、西溪、运河综合保护、河道有机更新，钱塘江水系生态保护工程，开展水源保护、截污纳管、河道清淤、引配水、生物防治等措施，保护了城市的自然生态和人文生态系统，营造了“水清、河畅、岸绿、景美”的亲水型宜居城市。同时，杭州也是一座历史文化名城。它是国务院首批公布的24个历史文化名城之一，有8000年的跨湖桥遗址，5000年的良渚文化，2000多年的建城史。杭州是中国七大古都之一，曾是五代吴越国和南宋王朝的国都。杭州拥有丰厚的历史文化积淀，并具有鲜明的地域特色。从新石器时代的良渚文化，到春秋末期的吴越文化、秦汉后的六朝文化、唐及五代吴越国文化、宋元明清文化，直到新中国成立后的文化艺术，历经数千年而传承不衰，留下了丰富的文化艺术遗产。在新的历史时期，杭州作为省文化中心的地位进一步凸现。文化设施中高层次、知识性、教育性设施的增多，西湖博览会、休博会、动漫节等文化新形式不断出现，并逐步形成了“精致和谐、大气开放”的杭州现代城市人文精神。在中国，拥有优美的自然环境或深厚的历史文化底蕴的城市不少，但同时拥有优美的自然环境和深厚的历史文化底蕴深的城市不多见。自然环境与文化底蕴同时兼备，是杭州建设宜居城市得天独厚的宝贵资源。

2. 经济发展与社会进步协调并举

杭州地处长江三角洲南翼，自古经济发达，有“东南形胜，三吴都会，钱塘自古繁华”之说。改革开放以来，杭州经济发展非常迅速，连续18年保持两位数增长。2008年，杭州市地区生产总值（GDP）为4781.16亿元，按户籍人口和常住人口计算，人均GDP分别是70832元和60414元，按年平均汇率计算，分别达到10199美元和8699美元。全市财政总收入为910.55亿元，其中地方财政收入为455.35亿元，地方财政支出为419.67亿元。经济总量位居全国省会城市第二（仅次于广州），副省级城市第三，全国大中城市第八。市区城镇居民人均可支配收入为24104元，农村居民人均纯收入为10692元。雄厚的经济实力为杭州其他方面工作包括宜居城市建设奠定了坚实的物质基础。杭州在经济发展的同时，社会事业的发展也取得了巨大成绩。杭州的社会发展水平居全省首位，国内前列。据浙江省发展和改革委员会、省统计局2009年的社会发展综合评价指标体系评价结果显示，2008年杭州市社会发展水平总指数为116.42，继续位居全省11个市首位，比排名第二位的宁波市（110.86）高5.56，比全省平均水平103.65高出12.77。从五大领域发展水平看，杭州市的人口发展（126.65）和公共服务（127.85）两大领域位居全省首位，分别比该两大领域均排名第二位的宁波市高13.75和11.31，分别比全省平均水平高20.63和23.12。杭州社会发展与经济发展比较协调，被评为全国社会治安综合治理优秀城市、中国十大农民工最喜欢的城市。杭州企业与政府打交道时间最短，老百姓对政府满意度最高，杭州连续6次获得中国最具幸福感城市称号，等等。宜居城市不仅要看经济发展，更要看社会事业发展，看市民的满意度、幸福感。杭州两者协调,是建设宜居城市的有利条件。

3. 适宜生活与适宜创业有机结合

富裕的物质生活，良好的自然环境，深厚的文化底蕴，和谐的人际关系，使杭州历来被公认为是一个适合生活的城市。杭州人历来讲究生活，重视生活，杭州话中的“做生活”就是做工作的意思，在杭州文化中，讲究生活是一个重要特色。杭州提出建设生活品质之城，从某种意义说，是对杭州历史文化的延伸，也最符合杭州的城市特色。但杭州同时也是一个适合创业的城市。杭州多次获得世界银行评比的中国最佳投资环境城市第一名，多次获得美国《福布斯》杂志评比的中国最佳商业城市第一名，获得中国十大最具经济活力城市称号，是中国民营经济最发达的城市，2009年杭州有81家企业进入中国民营企业500强，占全国16.2%，在全国所有城市中名列第一。据杭州市工商行政管理局报告，2009年前三季度，杭州新开企业达到7146家，每天相当于有78家内资企业和153名个体户开业。生活和创业并不矛盾，杭州把生活和创业有机地结合在一起，形成独具特色的、以生活与创业结合为主要内容的“和谐创业模式”。宜居城市既要适宜生活，也要适宜创业，但要成为适宜生活与适宜创业结合的城市不容易，而杭州做到了。2004年杭州获得CCTV中国最具经济活力城市，组委会对杭州的评语是：“一个将自然优势与现代产业巧妙结合，引领休闲经济潮流的城市；一个生活就像在旅游，懂得将安宁幸福的感受转化为活力和财富的城市；一个以不温不火的态度和风风火火的速度走出自己节奏的城市。”从这个评语中可以看出生活与创业在杭州的有机结合，而这正是杭州建设宜居城市的优势所在。

4. 宜居城市建设与城市发展目标高度契合

杭州提出建设宜居城市有良好的工作基础。杭州很早就提出建设滨水宜居城市目标，杭州市委、市政府曾经提出“四个在”口号，其中就包括“住在杭州”，杭州市在宜居城市建设上出台一系列重要举措，取得了巨大的成绩，也获得了很多殊荣。2005年9月，国内第一份《中国城市生活质量报告》中杭州城市生活质量排名第五，2006年上升到第三；在建设部授予的35个“中国人居环境奖”城市中，杭州市以水环境治理优秀范例城市而享誉其一。杭州市先后获得国家卫生城市、国家环保模范城市、联合国人居奖、国际花园城市、东方休闲之都、中国最佳旅游城市、中国最具幸福感城市、全国绿化模范城市、中国健康城市、国家森林城市、中国十佳宜居城市等称号。也就是说，杭州在建设宜居城市的道路上，已经走在了全国的前列。正因为如此，杭州现在提出建设宜居城市的目标，不能停留于建设一般性宜居城市上，而应该是国内领先，具有国际水准的宜居城市。杭州建设国际水准宜居城市，与杭州城市目标定位高度契合。在新的发展阶段，杭州从实际出发，确立了建设与世界名城相媲美的生活品质之城的城市定位。这也是杭州今后发展的总目标，杭州各方面的工作都要围绕这个总目标，适应这个总目标、服务这个总目标，建设宜居城市就是实现与世界名城相媲美的生活品质之城总目标的一个重要举措。宜居城市与世界名城相媲美的生活品质之城，内涵高度一致，要求高度一致，工作目标与城市目标如此高度契合在中国的城市中是不多见的。确立建设与世界名城相媲美的生活品质之城的目标，对杭州建设宜居城市具有十分重要的意义，它不仅为杭州建设宜居城市指明了方向，而且为建设宜居城市提供了有利条件和可靠保证，没有建设与世界名城相媲美的生活品质之城的定位，杭州建设宜居城市的目标难以提出，要实现这一目标更困难。因此，工作目标与城市目标有机契合也是杭州建设宜居城市的有利条件。

二、杭州建设宜居城市的基本要素、指标体系和努力方向

（一）杭州建设宜居城市的基本要素

1. 国内外对宜居城市基本要素的研究

宜居城市有广义和狭义之分：狭义的宜居城市是指气候条件宜人，生态景观和谐，人工环境优美，治安环境良好，适宜居住的城市。这里的“宜居”仅仅指适宜居住；广义的宜居城市则是指人文环境与自然环境协调，经济持续繁荣，社会和谐稳定，文化氛围浓郁，设施舒适齐备，适于人类工作、生活和居住的城市，这里的“宜居”不仅是指适宜居住，还包括适宜就业、出行及教育、医疗、文化资源充足等内容。目前国内外学者对宜居城市概念的理解以及宜居城市建设的实践来看，普遍采用的是广义的理解，即宜居城市是指经济、社会、文化、环境协调发展，人居环境良好，能够满足居民物质和精神生活需求，适宜人类工作、生活和居住的城市。但对宜居城市的内容有不同理解。

任致远在《关于宜居城市的拙见》中，以“居”为中心，把宜居简洁地概括为“易居、逸居、康居、安居”八个字。第一，易居，是指人们在城

市里能够住得下、住得起，城市的经济稳定发展，财政能力较强，居民就业充分，能够为人们提供人人有其居的条件，并且使人们有可能获得生活居住权和享受到应有的生活居住条件。城市的生活居住空间资源和环境资源是全社会的，人人有份，不能嫌贫爱富和制造不平等权益，尤其是应当关注弱势群体，使其都能够在城市里“有其居”和能够享受应有的生活居住条件。第二，逸居，是指人们在城市里不仅“有其居”，而且应当住得开、住得好，是安乐之居。第三，康居，是指人们在城市里不仅住得好、住得舒适方便，还必须有充足的阳光、水和新鲜的空气，与自然不脱离，与历史文化不脱离，有益于人们的身心健康。第四，安居，是指人们在城市里不仅住得好、住得健康，还必须住得安定和安全，长居久安。陈静在《北京居住适宜性评价》中认为宜居城市应包括生活方便性、安全性、自然环境舒适度、人文环境舒适度、出行便捷度、健康度等要素。袁锐在《试论宜居城市的判别标准》中提出宜居城市要素是：经济发展程度、社会和谐程度、文化丰厚程度、生活舒适程度、景观宜人程度、公共安全程度。中国城市科学研究会秘书长顾文选提出宜居城市的六条标准，也是六个度：社会文明度、经济富裕度、环境优美度、资源承载度、生活便宜度、公共安全度。

中国城市科学研究会宜居城市课题组认为，宜居城市是一个内涵丰富的宽广概念，它绝不是单纯的居住条件的适宜性和人人都享有一定的住房，而是从城镇的总体上增强其可持续发展能力，使我国的城镇走上生产发展、生活富裕、生态良好的文明发展道路。认为“三生兼顾”应是今天我们宜居城市的核心与关键。

联合国环境规划署授权许可、国际公园协会（IFPRA）主办的“国际宜居城市与社区”认为，评价一个城市是否宜居有三个标准：第一，在城市经济方面要有一定的物质基础和经济基础，并且要强调节约型增长、降低能耗、保护环境与可持续发展。第二，在城市建设方面，要有便捷通畅的交通环境和健康舒适的居住环境、充分的就业机会、稳定的居民收入。第三，在社会环境质量上要保障城市安全、保持城市秩序，获得文化上的愉悦、人力的素质和储备良好的公共健康与社会福利保障等。EIU世界城市宜居性调查则从社会稳定程度、健康水平、文化与环境、教育质量、基础设施五个要素确定宜居城市标准。

2. 杭州建设宜居城市的基本要素

虽然专家学者们对宜居城市有着不同的理解，但基本都承认共性的经济、社会、文化、环境协调发展，人居环境良好，能够满足居民物质和精神生活需求，适宜人类工作、生活和居住的城市。而宜人性是对宜居城市最基本的要求，需要使居民感到安全、舒适、放松。因此，杭州建设宜居城市，要把握宜居城市建设的基本要素。我们认为杭州建设宜居城市要着重把握宜居城市以下六个基本要素。

经济发达。宜居城市应该是经济持续发展的城市。经济因素是宜居城市建设的基础，是宜居城市的必要条件，尤其是在发展中国家和地区。城市是一个区域经济的组织、管理和协调中心，是经济要素的高密度聚集地。城市只有拥有雄厚的经济基础、先进的产业结构和强大的发展潜力，才能为城市居民提供充足的就业机会和较高的收入，才能为宜居城市物质设施建设提供保证。杭州市是长江三角洲地区重要的中心城市之一，是全国公路主枢纽城市、内河枢纽城市和八大航空港之一，具有比较优越的区位和交通枢纽条件，具备了全方位高速发展的开放型经济的基础。伴随经济全球化进程的加快，杭州在长三角地区的发展优势与突出作用将更加明显。杭州的政治、经济、文化、科研、教育等综合优势，不仅在省域城镇体系中，更在长江三角洲乃至经济辐射南扩的更大区域范围内，起到举足轻重的作用。杭州建设宜居城市，要进一步保持经济又好又快发展。

文化繁荣。宜居城市应该是有丰富文化的城市。城市的文化决定对宜居城市主观层面的认同与评价，是形成宜居城市的充分条件。只有具有丰厚文化的城市，才能称之为教育、科技、文化中心，才能充分发挥城市环境育人造人的职能，提高城市居民的整体素质。杭州拥有丰厚的历史文化积淀，并具有鲜明的地域特色。从新石器时代的良渚文化，至今数千年传承不衰，留下了丰富的文化艺术遗产。这些都成为杭州作为文化之都的深刻内涵，但宜居城市的文化要求不仅是历史文化，还包括现代文化，不仅是文化事业，还包括文化产业，不仅是物质文化，还是非物质文化，这对杭州文化建设提出了更高要求。

生活便利。宜居城市应该是生活舒适便捷的城市。生活的便利主要反映在居住的配套设施齐备；交通便捷，公共交通网络发达；公共产品和公共服务如教育、医疗、卫生等方面的方便程度。随着科学技术的发展，人们的生活形态在逐渐发生改变。信息网络的出现和普及给人们带来了更为便利的工作、学习、购物、交流的途径。在未来的城市中，信息网络会成为城市的基本骨架之一，是人们衡量生活、工作、生产等是否便利的标准之一。杭州近几年枢纽型、功能性、网络化的现代化城市基础设施加快推进，连接省内外的高速公路以及绕城高速公路已基本建成，杭州的公共交通发展迅速，提高居民生活便利度，改善了交通效率。同时，杭州供水、供电、供气、邮电通信能力得到快速发展，保证了住区物质环境的持续健康发展。杭州的电子商务发展迅速，这些都为杭州宜居城市的建设打下了坚实的基础，但还需要进一步努力。

社会和谐。宜居城市应该是社会和谐稳定的城市。只有在政局稳定、治安良好、民族团结、阶层融洽、社区亲和、城乡协调的城市，居民才能安居乐业，充分享受丰富多彩的现代城市生活，才能将城市视为自己的物质家园和精神归宿。社会保障是社会和谐的重要保证，老百姓生活是否舒心、安心，保障是关键。保障包括工作时的保障、退休后的保障、生活遇到困难时的保障等，无论哪种保障都决定人们对这个城市的看法。社会保障还反映一个城市的经济富裕程度。纵观“十一五”期间杭州社会事业发展，重点解决市民“看病难、上学难、住房难、办事难”等实际问题，尤其注重解决困难群众的生活保障问题，强化了社会保障体系，建立了多层次的住房保障体系，近几年来全市城镇享受最低生活保障的人数逐年上升。社会和谐是杭州建设宜居城市必须始终努力的方向。

环境优美。宜居城市应该是景观优美怡人的城市。城市化带来的一系列问题使人们逐渐认识到物质文明不是改善城市环境的根本手段，相反会加剧城市的环境恶化。人们开始寻求一种既能符合城市发展的实际需要，又能满足人们亲近自然的心理要求的新途径，这就是城市的生态化、自然化。优美宜人的生态环境也是宜居城市追求的目标之一。生态健康是宜居城市和生态城市共同的目标。从生态的角度讲，宜居城市应该是人与自然和谐共处的生态城市。建设部6个指标体系中“环境指标”与“生活便利”权重分最大都为30%。景观的优美怡人是城市建设的基本要求。这既需要城市的人文景观与自然景观相互协调，又要求人文景观如道路、建筑、广场、公园等的设计和建设具有人文尺度，体现人文关怀。杭州独特的地形地貌，以及四季分明的气候条件、优美的生态环境为杭州构建宜居城市增色不少。

安全放心。宜居城市应该是具有公共安全的城市。城市必须具备抵御自然灾害以及防御、处理人为灾害等方面的功能，以确保城市居民生命和财产安全。公共安全是宜居城市建设的前提条件，只有有了安全感，居民才能安居乐业。杭州市作为“城市公共安全综合试点”第二批试点城市之一，目前已初步建立了一个基于数字化技术的杭州市公共安全防范与救援综合性体系。119、110、120“三台合一”的接处警工程为公共安全的建设奠定了基础，市区地理信息数据库及可视化数据库也搭建了灾害监测和救援信息基础平台。另外，杭州市综合消防、气象、安监、环保等有关部门，建立了红、橙、黄、蓝四个级别的灾害预警体系，在近年来台风等各种灾害和公共安全事故中成功发挥了应有的效能。杭州的刑事案件发案率连续三年下降，2011年的发案率虽有所上升，但还是远远低于全国平均数。同时公安部门在各社区设立警务室，社警兼任社区居委会副主任，直接参与社区的各项工作，分管社区治安。社区警务室设立后，民警巡逻的频率比以前大大增加，不法分子作案的概率大大减少了。整体来看，杭州城市安全状况建设良好，有力加强了城市居民的安全感和安全保障，提升了城市整体形象，增进了城市综合竞争力，有利于宜居城市的建设。

上述宜居城市的六个基本要素，相互影响，相互交织，共同决定城市的经济、社会、文化和环境的协调发展，构成了宜居城市的基本内涵，是建构宜居城市指标体系的基本依据。

3. 杭州建设宜居城市要构建主客观结合的评价体系

建设宜居城市，需要指标体系。目前国内对宜居城市的认识和研究水平依然很低，从概念、内涵、评价体系、研究手段和城市建设上尚处于研究初期，而建设部公布的宜居城市《中国宜居城市科学评价标准》更多的只是提供了一个参照，它在指标的选择、权重值的确定等方面存在较大争议，并且在动态性、可操作性上还有不少问题。 因此，在建设部《中国宜居城市科学评价标准》的基础上进行适度调整，变换视角进行分析，并采取不同的研究方法和数学模型，建立一种以不同样本城市之间作为相互参照和评价指标的多角度、相对性、动态性、定性与定量结合的宜居城市评价体系和模型是必要的。我们在适当调整建设部《中国宜居城市科学评价标准》中的相应评价指标，并参考近年来学术界诸多评价体系，从社会、经济、环境、资源等几大方面入手，确定的客观评价指标由经济富裕度、资源环境协调度、基础设施完善度、生活便捷度、社会文明度五大项组成一级指标，综合经济实力、居民实际经济实力、城市生态环境、城市人文环境、资源承载力、交通通信、市政公用设施、文教卫生基础、商业地产、社会保障安全、社会公共安全、社区文明等指标在内的二级指标以及85项三级指标构成。指标的筛选遵照以人为本的原则，充分考虑了跟城市居民生活息息相关的各种要素条件，将城市居民的切身利益放在第一位，以便通过本体系，真实地反映城市的宜居程度。据此构建的客观评价指标体系有四大特色：首先，指标基本采用人均以及比重的形式出现，因此，所统计的数据能够充分地反映城市居民的平均生活状况以及城市发展实际，顾及不同收入层次人群的宜居感受，真正将“宜居”落实到居民。其次，将《中国宜居城市科学评价标准》中主观的定性判断通过定量的方式表达出来，摒弃了《中国宜居城市科学评价标准》中由于城市居民自身性别、文化、阅历、性格、年龄、职业、经济、地位等的不同，各层面的人群对城市各方面相对重要性的看法存在较大差异而导致宜居标准随之不同的问题，但不是单纯地删减掉原体系中根据部分城市居民对所在城市的感性认识作出判别的指标，而是通过选取其他稳定性较强的定量指标间接地反映居民对城市的不稳定的情绪化认识。再次，我们构建的是一个相对性的动态指标模型，所选指标大多是宜居城市建设所必不可少的重要参考因子，即“共性”因子，但在各城市单独评价的实际操作过程中，可以根据自身气候、地貌、区位等自然条件以及民风、民俗、建筑等文化差异增加若干“个性”指标。最后，坐标城市法也是本研究的一大创新点。在对杭州宜居城市质量进行全面分析的过程中，选取国内同级城市作为参考坐标城市，即15个副省级城市，在全国范围内，衡量杭州宜居城市发展水平的定位性坐标城市。

另外，我们在分析国内外的宜居城市评价指标体系时发现，城市客观指标的“宜居性”与主观评价的“满意度”不一致的现象，即基于统计指标的宜居性评价结果往往与城市居民的宜居满意度差距较大，二者之间存在如何协调一致的问题。因此，我们在制定杭州建设最宜居城市建设的客观指标的同时，感到需要建设与客观评价相结合的主观评价体系，通过建立一套主客观评价相结合的评价体系来进行具体的评价。其中，客观比较基于统计数据进行定量比较，采用“城市坐标法”，将杭州纳入同级或者同类城市群中，衡量杭州在这些城市中的总体位置，从客观指标的角度分析杭州的“城市宜居性”；主观评价是基于城市居民对城市宜居性的满意度调查，从城市不同人群主观感受角度分析杭州的“居民满意度”。“宜居”的整体感受应是由一个时期、一定区域内生活的人群来评断，而且更是一种理念、一种文明。尽管这种“宜居”体验对于不同的人有不同的标准和感受，并受到经济、文化、居住环境等影响，带有一定的主观性，但总体来看居民的选择和判断仍蕴含一定的客观性。因此，宜居城市的评价与建设研究应关注城市生活者的感受，以实现理论与现实的互补，体现“以人为本”，这也是宜居城市建设的另一原则导向。

（二）杭州建设宜居城市的努力方向

1. 杭州建设宜居城市的测评结果

杭州市在15个副省级城市中的排名见下表1。

表 1　杭州市在15个副省级城市中的排名

分类	指标名称	指标值（2007）	分类
土地资源	行政区面积（平方千米）	16596	第三
	建成区面积（平方千米）	345	第七
	市区人口密度（人/平方千米）	1367	第七
	全市人均占有耕地面积（亩）	0.27	第十一
人口与就业	市区总人口（万人）	419	第八
	市区非农业人口（万人）	269	数据不全
	市区年末城镇登记失业人员数（人）	59636	第八
	市区第三产业从业人员比重（%）	46	第十一
	市区职工平均工资（元）	37990	第三
综合经济水平	地区生产总值（万元）	41001722	第三
	人均地区生产总值（元）	52590	第六
	地区生产总值增长率（%）	15	第十四
	社会消费品零售总额（万元）	12963123	第六
	城乡居民储蓄年末余额（万元）	25787800	第三
	工业企业数	8674	第二
	港澳台商投资企业数	734	第四
	外商投资企业数	858	第四
	当年实际使用外资金额（万美元）	280181	第六

续表

分类	指标名称	指标值（2007）	分类
固定资产投资	全社会固定资产投资总额（万元）	16841298	第七
	房地产开发投资总额（万元）	5187904	第四
	住宅开发投资总额（万元）	3818933	第四
地方财政收支	一般预算内收入（万元）	3421403	第三
	一般预算内支出（万元）	2747160	第六
	科学支出（万元）	101513	第五
	教育支出（万元）	462316	第三
教育文化卫生	普通高等学校数	36	第八
	普通中学数	342	第七
	小学数	437	第十二
	普通高等学校专任教师数	23197	第八
	普通中学专任教师数	25133	第八
	小学专任教师数	24251	第十
	剧场（影院）数	71	数据不全
	公共图书馆图书藏量（千册）	9478	第四
	每百人公共图书馆藏书（册）	141	第五
	医院（卫生院）数	1162	第一
	医院（卫生院）床位数	34856	第五
	医生数	20701	第四
邮电通信	邮政局（所）数	334	第七
	本地电话用户数（万户）	428	第三
	移动电话用户数（万户）	810	第四
	国际互联网用户数（万户）	122	第七

续 表

分类	指标名称	指标值（2007）	分类
水电供应	人均生活用水量（立方米/人）	88	第三
	人均生活用电量（千瓦时/人）	879	第四
城市道路交通	城市道路面积（万平方米）	4185	第十
	公共汽车营运车辆数（辆）	5435	第六
	公共汽车客运总量（万人次）	95413	第九
	出租汽车数（辆）	8583	第五
	每万人拥有公共汽车数（辆）	13	第六
	人均城市道路面积（平方米）	10	第八
环境保护	“三废”综合利用产品产值（万元）	1278201	数据不全
	工业废水排放量（万吨）	75359	第一
	工业废水排放达标量（万吨）	55169	第一
	工业二氧化硫排放量（吨）	118474	第三
	工业烟尘排放量（吨）	30962	第七
	工业固体废物综合利用率（%）	95	第五
	城镇生活污水处理率（%）	81	第五
	生活垃圾无害化处理率（%）	100	第一
城市绿化	城镇绿地面积（公顷）	12141	第八
	公园绿地面积（公顷）	3486	第九
	人均绿地面积（平方米）	28.94	第九
	建成区绿化覆盖面积（公顷）	13284	第七
	建成区绿化覆盖率（%）	39	第七

（数据来源：国家统计局城市社会经济调查司编《中国城市统计年鉴2008》）

2. 主观感受评价

本课题采用2009年11月由本课题组开展的杭州市宜居城市居民满意度调查结果，此次调查共发放1800份问卷调查，收回有效问卷数1738份，基本能够满足本次研究的需求。调查范围涉及杭州市居民、部分政协委员和新市民。杭州宜居城市居民满意度调查分项指标评价值见表2。

表 2 居民满意度调查分项指标评价值

序号	类别	分项指标	总体	居民	委员	新市民
1	生态方面	城市空气质量状况	67.85	69.07	58.09	68.1
2		城市绿化状况	78.8	78.94	78.09	76.14
3		城市噪音状况	63.59	64.36	62.1	59.62
4		城市干净整洁程度	75.74	75.5	76.87	79.64
5		小区噪音状况	64.27	64.94	62.07	59.02
6		小区干净整洁程度	71.14	71.32	70.48	64.94
7		城区的河、湖水体干净程度	66.6	68.59	61.67	49.84
8	生活方面	就医看病的方便程度	66.5	67.71	57.48	53.38
9		商业服务网点分布	71.13	71.31	70.42	59.44
10		商业服务质量	69.81	69.93	69.66	61.72
11		休闲娱乐设施分布	62.6	62.89	60.13	58.42
12		儿童娱乐设施状况	53.41	52.23	50.16	不了解
13		社区总体服务状况	68.54	69.9	62.67	不了解
14		从家步行到最近公园的距离	72.17	72.65	70.16	不了解
15		小区周边的公共服务设施状况	75.86	76.79	71.95	62.89
16		水、电、气供应服务状况	75.26	74.71	78.07	63.4
17		平日出行的交通状况	63.77	64.72	49.79	58.8
18		上下班的交通距离	56.67	54.72	62.07	65.26
19		从家步行到最近超市的距离	77.01	77.43	75.59	67.64
20		从家步行到免费体育设施的距离	61.01	59.83	52.65	不了解

续表

序号	类别	分项指标	总体	居民	委员	新市民
21	文化方面	教育的公平度	55.15	53.23	56.94	不了解
22		高等教育水平	58.39	57.33	60.67	不了解
23		日常文化娱乐活动	57.63	56.26	63.61	不了解
24		日常体育活动	58.74	57.85	60.39	不了解
25		城市建筑的特色	65.29	66.21	58.49	63.1
26		城市园林艺术感	75.55	75.24	76.94	62.28
27		居住小区建筑的美观程度	65.4	66.86	62.05	61.74
28		邻里关系状况	71.88	72.51	69.03	58.48
29		人际关系状况	66.47	67.13	63.32	57.62
30		杭州人对“新杭州人”的态度	65.52	66.98	67.92	不了解
31		行人遵守交通法规状况	57.4	55.68	47.15	53.76
32	社会方面	政府政务公开程度	60.31	58.69	67.38	不了解
33		政府部门办事效率	52.24	48.93	65.93	不了解
34		家庭收入状况	55.51	54.1	65.32	46.72
35		各阶层收入差距	43.36	42.43	47.14	42.38
36		收入方面的公平度	44	42.84	49.08	41.62
37		现有住房状况	60.16	58.35	71.6	51.7
38		目前工作状况	56.8	55.35	76.01	59.08
39		日常食品安全状况	63.1	63.13	57.71	57.76
40		社会治安状况	70.1	70.06	74.46	63.78

项目	评价值
城市绿化状况	78.8
从家步行到最近超市的距离	77.01
小区周边的公共服务设施状况	75.86
城市干净整洁程度	75.74
城市园林艺术感	75.55
水、电、气供应服务状况	75.26
从家步行到最近公园的距离	72.17
邻里关系状况	71.88
小区干净整洁程度	71.14
商业服务网点分布	71.13
社会治安状况	70.1
商业服务质量	69.81
社区总体服务状况	68.54
城市空气质量状况	67.85
城区的河、湖水体干净程度	66.6
就医看病的方便程度	66.5
人际关系状况	66.47
杭州人对“新杭州人”的态度	65.52
居住小区建筑的美观程度	65.4
城市建筑的特色	65.29
小区噪音状况	64.27
平日出行的交通状况	63.77
城市噪音状况	63.59
日常食品安全状况	63.1
休闲娱乐设施分布	62.6
从家步行到免费体育设施的距离	61.01
政府政务公开程度	60.31
现有住房状况	60.16
日常体育活动	58.74
高等教育水平	58.39
日常文化娱乐活动	57.63
行人遵守交通法规状况	57.4
目前工作状况	56.8
上下班的交通距离	56.67
家庭收入状况	55.51
教育的公平度	55.15
儿童娱乐设施状况	53.41
政府部门办事效率	52.24
收入方面的公平度	44
各阶层收入差距	43.36

图1 总体满意度评价值排序

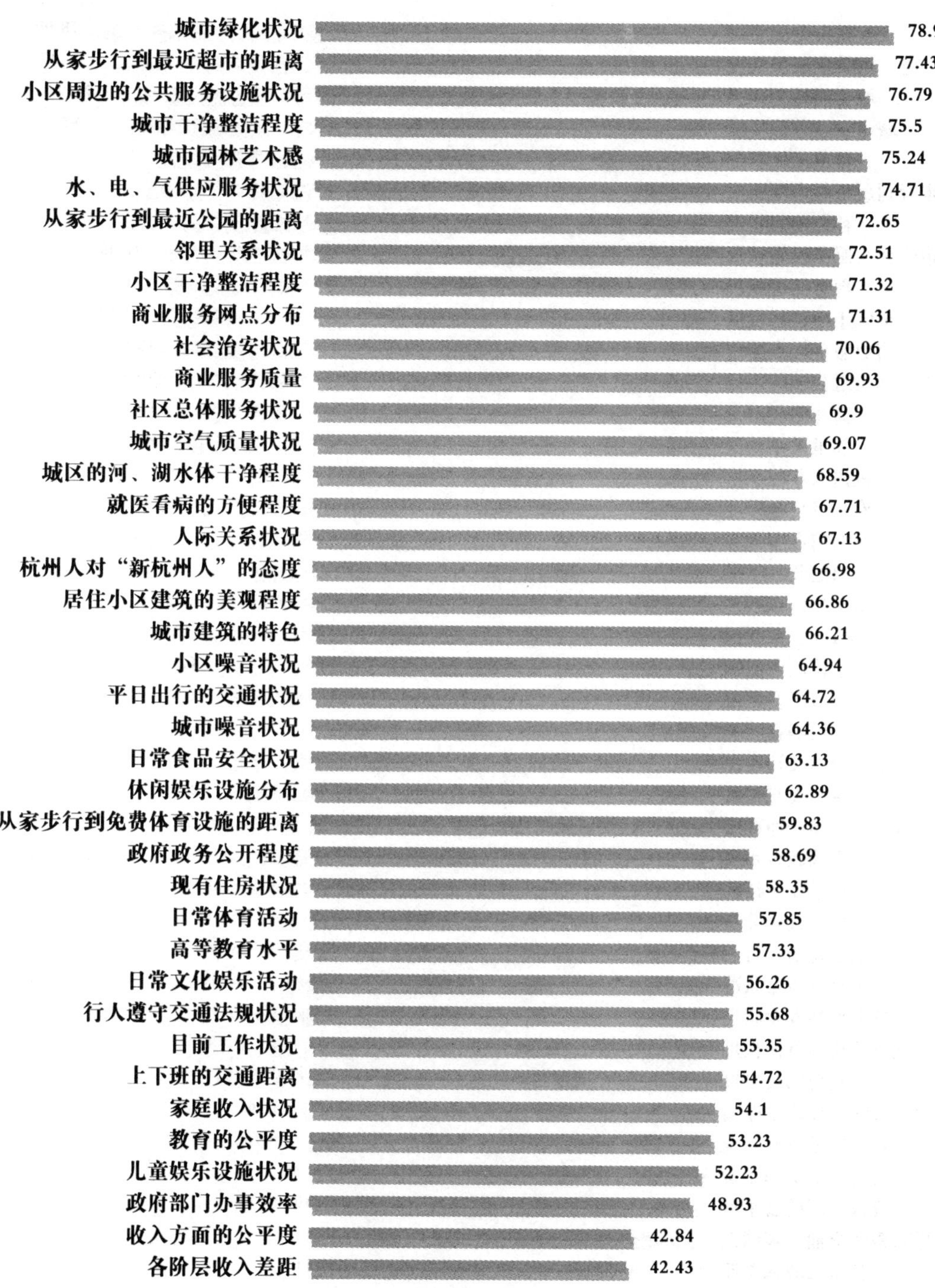

图2 普通居民满意度评价值排序

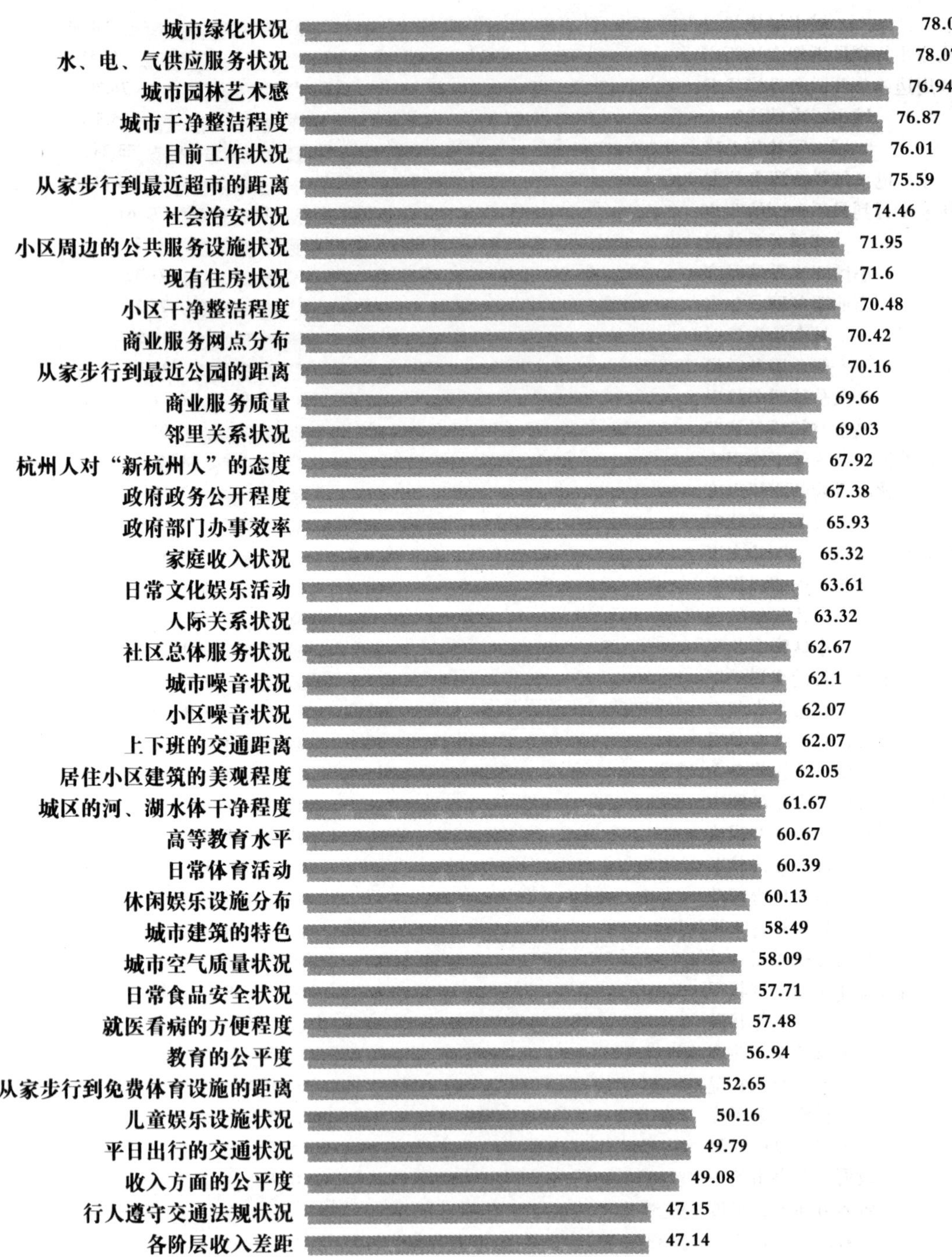

图3 政协委员满意度评价值排序

图4　新市民满意度评价值排序

3. 从测评结果看杭州建设宜居城市的努力方向

根据建设部制定的城市宜居性评价标准，采用杭州市2008年相关统计数据，从社会文明度、经济富裕度、环境优美度、资源承载度、生活便利度和公共安全度这六大项指标，定量评价杭州的宜居性。根据建设部《宜居城市标准》中的分类，杭州属于宜居城市。但是，在各项打分指标中，杭州在贫富差距、环境质量、建筑协调、城市交通、文化设施和城市住房等方面与《标准》有一定差距。

从15个副省级城市关于宜居城市客观评价指标的横向比较中，杭州各方面指标表现比较均衡，既没有明显突出的优势也没有明显落后的劣势，其中在综合经济水平、地方财政收入、劳动工资水平、文化卫生、邮电通信、工业废水处理、教育投入方面处于15个副省级城市的前列，在人口与就业、固定资产投资、科技投入、水电气供应、环境保护与城市绿化等方面处于中游水平，而在人口密度、小学数量、城市道路与交通方面与国内较好城市存在一定差距，而且，在第三产业从业人员比重、地区生产总值增长率等个别评价指标上与广州和深圳的差距比较明显。

从居民主观感受指标结果看，大部分指标满意度分值在60分以上，表明杭州居民对于杭州城市宜居性基本认可，城市的园林绿化、公共服务设施、干净整洁程度等得分较高（大于75分），居民普遍比较满意，但仍有12项指标满意度较低（即低于60分），且主要集中在交通出行问题、收入差距问题与教育公平问题三大类因素中。

居民比较不满意的指标较多，有15项指标满意度分值小于60分，且涉及范围较广，不仅包括“交通出行”、“收入差距”与“教育公平”问题，还对“日常食品安全状况”、“就医看病的方便程度”、“空气质量状况”、“城区水体卫生状况”和“休闲娱乐与体育设施的分布”等指标评价较低。

政协委员比较不满意的有11项；其次，除了涉及 “交通出行”、“收入差距”、“教育公平”、“日常食品安全状况”、“就医看病的方便程度”、“空气质量状况”等问题，还对“城市的建筑特色”等指标评价不高。

新市民满意度调查结果，从整体而言，新市民对于杭州城市宜居性评价不高，这可以从各项指标评价分值看出，得分小于60分的指标数（16项）多于得分大于60分的指标数（13项），大于75分的指标只有两项，低于50分的却有

4项，且不包括12项评价结果为“不了解”的比例较高的指标；新市民比较不满意的指标覆盖范围较广，评价结果排序最后五位依次是：“现有住房状况”（51.7分）、“城区河湖等水体的干净程度”（49.84分）、“家庭收入状况”（46.72分）、“各阶层收入差距”（42.38分）和“收入方面的公平度”（41.62分）。从新市民的满意度评价结果来看，新市民群体对杭州的宜居性不甚满意，问题涉及较广，主要体现在个人的住房、收入状况和城区的水质等方面。

杭州市在经济宜居上存在的问题，主要是总体的经济增长趋缓，产业结构比例不协调，失业率偏高，基础设施建设成本比较高，城市国际化程度不够。在宜居城市客观评价指标的横向比较中，发现杭州市整体的地区生产总值增长率在近两年并不高，在15个副省级城市中才排第14名。2007年第三产业从业人员比重46.28%，才排到第11名，年末城镇登记失业人员数量也才到第9名。而在市民满意度抽样调查中，有20.6%的市民认为在杭州找工作的机会不多，甚至没有机会，有19.7%的市民认为在杭州工作晋升和发展的机会不多，甚至没有机会。2008年《中国城市竞争力报告（No.7）》中，从综合增长指数、经济规模指数、经济效率指数、发展成本指数、产业层次指数、生活质量指数等来看，综合增长和发展成本方面在294个城市排名中，杭州分别列173名和107名。

杭州市在生态宜居上存在的问题，主要是空气质量不够良好，城市绿化建设面积需要加强，其他如噪音污染、河湖污染等需要进一步降低。根据统计，杭州人均绿地面积才28.94平方米，在15个副省级城市中排第9名，公园绿地面积3486公顷，城镇绿地面积12141公顷，分别排第9名和第8名，位列中等；在空气环境方面，调查显示，有10.4%左右的市民对杭州的空气质量不满意或很不满意。据2008年杭州市环境状况公报显示：杭州市区一类区（自然保护区）、二类区（居住、商用）功能区环境空气质量均不达标。杭州市酸雨污染仍处于严重水平，灰霾天数达到158天，比2000年和2001年的每年12天翻了十多倍；另外，有12.8%左右的居民对杭州的城市噪音不满意，甚至很不满意，有14.4%的市民对居住小区噪音不满意，甚至很不满意，有9.5%的市民对杭州城区的河、湖等水体的干净程度不满意，甚至很不满意。

杭州市在生活宜居上存在的问题，主要是道路拥堵情况比较严重，城市道路负荷较重。有14.7%的市民对杭州的交通状况不满意甚至很不满意，有

8.4%的市民从家里去上班地需要花费一个小时以上，对上班距离不满意甚至很不满意的市民占到12%。一方面，机动车增长加快，道路容量不足，拥有的城市道路面积仅位列第10名，人均居住用地和人均道路广场用地偏低；另一方面，公共汽车客运量不够大，其总量仅位列第9名。同时由于主要功能区空间分离、错位、重合，从而出现多种特点的交通流空间上的重合、时间上的集中，方向上的叠加，进而引发杭州市城市交通诸多问题。《中国城市竞争力报告（No.5）》杭州的出行环境在所有排名中最差，仅第43名，居住环境其次，仅第31名。

杭州市社区环境和基础设施配套建设不够完善，表现为住区内噪音、废气等污染仍然不同程度的存在，绿化缺少生态性、活动空间不能满足全体居民的需求等；基础设施配套建设不齐全，有12.3%的市民认为居住小区周边的邮局、银行、报刊亭、便利店等公共服务设施比较少或没有，休闲娱乐设施中，有10.3%的市民对杭州的儿童娱乐设施不满意、甚至很不满意，有8.7%的人不满意甚至很不满意到免费开放的体育锻炼设施地方的距离；社区居民对社区公共事务的参与少，关心不够，有33.5%的市民没有参加过社区选举，还有5.7%的市民不满意甚至很不满意社区的活动。

杭州市贫富差距逐渐拉大，有36%的居民不满意收入的公平度，有7%的居民很不满意，有19.4%的居民认为周围有很多低收入的人，有7.3%的市民认为周围有人的生活没有保障。没有被纳入到住房保障、医疗保障和养老保障体系的低收入人群是重点关注对象。作为宜居的基础“住房”，调查显示有21.3%的市民不满意甚至很不满意现在的住房状况，还有10.2%的居民没有自己的住房。就医看病不够方便，调查显示，有11.2%的市民对就医看病的方便程度不满意，甚至很不满意。

杭州市在文化宜居上存在的问题，一是居民素质不够高，市民的日常行为素质还不够文明，如乱穿马路、上车不排队、电动车横冲直撞、机动车乱停放等不遵守交通法规的现象比较严重，有18.2%的居民不满意杭州人遵守法规的状况，有35.2%的市民经常在街道上遇到不遵守交通法规的人。二是文化开放度不够，10.3%的市民从不与邻居来往，11.1%的市民觉得杭州人与人的关系比其他城市不友好，有6%的人不满意甚至很不满意杭州市民对“新杭州人”的态度。对新市民的调查中，情况还要严重，有36%的市民觉得杭州人与人的关系比其他城市不友好，13.6%的人不满意甚至很不满意杭州市民对“新杭州人”的态度。在教育方面，杭州市人均教育经费、高等教育普及率与国内外城市相比还存在一定的差距，在职学习市民不多，国际教育交流合作不多。其中小学数仅位列15个副省级城市中的第12名，小学专任教师数仅位列第10名，普通高等学校数仅位列第8名。调查显示，有22.9%的市民不学习，经常在职学习的仅仅占19.8%。在职学习的比例偏低与职业技术教育和公共教育的效益不高有关系。在国际教育上，中等教育领域中仅有4所学校有相关国际学校、班级和相应课程等，高等教育层次的中外合作办学也比较有限，外国留学生比例比较低。三是文化消费比重偏低，层次需要提高。调查显示，有28.4%的居民平时不参与文化娱乐活动，甚至还有3.9%的居民不知道杭州市有哪些文化娱乐活动。有26.2%的居民平时不去参观博物馆，39.3%的居民不去图书馆读书，44.4%的居民不去电影院看电影。一方面，杭州市对居民文化消费的倡导不够；另一方面，如何提供符合杭州居民需求的文化产品和服务是提高文化消费的关键。四是城市建筑特色不明显，居住小区建筑美观度比较差。调查中，18.7%的市民认为杭州的建筑与其他城市比较没有特色，其中42.7%的政协委员都认同这个观点。10.7%的市民不满意甚至很不满意居住小区的建筑的美观程度。

三、杭州建设宜居城市的总体思路

（一）杭州建设宜居城市的指导思想和目标

杭州市在宜居城市的建设中，已经取得了瞩目的成绩，有了良好的基础，但也面临巨大的挑战。第一，目前世界上宜居城市基本是中小城市，杭州是一个特大型的城市，建设高水平宜居城市难度非常大。第二，判断是否宜居，气候是一个很重要的因素，杭州夏天炎热冬天寒冷，是建设宜居城市一个不利因素。第三，世界上宜居城市都是后工业化的城市，杭州正处于城市化工业化快速发展的城市，建设宜居城市面临巨大挑战。第四，中国很多城市在宜居城市建设方面力度大，成效明显，对杭州建设宜居城市是一种压力。

杭州建设宜居城市，必须反对两种倾向。一种是盲目乐观，看不到杭州建设宜居城市存在的问题、面临的挑战，认为和其他城市比，杭州建设宜居城市条件最好，杭州建设宜居城市理所当然，不成问题，从而缺乏紧迫感。另一种是悲观失望，过分强调杭州建设宜居城市存在的问题和困难，认为杭州建设宜居城市有不可克服的困难，有不可逾越的障碍，杭州不可能建设宜居城市。显然，这两种倾向不解决，对建设宜居城市是不利的。

杭州建设宜居城市的指导思想应该是，以科学发展观为指导，以“生活品质”为导向，树立以人为本理念，坚持“环境立市”战略，发扬改革创新、真抓实干、敢争一流、敢于拼搏的精神，超前规划、分步实施，全面推进、重点突破，政府主导、全体市民参与，发挥优势、弥补不足，努力将杭州建设成为具有国际水准的国内领先、世界知名的宜居城市，为建设与世界名城相媲美的生活品质之城贡献力量。

杭州建设宜居城市的目标是，通过努力，到2015年，全部指标进入全国城市的前5名，主要指标进入前3名，大部分指标居第一名，成为国内最宜居、国际有特色的城市；再经过10年左右的时间，即到2025年建成环境优美、功能完善、文化丰厚、社会和谐、生活便捷、国内最先进、国际有特色的现代化国际宜居城市。

杭州建设国际宜居城市实际上是动态的和相对的，随着经济社会的发展，各方面要不断改进，工作的重点也会有所变化，从而不断满足全体市民的新需求，不断提高居民的满意度，使杭州在国内外比较中处于一流状态并力争名次不断往前排，定期进行指标衡量并处于前列。

（二）杭州建设宜居城市要处理好的几个关系

杭州建设宜居城市需要对指导思想、相关概念，以及重点要素之间的关系进行必要的梳理，更清晰和顺畅勾画宜居城市的思路。总体上讲，要做到八个结合。

第一，城市建设与“以人为本”。宜居城市归根结底是一个“以人为本”的城市，也就是说城市的建设必须满足最广大居民的需求。城市是人生活的城市，其发展的根本目的是使人生活得尽可能安全健康、方便舒适。如果城市失去了人这个主体，那么城市也就失去了存在的意义。把广大居民的生存与发展作为最高的价值目标，体现出以人为价值的核心和社会本位，才能让城市的发展真正符合人的需求。

在“以人为本”的科学发展观的指引下，根据宜居城市的建设目标，生态环境建设要着眼于居民自身的基本需要，以及人类社会发展的长远利益和长远目标，把城市环境向有利于居民的健康和安全的方向发展；经济建设，要着眼于创造更丰富的社会物质财富，改善和提高人民生活水平，在取得经济效益的同时又不会危及城市的环境发展，使得城市的宜居性能够可持续地发展；社会建设要着眼于协调好各方面的利益关系、增强城市的创造活力，不断建设成为人民有归属感、愿意为该城市各尽所能、各得其所，又和谐相处的社会；文化建设要着眼于满足城市人民精神文化需求，提高精神生活质量，不断丰富精神世界，同时使得文化具有开放性、包容性和创造性。城市的道路、建筑等的建设要以人的尺度，从人性化的角度来规划、设计和建造，最大限度地满足最广大居民的需求。

第二，建设的阶段性与发展的动态性。城市宜居性是随着人民群众需求的发展变化不断提高的一个过程。宜居城市必须将居住、生活、休憩、交通、管理、公共服务、文化等各个复杂要素的要求在时间和空间中有机地结合起来，使所有社会功能在满足目前发展与将来的发展之间取得平衡，最终达到“人—城市—自然”的和谐共生。宜居城市建设涉及城市与人在生活中方方面面需求之间的关系，是人们生活的全方位需求的行为和活动。随着城市发展，人们的需求也会发生很大的变化，居民对宜居城市的感受和心理期望也会不断提高。

因此，宜居城市的建设既要有总体目标，在不同的阶段也要有不同的目标。处在不同阶层和不同历史时段的人们的判别标准和要求是不同的。例如，美国评选宜居城市更重视安全、教育、医疗和自然环境等，而我国的宜居城市更重视经济、就业。一般来说，当人们的生活水平还不高时，就业、创业往往成为一个城市是否宜居的重要标准，而当经济发展水平到了一定程度后，对社会福利水平和社会生活环境的要求就凸显出来。正因为宜居城市是一个多元的动态发展着的概念，其阶段性和动态发展的特性，使得城市的宜居性既是绝对的，又是相对的，既要有一定的标准，其标准又应该和同时期的其他城市相比较，并与该城市的历史发展相比较。因此，是否达到了宜居城市的标准，既要看宜居城市的内在要求，也要参照城市以及自身发展的历史。只有恰当地估量目前的发展阶段和发展水平，提出与之相宜的建设思路和对策建议，城市建设才能取得实效。

第三，宜居与宜业。宜居是一个广泛的概念，是一个由自然物质环境和社会人文环境构成的复杂的巨系统，包括了生态环境、经济环境、社会环境和人文环境等诸多因素，注重的是综合的均衡发展。宜业指的是城市更适宜创新创业，更具吸引力、竞争力和生产力。它不仅仅是指就业，而是指一个城市在人才、资本、科技、基础设施、区位等方面的综合表现力。

从宜居的狭义概念来看，宜居是宜业的基础。然而，现代化的城市宜居更多体现了广义上的含义，不仅包括适宜的居住条件，也包括人的全面发展所必需的良好的人文社会环境。因此，宜业与宜居的关系已经不是简单的依附关系，从广义上看，宜居已经包括了宜业的内容。

但宜业的城市不一定会宜居，如国际大都市纽约和伦敦，汇集了大量的全球化人才进行创业投资，在近几年的全球城市综合竞争力排名中，两个城市一直位居前列，在2005—2006年的评选中，纽约为全球第一，伦敦是全球第三，但是在位居前列的宜居城市中，几乎从未有这两个城市的出现；而宜居城市虽然不一定是最宜业的城市，但是其长期发展应该要宜业，因为人民生活品质的提高与创业创新密切相关，一个不宜业的城市即使宜居，长此以往，由于缺乏竞争力和活力，留不住含金量高的人才和企业，也很难宜居。从国际上看，在2005—2006年全球100余个城市综合竞争力排名中，位居前列的宜居城市排名也比较靠前，其中慕尼黑的综合竞争力第22名，西雅图第24名，苏黎世第39名、新加坡第46名，体现出了宜业对宜居的重要性。

综合来看，宜业是宜居的一部分，但是更强调了宜居城市中的就业、创业和创新，强调了一个城市的产业发展规划和集聚效应，强调了一个城市对人才的吸引力，彰显了一个城市发展中集聚人流、物流、资金流、信息流的能力，是评判宜居城市是否有活力和可持续发展的重要标志。而宜居体现的是综合性的均衡发展。宜居对生态、生活环境的高要求，对城市的产业提出了高要求。因此，宜居与宜业密不可分，既需要以宜居促进宜业，也需要以宜业提升宜居，使得宜居与宜业和谐发展。

第四，硬环境建设与软环境建设。硬环境指的是城市的物质环境，即一切服务于城市居民并为居民所利用，以居民行为活动为载体的各种物质设施的总和，由各种实体和空间构成；软环境指的是社会环境，即居民在利用和发挥硬环境系统功能中形成的一切非物质形态的事物的总和。硬环境的建设是宜居城市的基础，软环境的建设是宜居城市最重要和最核心的条件。软环境的建设实质是上层建筑能动地适应经济基础的动态过程，对于城市的发展，有着巨大的牵动作用和重要的基础作用，是一个城市市场发育程度、经济竞争能力、对外开放程度、政府管理水平和社会文明进步的综合体现，也正是宜居城市“宜居度”的综合体现。宜居城市建设是硬环境和软环境的统一，二者相互依存、相互促进和相互关联的关系，决定了在不断改善硬环境的同时，大力改善软环境是宜居城市建设的核心内容。

第五，自然物质环境与社会人文环境。宜居城市是一个由自然物质环境和社会人文环境构成的复杂巨系统。自然物质环境包括自然环境、人工环境和设施环境三个子系统。社会人文环境包括社会环境、经济环境和文化环境三个子系统。各子系统有机结合、协调发展，共同创造出健康、优美、和谐的城市人居环境，构成宜居城市系统。

宜居城市的自然物质环境为人们提供了舒适、方便、有序的物质生活基础，而社会人文环境则为居民提供了充分的就业机会、浓郁的文化艺术氛围，以及良好的公共安全环境等。当然，城市自然物质环境和社会人文环境的界限不是绝对的，两者相互融合，构成一个有机的整体。自然物质环境是宜居城市建设的基础，社会人文环境是宜居城市发展的深化；社会人文环境的营造需要以自然物质环境为载体，而自然物质环境的设计则需要体现社会人文内容。

第六，宜居共性与城市个性。宜居城市是有标准的，建设宜居城市应该朝共同标准去努力，但不等于宜居城市就是千篇一律。相反，一个宜居城市应该是有特色的城市。所谓宜居城市特色，就是要从实际出发，走符合自身城市发展的道路。宜居城市也不可能所有条件都好，一个城市也不可能同时拥有宜居的所有元素，而所有的宜居城市也不可能千篇一律。城市的特色源于城市发展中长期积淀下来的历史文化，而不同地域的城市拥有的不同文化会反映在城市的建筑、人文景观、社区建设等上面，形成独树一帜的特点。事实上，不论是国际还是国内，正是宜居城市在共性基础上反映出来的个性，才满足了人们的不同需求。如北京的首都气派、上海的大都市味、广州的岭南特色、成都的悠闲气息、杭州的秀雅味道，以及青岛、大连、珠海、厦门等海滨城市的浪漫，等等。再如，2007年国际宜居城市评比，慕尼黑以其经济蓬勃、族群和谐、气候四季宜人、消闲设施与夜生活舒适等优势当选为世界最宜居住城市；哥本哈根以公共交通、发达的自行车网络、咖啡文化、不紧不慢的生活节奏，以及创意和创造力当选为世界第二宜居城市；东京以其低犯罪率、设计周全的公共交通系统、良好的服务等当选为世界第四宜居城市。正是因为其不同的特色，才会使得不同的人对不同的城市有所偏爱。因此，只有符合宜居城市的基本条件，即共性，才能成为宜居城市；而宜居城市建设的特色，即个性，是每个宜居城市可持续发展的保证。

第七，政府主导与市民参与。宜居城市建设是一个开放的复杂巨系统，涉及与城市发展相关的诸多方面、多种关系，如局部与整体、近期与长远、经济建设与社会发展、城市建设与环境保护等，因此，必须由政府主导。建设最宜居城市是一个长期持续的巨大工程，必须最大限度地组织和动员广大居民参与。同时，城市宜居与否最终必须由市民来评定。两者的有机结合才能确保国际宜居城市建设的顺利进行。

要引导、动员市民共同参与到国际宜居城市建设中来，把建设国际宜居城市融入到社会自然人的行动上，共创美好生活。最宜居城市建设是复杂性问题，在规划设计、决策和建设中既要有科学精神，又要结合居民的宜居需求，采用参与式规划、参与式建设，充分尊重城市中“人”的因素，以“人”的尺度设计建设宜居城市。制定出具体的参与措施和政策，通过多种手段鼓励和发动公众积极参与建设自己的生活与精神家园，寻求最大的参与效果和最优参与结果。民众权利和社会公正同时在参与中体现出来，也有利于和谐社会的创建。国际宜居城市追求的是不同背景、不同阶层的人的共同宜居，而且在城市生活中这些不同的阶层要能够和谐相处。

第八，发挥优势与弥补不足。每个城市都有自己的优势和不足，杭州也是一样，杭州建设最宜居城市，要找准自己的比较优势，把比较优势打造为竞争优势，使优势更优。同时，要注意找出不足，根据水桶理论。决定水桶盛水量的不是最长的板而是最短板。所以要找出短板，把它接长，使水桶装更多的水。不要因为不足影响到整体的发展。杭州作为浙江省省会城市，是浙江省的政治、经济、文化中心，长江三角洲的中心城市之一，国家历史文化名城和重要的风景旅游城市。美丽的西湖、西溪、京杭大运河赋予杭州以灵秀之美，深厚的历史文化底蕴赋予杭州以深沉之气，经济和社会的高速和谐发展显示了勃勃生机，共建共享与世界名城相媲美的生活品质之城是建设最宜居城市的动力之源。无论在自然生态、历史文化、经济发展、教育科学和社会和谐等方面，杭州都有自己鲜明的特色。杭州要进一步突出自己的特色，体现出宜居的亮点，同时还要认清目前发展中的劣势，要用宜居城市的相关指标进行衡量，与其他城市相比，特别是与杭州市民对宜居的期望相比，不断寻找不足，确定努力的方向，认真解决问题。总之，杭州建设宜居城市要扬长补短，整体推进。

四、杭州建设宜居城市的重点举措

根据宜居城市的指标体系以及对宜居城市的认识，从杭州的具体情况和发展水平出发，本课题对杭州建设宜居城市提出如下重点举措：

（一）加强生态建设，构建最优美城市

生态环境建设是宜居的前提和重要内容。优美生态环境不仅构成居民生活质量的基本要素，更是提升一个城市形象的重要环节。杭州建设宜居城市必须以生态环境建设为重点，打造最清洁和最优美的城市，提升杭州的魅力。

1. 加强城市大气污染治理

近年来随着杭州市社会经济的快速发展，城市大气污染问题日益突出，由大气污染引发的呼吸道疾病和心脑血管等疾病已经成为危害杭州居民健康的主要原因之一。为了居民能够经常看到蓝天并且呼吸到洁净的空气，杭州必须加快治理大气污染的步伐。

一是制定大气污染治理的地方性法规。制定符合实际的严于国家标准的地方性大气污染治理标准和法规，建立适应区域污染特征的区域大气环境质量评价体系，增加臭氧、一氧化碳、PM2.5 能见度等监测指标。提前执行国家下一步机动车排放标准和防治汽车尾气油品质标准。要完善大气污染物排放标准，并随着污染治理技术进步提高排放标准。氮氧化物污染是灰霾天气重要因素，应尽快启动氮氧化物污染防治工作，严格氮氧化物控制要求。

二是加强机动车尾气治理。针对私家车增多的趋势，出台政策对购买或使用私家车进行限制，同时，鼓励购买低排放量汽车。要加大机动车尾气整治力度，尽快使用简易工况法检测尾气，加强对二手车及行程高里数车的尾气检测，这两类车必须进入环保局的检测中心进行免费检测。实行机动车环

保黄绿标识，加快黄标车的淘汰速度；加快LNG汽车的使用，率先建设公交车的LNG供气点；加快机动车排气污染监督管理数据中心建设，实现检测数据共享。建立机动车排气污染监督管理数据库和数据传输网络，对检测数据等信息进行统一管理，并定期向社会公布本行政区内机动车排气污染监测情况。制定杭州市机动车尾气污染治理的地方性政策法规，设定机动车尾气污染治理阶段性目标和措施，设立相应的管理机构，建立和完善机动车排气污染监督管理的组织体系，从源头管理、车辆检测、现有车辆污染程度控制、奖净罚污等方面入手改变该项工作的滞后局面。

三是加强工业企业污染整治。鼓励企业加快脱硫改造，对保质完成脱硫改造的热电企业，重新核定排污收费额度，使企业在治理污染中获得实惠；调整能源结构，关停杭州协联热电公司等企业，积极争取天然气等清洁能源供应，减少二氧化硫等的排放量；严格市场准入，加快淘汰小水泥、小化工、小冶炼等落后产能，推进技术改造，提高能源利用效率。实施清洁生产重点工艺技术示范工程，对重点行业和企业推行强制性清洁生产审核；强化工业废气监管，建议环保部门增加飞行监测频次，扩大检查范围，对脱硫工程建设进度采取月报及通报制度。推进产业结构调整，引进科技含量高、规模较大、对环境影响小的项目；加强工业集中区的建设，严格环评工作标准和程序。推进市区工业企业搬迁。半山地区几个国有大企业对杭州大气污染大，希望通过努力，在更高层面上达成一致，推动企业搬迁，可以采取赎买政策，一次性代价高一些也值得。

四是解决施工扬尘污染、餐饮业油烟等问题。严格施工工地管理，做到文明施工、运输密闭、物料覆盖、进出清洁等要求；推行工地在线检测，开展工地扬尘、噪声、工程运输车整治，将超载工程车列入“黑名单”，禁止屡次违法超载车辆上路；强化施工现场管理，实行围挡作业、硬化道路，不准车辆带泥出门、不准运渣土车辆冒顶装载；提高主城区路面机扫率，减少清扫扬尘；规范渣土运输，坚决制止运输中的“抛、洒、滴、漏”现象。要加强拆房工地以及拆完以后工地的管理。凡是被拆一段时间不能开工建设的工地要求进行绿化或覆盖，减少扬尘。加强餐饮业油烟治理。严格准入门槛，对没有取得产权证和改变使用功能的房屋，有关部门一律不能审批开办餐饮业。餐饮业油烟排放不超过国家标准，要进入管道排放，燃料必须符合国家标准。加强餐饮行业油烟排放的监督与检查，尤其是流动摊贩的管理。重视室内空气污染，规范装修建材市场。

五是积极开展清洁能源推广应用工作。加快能源结构调整，大力推广太阳能、地源热泵等节能技术和节能设施，加快对风能、水能、生物质能等能源的开发利用，形成清洁能源为主的多元化能源结构。建立健全有利于循环经济发展的经济政策体系、技术创新支撑体系、循环经济评价指标体系等，推动循环经济发展。推动关键技术创新，提高能源利用效率。组织实施清洁生产重点工艺技术示范工程，对重点行业和企业推行强制性清洁生产审核。加大对污染防治技术的投入。抓好重点排污企业的治理进程，推行集中供热模式，推广使用水煤浆，开展清洁生产。鼓励科研单位研究相关排放检测技术和油气回收治理技术，积极引进符合国家检测规范的国外先进的检测设备和油气回收治理技术。

六是加强大气环境监测能力建设。进一步加大对大气环境监测技术装备的投入力度，建立污染源监督性监测运行费用保障制度。统筹城乡环境监测工作，加快基层环境监测体系建设，重视农村环境监测能力建设。加强环境监测质量管理，确保监测数据的科学性、规范性和公信力。增加区、县大气环境质量自动监测站点数量，科学合理布局大气环境质量监测站点，确保监测数据真实、准确反映城市环境质量现状。加强对排放有毒有害气体污染源的监督性监测，完善重点污染源在线监测制度，尽快形成大气环境监测网络，确保监测数据全面反映污染排放情况和变化趋势。

七是通过绿化等措施提高空气自净能力。合理规划城市建筑布局，防止城市热岛效应；新建小区及开发区要保证绿地等公共设施的建设；老城区要加强道路与河道两侧的绿化工作，鼓励居民区开展垂直绿化和阳台绿化。要优化绿化树种，充分利用树木对空气的改良作用。重视六条生态带建设，生态带光规划不够，关键要建设生态带，建议对六条生态带建设进行专题研究。不仅研究六条生态带建设，还要研究新的生态带建设，比如，平海路到钱塘江生态带建设。六个组团之间也要建生态带，要保留组团之间的田园风光。

八是加强大气环境保护的宣传力度。宣传机动车排气污染防治的必要性，提高市民对减少机动车尾气排放重要性的认识；宣传节约能源、使用清洁能源的重要性，净化城市空气对于提高市民生活质量和城市环境品质的重要意义。

通过社区、学校等宣传阵地，深入宣传步行、自行车等环保出行方式对大气环境的积极作用，鼓励市民选择更健康的出行方式；宣传正确的驾驶操作技能和环保意识，驾驶员培训学校将科学环保的开车方法列入驾驶培训和考试的法定内容。广泛征求市民对于机动车尾气污染防治的方法措施，通过广泛宣传，引起社会热议和关注，为大气污染治理奠定良好的舆论和民意基础。

九是建立区域内城市大气污染联防联控机制。借鉴广东形成珠三角城市联防体系的经验，利用长三角城市的合作机制，逐步建立长三角城市的大气污染联防联控机制。争取省委省政府的支持，建立浙江省城市的大气污染联防联控机制。在长三角、浙江省城市大气污染联防联控机制暂时难以建立的情况下，可先在大杭州内建立杭州城市大气污染联防联控机制。明确区域空气质量改善目标，协调解决区域和城市大气污染防治的重大问题，构建区域空气污染综合防治体系，预防和控制区域性大气环境污染。

十是加强大气治理工作的领导和协调。环保部门要发挥统一监管的职责，要开展联合执法、联合整治，建立联席会议制度和部门间的合作机制。环保部门与市气象局等部门合作，尽快在全市范围内构建一个大气复合污染监测网络，严密监测大气污染动态。加强执法队伍建设，要在人员编制、财力、设备等方面给予支持。要建立健全三支执法队伍：一是机动车尾气污染控制的执法队伍；二是扬尘污染控制的执法队伍；三是环保监察大队。要发动社会力量，建立公众举报制度，如在市环保局开设一个举报网站，对有污染行为的企业和个人，发动市民举报。同时，可以组建志愿者队伍，建立激励机制。进一步细化对重大环境污染事故刑事犯罪构成特征和认定的方式方法。增强处罚力度，提高处罚额度，增强法律威慑力。要建立市一级的大气污染防治专家咨询委员会，作为政府大气治理的智囊团，政府涉及大气环境的重大决策出台前，要广泛听取专家意见。

2. 大力保护水源，防治水污染

一要高度重视并采取切实措施保护好治理好钱塘江水质。请求省有关部门支持并与上游市县协调，从源头保护治理，及时监测评估入境水质。杭州实行更加严格的保护措施，绝不因跨江发展而影响江水。

二要采取最严格措施保护饮用水水源，一、二级保护区内严禁新建、扩建各类污染水体的项目，确保饮用水源达到国家标准。在饮用水源保护区范围内的企业应尽早关停、搬迁或治理，对农村生活废水、生活垃圾进行集中处置。为了保障钱塘江饮用水源安全，应对西湖、萧山、余杭的饮用水源地实施污染整治。

三要针对杭州市域范围内的水系，从城区生态服务功能角度，分析城市河道、湿地的供需水量及生态效益，研究城市河道、湿地（蓝道）建设、修复、保护的技术集成、技术规范规程与评价方法；开展城市生态河道、湿地的生态建设及修复的试点与示范工作。按照5A级景区水环境要求，推进市区河道综合整治与保护开发，提高水体自净能力。加快城市截污纳管工程，研讨有效减少航运等水上活动污染的措施。

四要统筹城乡发展促进村级生活污水治理工程全面实施，深化小流域生态综合治理工程。加强大气环境治理和固体废弃物的治理力度。实行垃圾分类。

五要在全面改善运河生态环境的基础上，在运河规划功能定位和运河分区段特色中突出运河的生态功能。坚持生态优先，设计创新，促进景观生态环境向绿化、净化、美化、活化的可持续发展的生态系统演变。建立良性循环的运河水生生态系统，提升运河旅游、观光、休闲等品牌内涵，打造活力水岸和亲水水岸。

3. 推进城市绿化，改善城市人居环境

要大力实施城区道路环境综合整治，提高绿化工程档次，展现杭州田园风光特色，提高城市品位。以生态系统理论为指导，改善和维护整个区域生态系统的平衡，把“重现自然”、建设具有本区特色的森林生态系统网络作为规划的战略目标。注意绿化品种选择与合理配置，使全市的绿色通道基本形成带、网、片、点相结合，层次多样，结构合理，功能完备，景观效益和地方特点和谐的绿色走廊。绿色通道建设要以公路为主线，国道、省道、县道、乡道统一规划，实施山、水、田、林、路、村综合绿化，沿线的城镇、乡村绿化美化统一推进，努力实现通道沿线林木连线成网。保护自然山体、水体、绿地（农田），形成大面积、高容量的绿色开敞空间。注意加强运河沿岸陆地绿色生态系统的建设，注重植物的色相和季相变化，营造色叶植物、芳菲植物、常绿植物和竹林混交的复层结构，作为城市具有生命的绿色基础设施。对两岸建筑物、桥梁柱墩、泵闸等有条件的可进行屋顶绿化、墙面绿化和垂直绿化，增加绿地率和绿视率。强调运河沿岸的“水”与“绿”

的特色元素，将历史遗存、沿河绿地和社区绿化做统一整合，形成河岸水系文化绿地复合景观空间。

4. 实施环境—经济发展的战略转型

从生产模式、生活方式和价值观念出发，发展以低碳经济为特点的经济形态，切实落实市委、市政府提出的“低碳经济、低碳建筑、低碳交通、低碳生活、低碳环境和低碳社会”相结合的“六位一体”的低碳城市发展战略。

一要优化产业结构，形成以现代服务业和先进制造业为主的杭州产业结构，发展网络经济，建成电子商务之都，降低高耗能产业比重，降低对能源消费的依赖，实现低碳经济。要调整能源结构，提高能源转换效率。把节能放在突出位置，积极构建多样、安全、清洁、高效的能源供应和消费体系。

二要结合杭州实际，在全市倡导低碳生活方式，落实全社会节能减排措施，提高生态文明素质。使得生活和生产所需要的物质和能量交换形成良性循环，做到废弃物能够重复利用，建立能引导人与自然和谐相处的行为规范体系，减轻对环境生态承载力。

三要提倡建设高能效、低能耗、低污染、低排放的低碳建筑体系，降低城市热岛效应。诸如使用低碳甚至负碳排放量材料，利用太阳能等清洁能源，应用低碳建筑技术等，尽量减少由于建筑增多增加的二氧化碳排放量，进行节能减排；要大力发展公共交通，公交优先，控制小车，提倡免费单车，实现低碳交通。

四要调整产业布局，发展生态碳汇，合理建设生态景观体系，实现低碳环境。要科学规划，调整产业布局。使主要碳源排放量由主城区向副城和组团区域扩散，相反碳汇量则由副城和组团区向主城区延伸，形成城乡碳源和碳汇互哺的格局。要按照产业集群、构建城市分区功能，完善布局结构。

五要建立与推广应用与环境协调的技术支撑体系，建立环境与生态动态信息监测与预警体系。

六要依托“山湖城江田海河”的城市生态景观绿地。进行综合整治，建设生态景观体系。

七要综合协调老工业区、城市绿地、河道、湿地等城市生态问题，研究城市生态修复与优化调控机理和关键技术，开展典型项目的研究、实施、示范和推广。

5. 深入研究人口与环境的关系

宜居城市建设本身具有两面性，一方面是提高了居民生活的宜居水平，另一方面由于吸引了更多的人口的迁入，又增加了宜居建设的困难。要研究杭州城市的人口承载能力，制定符合实际的人口政策，为生态环境的改善创造更为宽松的人口环境。一是稳定低生育水平，严格限制计划外生育。二是提高门槛，限制人口过快增长。三是通过适度积极的人口迁移政策，改善人口结构。鉴于目前已经引起社会高度关注的高房价，建议适时取消购房入户政策。

（二）重视社区建设，构建最安居城市

宜居城市建设，社区是基础。社区具有民间性、普遍参与、自治、高度认同、情感依赖等特征。社区作为宜居城市各方面指标的承载点和汇聚点，是决定一个城市是否宜居最基本的因素。推进社区服务和社区建设是解决城市现代化进程中各种矛盾和问题、满足城市居民各种需求、提高城市文明程度的有效途径。虽然杭州社区建设走在全国前列，有许多经验在全国推广，但杭州在社区建设中也存在着老小区与新建小区发展不平衡，社区环境需要进一步改善，社区居民不愿积极主动表达自己对社区事务的意见和建议，对社区公共事务的参与意识，民主参与少、社会关心不够等问题。最宜居城市建设，要以完善社区服务为重点，推进社区建设，创造舒适、和谐、绿色的安居环境。

1. 优化社区建设的规模与布局

要在新城建设、老区改造中优化调整社区规模，科学合理地规划社区的分布，老的社区在改造中要保留和突出历史特点，完善生活设施，新建社区要防止千篇一律，把社区建设成为集居住、娱乐、教育、休闲、社会保障等各种功能的城市生活综合体。创新社区管理方式，加强社区工作人员培训，形成现代小区管理意识。

2. 积极推进社区品牌建设

开展“一社一品”活动，鼓励各区和各个街道创建自己的特色，形成各具特色、丰富多彩的社区建设模式。如小河街道紫荆家园社区创建“绿色和谐型”社区、长征桥社区创建“温馨和谐型”社区、明真宫社区创建“多元共建型”社区、董家新村社区创建“服务保障型”社区；湖墅街道珠儿潭社

区创建“国际旅游观光型”社区、卖鱼桥社区创建“绿色学习型”社区、仓基新村社区创建“劳动保障型”社区、长乐苑社区创建“军地共建人文和谐型”社区、霞湾巷社区创建“品质霞湾型”社区、双荡弄社区创建“隔代教育型”社区等。

3. 进一步加强社区民主建设

一要在社区建设中，建立和畅通倾听居民意见的渠道，把社区建设成为“民主促民生”的平台；二要建议加强社区信息化建设，使每个社区都能够建立自己的网页和短信平台，通过网络和声讯服务听取意见，引导舆论；三要注重社区信任体系的培育，通过社区提高居民的自组织能力，使居民之间熟悉起来，增强其社区归属感，在社区的组织与组织之间、组织与个人之间、个人与个人之间，建立起全方位的相应信用体系框架；四要加强社区民间组织建设，引导和规范社区内非正式组织发展，把居民联系起来，使之积极参与社区活动。

4. 高度关注社区物业管理

在大量高层住宅小区进入使用维护期后，充分考虑所居住群体的民主需求和社会稳定需求，高度关注物管企业因高额物管税不断退出物业服务领域的问题，警惕其带来的城市物业服务隐患。要研究物业公司生存问题，通过政策引导，改善物业服务企业的生存发展环境，合理引导控制物业服务工作。规范物业管理，理顺业主委员会与物业服务企业的关系，督促物业服务企业做好服务工作，推动和谐社区建设。

（三）大力改善交通，构建最便捷城市

城市生活是一个有机的整体，交通是赋予这一整体活力的血脉，城市交通便捷就意味着生活的便捷。近年来，随着经济发展、人口增长、私家车的迅速增加、物资交流的日益频繁，杭州城市交通面临着前所未有的压力和考验。“行路难”、“停车难”成为老百姓最关注的问题之一。能否有效地缓解“行路难”、“停车难”的矛盾，实现交通畅通，是建设国际宜居城市必须破解的难题。

1. 实行城市交通需求管理政策，限制小汽车出行频率

把治理交通拥堵的着力点转到制定切实可行的交通政策上来，建议对杭州现状交通、近期发展目标（包括道路优化目标、道路规划建设目标和机动车容

量）进行评估，结合杭州城市发展（尤其是地域面积和人口容量）开展杭州机动车预测研究（借鉴城市人口容量概念），为有序、有效地引导机动车辆发展提供决策依据（包括是否适当限制小汽车数量、或借鉴上海模式——车牌限额拍卖）。对私家车采取不限制购买，但要限制使用的措施。针对目前杭城交通现状，建议实行城市交通需求管理，按照不同情况、采取不同方式满足城市交通需求，控制主要道路单位时间交通流量，如高峰时期限制单人出车，鼓励自由搭配，实行单双号通行等措施。另外，借鉴新加坡、伦敦等城市的城市中心区收费制度，提高中心区域停车费用（分时段采取不同收费等级），以控制城市中心区的机动车交通流量。通过经济、行政等多种手段减少小汽车在市区的无序和过度使用，努力打造私家车出行率最低的城市。

2. 优化城市布局和功能，减少老城区交通流量

目前杭州城市功能布局存在明显空间分离和错位，城市职住分离人口急剧增多，居住与就业、居住与购物、居住与就医、居住与就学、居住与游憩等城市大量的交通流相互交织重叠在一起，导致杭州城市交通诸多问题。解决城市交通拥堵问题，要将交通问题与城市规划、建设、管理统筹考虑。第一，推进“两疏散、三集中”（疏散老城区人口和建筑；推动企业向工业园区集中，高校向高教园区集中，建设向新城集中），降低老城区的建筑密度和人口密度。第二，加快“三副、六组团”建设，积极培育各副城和组团的混合功能，构建多中心、网络型城市结构，打破杭州目前单中心的城市空间结构。副城、组团要加快生活配套设施建设，特别是优质教育、医疗、商业等资源的配套，要打造不同地区的服务业集聚区，从而减少老城区交通流量在空间上重合和时间上的集中。第三，重视道路系统规划和城市功能区规划的紧密联系，避免因出现交通问题再完善交通规划的倒逼式发展模式。城市发展，要合理规划、建设各项交通设施，适当预留或预划定交通用地，纠正违反规划侵占公交基础设施及其建设用地行为。城市综合体建设，要把交通放在重要位置，居住区和业态要围绕公交枢纽布局，建设集公交、商业、居住于一体的综合体。

3. 加快交通设施建设，形成合理的交通网络结构

加快完善交通基础设施，形成地面地下相结合的市区交通网络结构；第一，在保证质量的前提下，加快地铁建设速度。第二，加快以“两绕三纵

五横”城市快速路网为骨架的城市道路网络体系建设，为最大限度地疏通城市交通奠定物质基础。第三，完善主城区内快速干道网，在现有的南北走向的高架快速路的基础上，在城市的东西走向再建设一条快速路，与绕城高速公路形成比较完整的城市快速干道网。第四，丰富主城、副城、组团间的多层次、多功能交通联系网络，同时对目前一些断头路重新开展调研和规划。第五，开拓城市道路建设思路，进行地下道路建设可行性的研究。第六，优化行人立体交通模式，科学合理设置人性化的立体走廊（地下走廊和空中走廊），使地下、地面和空中“各行其道”，减少地面压力。第七，在道路建设中，统筹考虑人、车、路、建筑的关系，避免机动车道挤占行人道的现象。第八，在现有公共交通产品基础上，研究发展轨道公交的可行性。城市轨道交通具有运能大，节约能源、对环境的污染小，道路资源占用少，乘坐安全、舒适等特点，符合杭州建设宜居城市和打造低碳城市建设的目标。

4. 坚持公交优先政策，努力提高公共交通吸引力

坚持公交优先政策，不断提高公共交通的客运分担率。第一，明确道路功能和公交线路定位。综合考虑道路和公交线路的各自功能作用及其关系，建立道路和公交互相依存功能明确、分级明显的交通系统。强调主干线的效率，打破“路权平等”的思想，将公交不同等级路权理念引入城市交通系统中。结合道路功能，考虑不同道路管理模式和运营线路模式的差异。如艮山路以通行为主，一些路段可以封闭，延安路主要是商业功能，路口不封闭，站点设置相对要密。第二，优化调整公交线路布局。杭州公交线路近几年有很大增长，但大部分公交线路迂回绕行，线路重叠情况严重，特别是很多公交线路都进市区，造成乘客的总公交出行距离过长，车上行程时间和总出行耗时增加。建议调整公共交通的线路布局，变公交设计理念由直达性为通达性，优化中心城区道路和公交线路的功能结构，减少“线路向心性”，疏解过于集中的老城区交通。第三，建立多层次的公交线路体系。快速公交应突出其快速、通达性的特点，区域性公交在需要快的地方要规划专用线，并尽量采用直行。在此基础上，结合道路规划和城市总体规划，建立快速公交环状或网状结构；市中心繁华地段以人行和慢行交通为主，增加公交站点密度和公交频次，保证交通顺畅便捷；在快速公交和普通公交的基础上，梳理目前杭城普通公交线路，挖掘潜力，构建介于快速和普通（慢速）之间的

中等运营速度的公交线路，形成合理的公交路权等级系统（快、中、慢）。第四，优化公交站点设置。根据道路功能设置站点，快速线路实行长距离设站；市中心繁华地段，公交站点设置密度要大。要优化公交站点的线路。目前不少道路上一个站台上有十几块牌子，公交车自相干扰，互相影响运营速度。站点的站牌设置应注重人性化。应将站牌设置为与道路成一定夹角，提高目前站台的可视高度。第五，拓展公交服务理念。充分考虑上班族在上下班早晚高峰中的作用，可对上班族试行"一票制"，或开通主要为上班族服务的线路，吸引上班族回归公交。在一些主要线路上，应考虑取消早晚高峰的特殊群体免费乘车优惠政策，减少特殊群体在早晚高峰时段的不必要出行。第六，降低公交车票价格。改变公交系统的经验理念，以服务为主，降低票价，通过广告等收入（参考杭州自行车新政），政府制定补贴政策，并加大补贴力度。

5. 加强交通精细化管理，确保交通安全畅通

在私家车日益增加的情况下，如何保证交通通畅是交通管理的重大课题。第一，推进交通智能化管理建设。制定符合宜居城市建设的智能交通标准化体系框架、道路交通信息化系列标准、交通信息平台关键技术规范，以及各专业交通部门有关的交通信息化标准。完善交通综合信息体系，健全动态交通和静态交通的诱导系统，不仅预报主要路段的流动率，也要预报核心区、重点区域停车泊位，使出行者均匀分布出发时刻、选用合适的交通方式；建立公交出行实时查询系统；科学化设置智能交通设施，如不少路段红绿灯太多，要科学设置红绿灯。在有条件的街道实行红绿灯绿波控制，有条件的交叉口实行公交车信号优先的试点。第二，完善城市服务功能区的停车场所的静态交通控制，特别是要规范居于主干道路上的商业、餐饮等功能区停车场所，通过合理的停放车规划与控制来引导机动车的出行，将出入机动车影响整个道路运行效率的因素降至最低。第三，试点错时上下班、弹性工作制，以及在部分学校中小学试点错时上学和放学，以削减高峰时段交通总量。第四，规范学校接送师生的小轿车停靠。现在不少学校在放学时，因过度停靠小轿车，导致整条路都处于瘫痪状态。不能因为局部学校的利益而牺牲整个城市的公共交通秩序，建议有条件的学校开通师生接送巴士。第五，微观个体交通在局部路段的失范行为将可能对整条道路的通行能力构成严重

影响。部分行人在道路上的乱穿乱行、乱摆乱卖也一直是城市交通混乱的一个重要因素。要严格执法，提高交通违法违章成本，要从行人心理、严格执法、加强过街步道建设等角度探讨强化个体交通管理，找准文明执法和严格执法的平衡点。另外，参照杭城道路功能差异，开展有区别的严格执法，提升杭州的城市道路交通管理水平。

6. 加强宣传教育力度，提高出行人的文明素质

宣传“道路交通设施的规划、建设、管理的目的是为人服务，而不是为车服务”的观念，提高交通参与者的现代交通意识。进行合理出行理念的教育，控制机动车不合理使用，如一般性的购物、应酬吃饭等，乘公交前行，减少私家车使用频率。大力宣传绿色出行的好处，鼓励市民采取自行车、步行等绿色交通出行方式。强化舆论引导，降低盲目购买私家车的“跟风”趋势；加强公众交通法制和交通安全普及宣传教育，强化行人的交通法规意识，促使人人文明出行。借助“文明从脚下起步”，“车让人”、“公共交通周”和“无车日”等活动增强交通参与者的绿色交通意识、文明礼让意识，在全社会形成“车让人、人让车”的文明出行行为。在公交车斑马线礼让行人的基础上，进一步推行出租车斑马线礼让行人，进而发展为所有机动车斑马线礼让行人。要通过组织行为，引导政府机关、执法机关等单位和人群在解决交通拥堵问题中的表率作用。

7. 采取多种措施，缓解“停车难”矛盾

目前杭州地面停车的资源已经接近枯竭，而汽车增加的势头却丝毫未减，因“停车难”引发的矛盾日益增多，建议采取多种措施寻找解决问题的出路。第一，加强停车设施建设，严格建筑物停车配建标准。老城区改造要充分考虑地下空间的利用，在保证安全的前提下，一些公共绿地、操场的地下和超市等大型公共建设的顶层，可以开发成停车场，或利用有限的空间兴建立体车库，解决停车难问题。新城建设要严格建筑物停车配建标准，建设足够的地下和地上停车空间。地铁建设中，在地铁车站周边同时兴建一些地下或地上停车库。第二，通过政策引导，积极鼓励吸引民间资金的投入，发展停车产业。通过市场的力量，缓解“停车难”的矛盾。第三，充分利用现有的停车场所，已改做他用的停车场要收回用于停车。第四，区别不同地域、场所、时段实行差别化停车政策，执行不同停车收费标准。第五，实行

中心区停车泊位总量限制，理性调整停车泊位供给，加速泊位周转，推进停车产业化。第六，转变“买了车就一定要给我解决停车问题”的观念，实行买车先有停车位政策。

8. 完善交通管理体系，加强治理交通拥堵工作力度

解决交通问题是一个综合性的工作，涉及多个部门，要强化交通管理体制，建立与国际宜居城市相适应的大交通管理委员会，按系统工程原理，将各分系统、各相关设施与部门有机结合为一个整体，形成科学、完善的交通管理体系。在机构调整难做到的情况下，通过建立领导小组的方式，协调相关职能部门工作，形成工作合力。领导小组主任由市政府主要领导担任，分管领导担任副主任，相关部门主要领导为领导小组成员。领导小组办公室下面要有专门的团队开展解决交通问题的研究，为市政府决策提供依据。一些重大问题建议采取公开招标形式，借助社会力量，寻找解决办法。

（四）提升文化内涵，构建最文明城市

宜居城市除了是令人身体舒适的居所和自然环境，同时也是令人心情舒畅的精神家园。社会文明程度是决定一个城市是否宜居的重要因素，人的素质的提高，是宜居城市的重要支撑。教育公平问题成为各类被调查对象普遍满意度较低的问题，这从侧面反映了杭州优秀教育资源的匮乏。在大力发展教育文化，不断提高市民素质，提高社会文明程度这一方面，需要重点突出以下两个方面。

1. 提高文化消费，繁荣文化产业

文化消费在居民消费中所占的比重，是衡量一个城市发展的重要指标。在现代社会，文化消费力与一个城市的文明程度互为作用，是提升城市品位和国际性的重要方面。2008年杭州城镇人均文化娱乐服务支出674元，在全国15个副省级城市中还属于靠前的，但与杭州经济总量相比，还不适应，与国际相比，更有明显的差距。制约文化消费因素：一是文化消费尚未成为居民的普遍倾向；二是居民储蓄对文化消费产生挤出效应；三是文化产业的经营水平低、演出票价高。提高文化消费水平：一要有好的文化产品供居民选择，要立足精品、立足市场，创造更多的满足百姓需求的文化产品；二要制订与商业中心融合的文化设施规划，打造商业、商务、文化、娱乐和现代服

务业为一体的综合体；三要为市民提供与各种艺术形式接触的机会，提高市民的文化鉴赏力，通过多种下列活动载体和营销手段，进一步强化居民文化消费倾向；四要开展文化惠民活动，大力组织各种文艺活动进学校、进社区的活动，让市民能够积极参加文化活动，培养文化消费习惯；五要培育有特色、高水平的文艺演出团体，建议在办好现有演出团体的同时，依托杭师大音乐学院，组织一支高水平的民族音乐艺术团队，在发掘、继承和发展南宋歌舞的基础上，使之成为“江南丝竹”当之无愧的代表。

2. 提高教育质量，关注教育公平

杭州的教育水平比较高，但不均衡的现象仍然存在。在基础教育中，人们对“重点”、“名校”的期望值很高，在高等教育中，杭州市还缺乏市属高水平的大学，杭州的职业教育也还比较薄弱，缺乏有影响的职业学校。杭州教育的开放水平还不高，与国外教育机构的合作还不广泛。这种情况，造成了在基础教育中择校风很盛，留学期望冲动，教育成本比较高，高等教育远远不能满足考生在杭州就读的需要，职业教育的不足也对杭州的就业产生了一定的影响。从国际宜居的要求来看，杭州教育的发展最关键的问题是提高质量，只有教育质量的提高，才能进一步满足杭州市民的要求，真正体现教育公平，建议：第一，在基础教育中，特别是在义务教育中，要通过普遍提高质量来实现和保证教育质量的均衡化，为解决择校问题提出明确的时限目标；第二，鼓励民营资本与国际教育机构合作，建立与国际接轨的幼儿教育机构，从开发幼儿智力开始，在基础教育中全面加强与国际教育机构的合作和交流；第三，结合创意、电子商务、新能源等新兴产业的发展，大力发展职业教育，培养高水平的应用型人才；第四，加大教育对外合作和交流的力度，不断提高教育质量。同时，要发挥杭州优势，注重发掘人文学科中的江南特色，把弘扬和传播传统文化作为建设宜居城市的文化亮点。

3. 提高市民素质，养成文明习惯

提高人的素质，最根本的是要在社会成员中建立起一种相互信任、相互理解、相互支持的人际关系。要开展相互交流、相互理解、相互信任、相互支持为主要内容的文明教育。构建市民终身教育体系，提高文明素质。以交通行为、公共场所举止、国际礼仪和人际互助等为重点，形成遵纪守法的法制文化和宽容、友善、开放的市民文化。要认真分析杭州文明城市建设方面的不足，改变乱扔垃圾、随地吐痰、交通违章等陋习，提高公共场所个人文明的约束力，提高外来务工人员文明素质。要关注人的精神世界和心理家园，逐步满足其民主需求和终极关怀，增强幸福感指数，建设充满人文关怀的城市。开展和谐社区、和谐家庭创建工作，扩大志愿者服务的规模和领域，建立宜居创建社会化运行模式。

4. 宏扬“大气开放”的人文精神，发展文化多样性

“精致和谐，大气开放”的杭州人文精神是一个整体，就建设宜居城市来看，需要在“精致和谐”的基础上突出“大气开放”的一面。在现代社会中，城市的开放程度，是宜居城市的重要内容。在推进宜居城市建设中，必须有开放的眼光，在理解多元文化中体现民族性和地方性，在更加开放中体现自己的特点。杭州要保持自己的文化特色，但离开了文化的多样性，就不可能有杭州的文化特色。宜居的城市必然是多元文化得到体现的城市；宜居的城市也必然是一个社会成员相互信任、相互理解、相互支持的城市。因此，在宜居城市的文化建设上，要突出地体现能够兼收并蓄，能够相互尊重的“大气开放”精神。

（五）完善保障制度，构建最幸福城市

城市居民整体比较富足，但收入差距过大的问题已经成为社会的共识，如果不加以妥善解决或缓解，对于杭州宜居城市建设，尤其是推动杭州社会和谐、经济持续稳定发展，增强城市竞争力和吸引力极为不利。社会保障制度的完善是宜居的重要方面，最宜居城市必须是生活最有保障的城市，不断提高人们的幸福感。

1. 加强社会建设，着力保障和改善民生

推进社会体制改革，扩大公共服务，完善社会管理，促进社会公平正义，努力使全体人民学有所教、劳有所得、病有所医、老有所养、住有所居，推动建设和谐社会。

采取积极的社会政策。以促进就业为导向，对于困难者从提供“被动的”收入保障转向营造公平的环境，提供帮助以提高能力，使他们尽快地获得“像样的工作”。

政府要扮演好两个角色：一是逐步改变以往的剩余社会政策为制度社会

政策，即将社会福利发展纳入财政预算，增加政府投入作为社会福利资金支出；二是政府对服务提供者的服务质量进行监控和评估。

2. 根据人口老龄化的趋势，建立健全老年社会保障体系

第一，建立社会养老福利基金，用于解决孤寡老人、低收入老年人群与农村现有贫困老年人群的社会养老保障问题。第二，以政策和法律的形式，引导和鼓励先富起来的有关社会阶层和企业机构积极参与慈善事业，减轻国家政府的压力，扩大社会的养老保障能力与范围。第三，继续发展社会养老保险业，发展更多的适合于老年人口养老的特殊险种，积极推行商业保险与福利保险并举的社会主义保险新体制，以适应多种人群的不同需求。第四，社区服务体系和基层医疗服务体系建设要关注居家养老需求。保障性住房建设要考虑社会老龄化趋势，增加无障碍设施、居家养老型户型。第五，完善政策，鼓励民营资本投资养老设施建设，加快养老机构的多样化、社会化发展。第六，加快社区老年人服务网络建设。推进社区医疗保健站、护理院、照料中心、文化活动中心建设，满足不同层次老年人的各种需求，提供上门服务，组织志愿者为老人提供看护和日常服务。第七，在产业结构和产品结构调整中，注重发展老龄产业，以求最大限度地满足老年人的各种消费需求。老年人消费市场的潜力十分巨大，政府有关部门应加强这方面的研究和指导，积极培育银发市场、老龄产业，扩大老年需求与消费市场。第八，扩大老年人社会保障的覆盖面。目前我国的社会养老保障主要覆盖城镇，广大农村老年人口生活水平低，居住环境差、医疗条件不足，生活设施落后，养老问题更是堪忧，要加快农村养老保障制度建设。

3. 健全基层医疗服务体系，解决看病难、看病贵的问题

一方面要重视社区医疗机构和医疗队伍的建设，另一方面要注意通过社区信息化建设为居民提供更好、更便捷的医疗咨询和诊前、诊后服务。在这一方面，可以借鉴国内一些城市的经验，抓住卫生部要求推广预约挂号的契机，在提供公益化预约挂号的基础上，利用网络、电话等信息化手段，建立卫生服务信息化服务平台，对就诊者提供诊前和诊后服务，破解群众“看病难”、“看病贵”的难题。

4. 完善住房保障系统，解决“住房难”问题

坚持“租、售、改”三位一体的方针，加快建立“经济租赁房、廉租住

房、经济适用房、限价商品房、危旧房改善和人才房建设”六房并举的住房保障体系“杭州模式”，实现“居者有其屋”。第一，加大土地出让金在保障住房建设上的使用比例，通过专款专用，扩大经济适用房、廉租房的开工面积和数量，保障住房保障体系的建设。第三，在继续关注低收入户籍人口住房问题的同时，关注新户籍人口和流动人口的住房问题，使他们能够在能力范围内租得起房，并提高他们的购房能力。第四，在各商品房区块、工业园区等附近安插公屋，提高建设的质量和环境，防止公屋成片，成为城市新贫民窟。使得在公屋内居住的居民和其他购买商品房的居民能享受到同样的社区环境和服务。第五，加快经济适用房地块配套设施建设。主要是加快发展地下交通和畅通地面交通，综合性大型医院、从幼儿园到高中阶段的教育配套等。第六，现在的保障性住房制度过于“碎片化”，加深各群体间的隔阂和对立，建议将大学生公寓、人才房、廉租房、农民工专项房等统称为公屋。针对公屋租用的不同人群，设计不同的建筑形式和租金，统筹发展，提高使用效率。如针对低收入家庭可以设计家庭式的套间，以低于成本价格的租金出租；针对大学生可以设计单身公寓，以毕业后的年限和工资标准设计租金；针对人才引进的过渡房可以设计高档公寓，其租金可以适当提高到与市场价格接近，由引进单位进行租金补贴等；针对农民工可以由企业集体承租。第七，制定经济适用房的退出、转换、上市政策，切实解决中低收入阶层多样化和变化的住房需求。如经济适用房与其他经济适用房住户互相交换的细则，当买了经济适用房的住户收入增加，希望购买商品房时，允许符合条件的经济适用房上市交易或者由政府回购的办法等。第八，改变土地拍卖制度中高价者得的拍卖模式，严格执行土地竞买保证金以不得低于底价的20%缴纳，土地出让成交签订合同后一个月内缴纳价款（成交额）50%的首付款，严防哄抬土地价格。第九，整顿房地产市场，对房地产市场的违规、投机行为等进行管理和调控。对开发商要严格执行信息披露制度，其销售房源要公开透明。对投资和投机行为的买家可以通过对第二套以上的住房加大差别化信贷、税收政策。必要时，采取一人一套房的做法，防范投机。

（六）推动创新创业，构建最活力城市

建设宜居城市，经济发展是基础，只有不断增强经济发展的活力和竞争

力，不断提高市民的生活水平，才能为建设最宜居城市奠定坚实的基础，注入最强劲的动力。另外，宜居是一个动态发展的过程，是一个不断吸引和聚集人才的过程，一个能够创新创业的城市，才是真正最宜居的城市。要推动创新创业，增强杭州经济发展的活力和竞争力。

1. 加快技术进步，推进企业自主创新，建设创新型城市

相对于深圳“四个90%”（90%的研发在企业，90%的研发人员在企业，90%的研发经费在企业，90%的专利在企业），杭州企业设研发机构的比例还不高，企业研发经费投入不足，企业创新主体作用发挥不够。要进一步完善政策，推进企业自主创新，大力扶持企业研发新产品，促进出口产品结构优化，引导企业创立自主出口品牌，提高企业国际竞争力。要加强企业与科研院所之间的联系，推动产、学、研一体化，为科研成果转化为生产力搭建平台。在进一步深化与中国科学院的合作关系，建议开展与中国工程院的合作，签署合作协议，开展“中国工程院院士杭州行”活动，由中国工程院院士对杭州大项目进行研究、与中国工程院举办“中国工程院管理论坛”、争取中国工程院学术会议在杭州召开等。要利用浙江省成为国家技术创新示范省的机遇，争取杭州成为国家和浙江省的技术创新示范城市，努力提高企业技术创新主体地位，建立产学研合作体制机制，完善技术创新公共服务体系建设，推动杭州技术创新的发展。

2. 大力推进产业结构调整，建立以高新技术产业和现代服务业为中心的现代产业体系

利用浙江省成为全国转变发展方式试点省的机遇，加快产业结构调整，促进发展方式转变。一是推进制造业的高端化。要发挥城市比较优势，调整产业结构，积极发展高新技术产业，增强杭州经济发展的后劲。二是要积极发展现代服务业，推高服务业的比重和层次。要把发展现代服务业与宜居，与提高城乡居民的消费率结合起来，大力满足居民的消费需求，培育新的消费领域。进一步拓展数字电视的功能，降低费用，充分发挥数字电视在培育城乡居民文化体育消费、网络购物方面的作用。要大力破解影响服务业发展的体制制约，加强对服务业的监管，规范服务业的行为，提高服务质量。大力发展文化创意产业，发展生产性服务业，推进服务业高端化。三是推进生态保护的高端化，严格控制高污染、高能耗的行业发展，发展循环经济。

加快科技进步，加强自主创新，通过节能降耗，提高资金和物质要素的产出效率。

3. 改善资本投资环境，拓宽资本的投资渠道和融资渠道，提高资本的使用效率和资产质量

进一步开放民间投资的准入领域，开放投资市场。鼓励支持民间投资进入国家法律法规没有明确禁止的产业和领域，制定鼓励民间投资产业指导目录，明确民间资本进入垄断行业、公用事业、基础设施、社会事业、金融服务等领域的具体范围和准入标准。进一步拓宽民间投资的融资渠道，创新投资方式，扩大直接投资，加强金融支持，健全担保体系。坚持“政府引导、市场运作”机制，积极创造条件，推进BT、BOT、TOT等新型投融资模式，积极发展创业投资引导基金、产业投资引导基金等股权式投资基金，鼓励发展股权投资管理公司，鼓励民营企业向内部职工和社会定向募集股份，大力支持自主创新企业和其他成长型企业在创业版上市，直接从资本市场融资。引导企业利用企业债、公司债、中期票据等债券融资工具，拓宽直接融资渠道。大力发展中小型金融机构，扩大村镇银行和小额贷款公司的数量和规模。完善在担保联盟，为民间投资提供信用担保。

4. 推动体制机制改革，增强经济发展的活力

体制改革仍然是经济发展的动力。中央设立国家综合配套改革试验区，目的在于通过部分地区先行先试，进一步完善社会主义市场经济体制，为全国改革发挥试点带动作用。目前，国务院已经批准上海浦东新区、天津滨海新区、深圳、武汉、长株潭、重庆等七个国家级综合改革实验区。浙江省也在积极推进综合配套改革试点。杭州市作为浙江省综合配套改革验点城市，要认真学习国家综合改革试点城市的改革经验，明确综合配套改革的思路，确立改革的重点和方向，采取创新举措，力争在重点领域和关键环节方面的改革取得突破，比如推进决策、执行、监督职能分离和制约，推进公民参与，推进公共服务市场化改革等。要通过改革，形成体制新优势。

（七）推进城市国际化，构建最开放城市

宜居城市是适宜人居住的城市，由于人类社会具有时代性，所以宜居城市也具有鲜明的时代特征。全球化是当代宜居城市建设的重要特征之一，并

且随着历史的不断发展，这种特征还会不断发展。通过国际比较，可以发现很多问题，这些问题不仅体现在宜居方面，而且与整个对外开放、提升国际竞争力、进入国际社会都大有关系。要瞄准全球宜居城市，解决杭州宜居建设方面存在的问题，提高杭州城市国际化水平。

1. 推进国际化经济交流

一要扩大经济交流国际化，构建国际化的现代产业体系。努力打造总部经济，科学招商，提高对外贸易水平，并实施走出去战略。要抓住新一轮国际产业调整和转移机遇加快自身工业经济、服务经济和文创经济的升级，形成能够与国际相接轨的现代产业体系。二要科学招商，着力吸引世界500强企业和国内外大公司大集团，发展总部经济。三要提高自身对外贸易能力，引导鼓励企业实施出口多元化战略，加大扶持企业研发新产品，促进出口产品结构优化，引导企业创立自主出口品牌，引导企业强化全球经营理念，利用全球资源参与全球竞争。四要推进旅游国际化，利用杭州优越的旅游资源条件，实现旅游目的地功能国际化。五要实施金融国际化战略，推动银行上市、融资、跨区域发展，开展境外国际业务，培育金融龙头企业，积极探索金融产品创新，形成体系完善、功能完备的金融服务体系，提升金融服务质量水平。六要实施会展业国际化。发挥西湖国际博览会和世界休闲博览会的品牌优势和平台优势，推出系列重大文体活动和文化会展打造国际品牌。

2. 扩大文化教育交流

一要打造生活品质国际体验区，适应中外高层人士文化交流、研讨与对话，使之成为东西方交流的集聚地、积极引进海内外高层次优秀人才和国际化人才。二要推进教育国际化。如在高等教育领域，扩展合作办学科研范围，学分互认等手段，在提高教学科研水平的同时建设国际化大学，开展教师间的交流与学术活动。三要举办国际论坛。借鉴“博鳌论坛”和大连“夏季达沃斯”论坛经验，举办永久的高端国际论坛交流，吸引国际政要、著名学者和企业家聚焦杭州，集中研讨国际发展等系列主题，以此开阔杭州的国际视野，提升杭州国际影响力。国际化城市不仅包括国际化的城市功能设施，也包括国际化的文化与管理，要提高杭州文化和管理上的国际化水平。

3. 提高城市设施功能水平

杭州国际化程度不高与硬件设施国际化标准不足有关。北京外资企业

CEO之所以对杭州城市人居环境认同度不高，杭州缺乏适合外国人居住和工作硬件设施是一个原因。因此，首先要加强相关基础设施建设，要在硬件上提高杭州国际化交流的承接能力。要加快便捷高效的城市交通体系建设、提供适合国际商务旅游、大型会议活动的设施条件；要打造适合外国公司入住的高端楼宇和商务区；建设有国际化生活配套设施居住区，建设国际学校；完善国际信用卡POS机刷卡网点布放和外币兑换服务体系；增设公共服务双语标志和外语服务项目。上海是国际化大都市，是杭州全球化的重要节点，杭州要以上海的“同城化”为目标，实现与国际的无缝衔接，加快与上海同城化步伐。加强与国际友城以及国际主流媒体的交流合作，全面展现杭州宜居之城风采。要充分利用世博会、休博会等更多平台宣传推介杭州，吸引境外、国外家庭来杭州休闲、居住、创业。把城市国际化战略与杭州的传统结合起来，在发展和满足市民休闲需要的基础上，打造具有世界水平、民族特色的休闲之都。

（八）提高应急能力，构建最安全城市

宜居城市的前提是安全，只有一个具有安全感的城市，才能使人愿意长期居住。现代化的城市中，各方面飞速发展的同时，也隐藏着各种不安全的因素。从大大小小的食品事故、卫生事故、交通事故、建设事故，以及其他防不胜防的天灾人祸等，不管是生活上的不安全还是生产上的不安全，无不危害到人身安全。尽量防止不安全事件的发生，并在发生之后有完善的应对措施，是现代宜居城市必须具备的能力。杭州市落选全国文明城市，原因之一是没有做好相应的事故防范工作。要加强基础建设和安全建设，以构建最安全的杭州。

1. 加强基础建设安全

城市的基础设施建设是为城市生产和居民生活提供公共服务的工程设施，包括能源供应、供水排水、交通运输、邮电通讯、环保环卫和防卫防灾安全系统等。作为城市赖以生存发展的一般条件，加强其安全性是最基本的要求。加强基础建设安全，制定相应的规范条例，通过相关单位切实把好安全关，责任到人，防止豆腐渣工程等的出现。并建立健全相应的监督机制和奖励惩罚机制，以维护安全。在项目开工之前需要反复论证后再实施，需要加强程序上的管理，避免为了抢进度而造成不必要的损失。

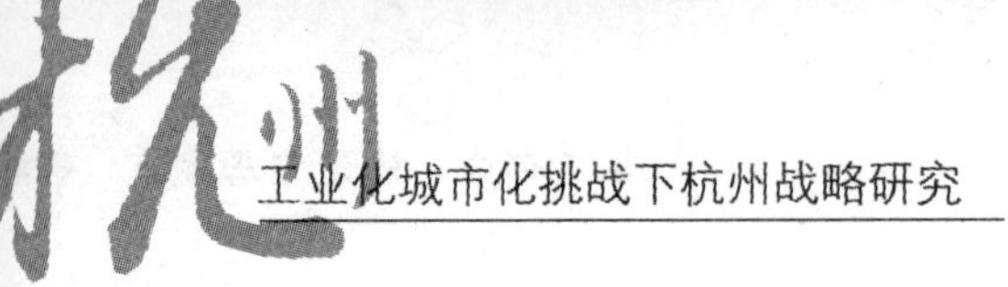

2. 加强和完善针对突发性公共事件应急管理机制建设

虽然杭州在应急管理机制建设方面做得相当不错，但是还可以继续改进。主要可以整合有关应急机构及其职能，建立应急指挥系统，作为城市最高层次的领导指挥机构。整合和集成治安、消防、交管、急救等专业应急指挥系统，以及气象台、火车站、机场、码头甚至医院等单位的应急救助资源。在日常工作中，接处警中心负责集中接警，监督处警。重特大突发事件发生时启动应急救援指挥中心，主要领导在该中心现场统一指挥众多部门、单位协同作战，保障城市应急机制快速反应，协调运转。

3. 重视信息化建设中的网络和信息安全

采用技术手段、日常管理和健全技术、安全体制的紧密结合，构建信息与网络安全保障体系，打击网上有害信息传播，查处网络安全事故，确保网络和信息安全。

4. 加强教育，提高预防突发事件的能力

要通过宣传教育培训和必要的奖励惩罚机制使得居民和企业树立安全和责任意识，提高预防突发事件的能力。可以在学校、企业、公共场所和社区等不同场所针对不同人群采用网络、手机、电视、广播、报纸和宣传画等不同的传媒方式进行教育宣传等，在各类培训中增加安全和突发事件的预防知识等内容，使对突发事件的认知成为一项基本技能。并配合一定的惩罚机制，加大破坏安全所带来的成本，减少不安全行为。

5. 严密防范和依法打击各种违法犯罪活动

杭州的社会治安一直比较好，但现在有恶化趋势这要引起我们的高度关注，加大防控和打击力度。要构建覆盖街面、社区、单位和公共场所的社会治安防控体系。推广流动人口公寓化管理、集中居住管理和自治管理。

（九）彰显发展个性，构建最特色城市

宜居城市应该是有特色、有个性的城市，鉴于目前城市发展中“千城一面”的现状，杭州在城市发展中要特别注意保持自己城市的特色。

1. 关注城市建筑特色

建筑是城市的界面，而一个城市是由若干建筑来构成的，本身建筑的作用不仅仅是提供一个使用空间，而且是城市整体特色的一部分。建筑特色

需要结合保护和建设来进行。一要保护杭州的历史建筑。除投入一定的资金进行维护和修缮外，还要使周边的环境建设与历史建筑相互融为一体。二要建设杭州特色建筑体系。在建筑、社区和道路设计与建设上体现杭州特有的江南历史文化气息，使得周边的街道、小巷、社区和商业建筑等与西湖、西溪等浑然一体，具有鲜明的杭州特色。三要注意建筑的品位。杭州要打造与世界名城相媲美的生活品质之城，城市的建筑要与这座城市相匹配。杭州的城市建筑要精心设计，特别是在市中心、西湖周边地区的建筑要有品质的要求，要打造建筑的经典之作。四要把握杭州城市禀赋，在城市建设中，做足水的文章。五要坚持“一主三副六组团六条生态带”的城市格局，防止“十大新城”建设导致城市“摊大饼”。

2. 形成城市生活特色

休闲作为杭州最鲜明的城市性格，已经成为杭州发展的核心主题之一。休闲不仅应该，而且可以构建杭州最宜居城市的品牌。只有当大部分人都学会休闲的时候，城市的文化休闲环境才会因此更具有人性化和个性化，城市的宜居性和魅力才会更加浓郁。作为历史文化名城和风景旅游城市，杭州秀美的风光、悠长的历史、浓重的文化气息和由于其特有的历史人文地理形成的休闲生活方式，是区别于其他宜居城市的特色，需要进一步传承和发扬。一要建设若干个休闲次中心，把核心休闲区与次中心休闲区结合起来。杭州的休闲区是以西湖为中心的，各种休闲活动基本上都是以西湖为轴心展开。近年来虽然有些休闲活动有向周边扩展的动向，但无论是西溪还是钱江新城，都没有形成能够与西湖相呼应的次中心。这种格局说明杭州休闲产业的发展还有相当大的发展空间。在杭州形成若干个能够与核心休闲区相呼应的次中心区，需要根据近年来杭州新建社区的发展情况，在方便群众日常购物、生活的同时，分别在城西、城北、城东和滨江区建设一个相对集中，能够成为休闲次中心的商业服务中心，形成核心休闲区与次中心休闲区结合的格局。二要发展休闲产业，合理引导市民的休闲需求。创造宜居生活，需要高水平、高质量地建设一批休闲设施，使休闲能够有良好的物质基础。与此同时，休闲不仅是物质的享受，更重要的是文化的发展。要把休闲与市民的文化发展、文化消费结合起来，努力发展积极、健康、新颖的文化消费。鼓励市民的个性化生活，给予他们娱乐、放松场所的同时，更需要给予平等、自由和自我价值的实现。三要大力扩展休闲空间。杭州今后的建设，在城市规划、工程设计时都要把休闲需要作为重要内容加以考虑。城乡社区、大型建筑、工厂生产等只要不涉及保密，原则上都要设计供参观的通道，便于游人参观，有的可纳入企业经营，以增加企业收入。

3. 发扬城市文化特色

宜居城市没有固定的模式，杭州要有自己的气韵风度和个性特点。杭州拥有丰厚的历史文化积淀，从新石器时代的良渚文化，到春秋末期的吴越文化、秦汉后的六朝文化、唐及五代吴越国文化、宋元明清文化，直到新中国成立后的文化艺术，历数千年而传承不衰，留下了丰富的文化艺术遗产。从造像艺术到绘画艺术、刻书艺术，从宋元南戏到明清的传奇剧、清末的地方戏和滑稽戏，无论是戏曲、绘画、小说、诗歌，还是工艺美术、古籍出版，无不突现出可与西湖山水相媲美的意蕴，洋溢着江南水乡的秀美。悠久的文化历史大大促进了杭州的艺术繁荣，并酝酿了新时期城市文化的底蕴，使杭州文化在中国历史文化长河中占有重要的一席之地。同时，杭州又是一座具有鲜明的地域特色的城市，形成了很多独特的传统和文化，如龙井茶、丝绸伞等，集中了杭州的符号，体现了杭州的精神，成为杭州有别于其他城市的重要元素。杭州建设宜居城市，要挖掘城市的文化特色，做“精”做“深”文化品牌，使杭州文化特色更浓、影响更大，使杭州这座城市更具魅力和吸引力。

（黎青平、秦均平、余龙进、王繁、曹力铁、王涤、项洁雯、陈波）

【附一】

改善大气环境质量，建设宜居城市

近年来随着杭州市社会经济的快速发展，城市大气污染问题日益突出。一方面，以工业企业排放为首的传统大气污染源没有得到根本有效治理；另一方面，我市机动车保有量以每年20%的速度递增，由机动车尾气排放造成的空气污染逐渐成为城区空气的主要污染源，给城市的大气环境保护带来了新的问题和压力。而且，由大气污染引发的呼吸道疾病和心脑血管等疾病的发病率逐年上升，已经成为危害杭州城市居民健康的主要原因之一。为了居民能够经常看到蓝天并且呼吸到洁净的空气，建设高品质宜居城市，杭州必须加快大气污染防治的步伐。

一、杭州市大气环境质量概况

2009年，杭州市区环境空气质量优良天数已达327天，占总天数的89.6%，比2008年上升7.1个百分点，达到自2001年开展空气质量日报以来的历史最高水平。二氧化硫、二氧化氮、可吸入颗粒物（PM10）等指标年均浓度呈逐年下降趋势，其中二氧化硫年均浓度从2008年的0.052mg/m^3下降到2009年的0.04mg/m^3，下降了23.1%；二氧化氮年均浓度从2008年的0.053mg/m^3下降到2009年的0.052mg/m^3，下降2%，两项指标均已稳定达到《环境空气质量标准》规定的二级标准。PM10浓度从2008年的0.110 mg/m^3下降到2009年度的0.095 mg/m^3，下降13.6%，历年来首次达到《环境空气质量标准》规定的二级标准。

但是，杭州市区整个大气环境质量仍不尽如人意，主城区灰霾问题仍然十分突出，2008年的灰霾天数为158天，2009年的灰霾天数为160天。颗粒物仍然是杭州市区大气环境中的首要污染物，尤其是颗粒物中的细粒子污染严重，2006年市区可入肺颗粒物（PM2.5）年均值为77.46ug/m^3，超过美国环境保护署（EPA）规定的年平均标准（15 ug/m^3）的4.2倍。

据分析，杭州市大气环境污染物中，来自燃料燃烧（含天然气、重油、煤炭燃烧）、机动车尾气排放的一次污染物（二氧化硫、氮氧化物、颗粒物、有机物等），以及汽油储、运、销过程中挥发的、化工及用漆行业逸散的挥发性有机物，在大气中经过光化学反应，转化成二次污染物（臭氧、硫酸盐、硝酸盐、二次有机气溶胶等），造成细粒子污染加重，引发大气能见度降低，是产生灰霾天气的主要成因之一，最终呈现为诸多污染物并存的复合型污染。

二、大气污染防治工作取得的积极进展

过去一年，杭州市政府各相关部门统一认识、狠抓落实，在大气污染防治工作上取得了积极进展。

第一，城市大气环境综合整治不断加强。产业结构调整力度进一步加大，限制高排放、高耗能行业盲目扩张；鼓励利用清洁能源，深入开展企业清洁生产审核，各地区积极推动燃煤锅炉清洁能源改造，鼓励发展热电联产、集中供热，努力控制面源污染问题。与2008年相比，2009年杭州城市空气中二氧化硫、可吸入颗粒物和二氧化氮年均浓度分别下降23.1%、13.6%和2%。

第二，主要大气污染物排放总量得到有效控制。2009年杭州对全市热电及4吨/时以上非热电燃煤锅炉进行深度脱硫改造，并提出了比国家排放标准更严格的大气污染物排放浓度。到2009年年底，已完成改造143台，125台10吨/时以上非热电企业锅炉已完成改造110台，剩余未完成的也基本是等待拆迁。这一举措，全年将预计可减少二氧化硫年排放量3万吨。

第三，重点区域大气污染治理取得明显进展。半山的整治对于改善整个杭州空气质量的作用不小。三年来，半山地区的杭州蓝孔雀化纤（集团）股份有限公司、杭州协联热电有限公司和杭州中药饮片厂等3家市属企业都实现了停产。这三家污染大户的关停，可以年削减废气排放量150亿万标立方米，二氧化硫排放量2500吨，烟尘排放量1500吨。据监测，2009年半山地区空气质量优良天数达到301天，优良率达83.84%，分别比上年提高37天和11个百分点。

第四，深入开展燃煤锅炉脱硫设施改造。根据我市热电锅炉脱硫改造的实际情况，制定了《杭州市加快燃煤锅炉脱硫工作实施方案》，与各县（市）、区签订热电企业脱硫改造目标责任书，进一步明确整治任务。为推

进改造进度、解决企业筹资困难又不能独立承担的现状，由市政府转发《杭州市燃煤热电企业锅炉脱硫改造专项补助资金管理办法》，对我市热电锅炉专项补助设定了补助比例和补助限额。

第五，继续推进禁燃区工作。根据主要污染物减排和生态建设与环境保护目标责任书及杭州市划定禁止销售使用高污染燃料区域的实施意见的要求，组织实施了2009年“禁燃区”计划。在绕城公路以内，富阳市、临安市、建德市、桐庐县和淳安县建成区内，全面禁止使用高污染燃料等措施。控制和削减大气污染物排放总量，已完成131家159台（座）锅炉（炉窑）改造，拆除或停用14家24台（座）锅炉（炉窑），搬迁9家23台（座）锅炉（炉窑）。

第六，大力推进机动车尾气污染防治工作。2008年公交集团投入资金8.67亿元，新增更新车辆1563辆，公交车辆尾气排放达标率稳定控制在98.12%。目前，市公交集团所有营运车辆排放标准均达到国Ⅱ及以上排放标准，国Ⅲ及以上排放标准运营车辆比例已达50%。在全市范围内对新上牌车辆全面执行国Ⅲ排放标准；严格政府采购车辆和公交车管理，2010年开始提前执行国Ⅳ排放标准；提高燃油标准，2010年主城区公交车统一使用国Ⅳ标准车用柴油。

为鼓励高污染车辆提前淘汰，杭州市出台了“高污染机动车辆提前淘汰补助实施办法”，对提前淘汰车辆享受政府补助情况做出规定。政府拿出1亿多元对提前1年以上淘汰的高污染机动车车主进行补助。2009年年底，市区42246辆高污染车已淘汰21747辆，淘汰率达51.5%，其中6324辆高污染车领取补助资金1395.7万元。

对全市和外地在杭州长期使用的机动车辆实行了环保标志分类管理，重点加强超标车辆的治理。对外地转入车辆也要求达到国Ⅲ排放标准，对外埠进杭车辆发放临时环保标志1482.39万枚。

积极推进新车实行国Ⅲ标准。2008年7月1日起，杭州市和上海、南京、深圳四城市新车登记上牌全面执行国Ⅲ排放标准，对达不到国Ⅲ排放标准的新车环保部门不予检测，公安车辆管理部门不予登记上牌。推进简易工况法检测工作并加强对机动车的日常管理。

第七，积极探索大气污染区域联防新机制。杭州的大气环境质量与周边城市息息相关，为确保杭州大气环境得到根本扭转，在练好内功的基础上，环保部门正在积极探索在长三角建立大气污染区域联防联控机制。

第八，大气污染防治法制建设和执法工作不断深入。开展了整治违法排污企业保障群众健康环保专项行动，严格查处环境违法企业并坚决取缔关闭违法排污企业，集中解决了一批突出的环境问题。

第九，污染防治基础能力建设力度不断加大。强化环保能力建设投入，已经建成空气质量自动监测系统。制定杭州市灰霾天气专项整治实施方案。

第十，大气环境信访显著减少。2008年北大桥及亲亲家园周边区域，记录在案的废气投诉每月有40余件，随着空气环境质量的逐年改善，截至2009年年底，每月废气投诉平均在6件左右，信访量大幅度减少。

三、目前存在的主要问题

随着杭州市国民经济的持续快速发展，能源消费的不断攀升，产生大量新增污染物排放。据2009年调查，工业废气、机动车尾气和施工扬尘成为杭州大气污染的三个重要来源，大气环境形势十分严峻。当前大气污染防治工作仍然存在一些问题。

第一，重点区域产业结构调整进展缓慢。进一步加大了杭州大气主要污染物削减难度，致使二氧化硫、氮氧化物、烟尘和粉尘等煤烟型污染物排放量居高不下，成为杭州大气污染问题难以有效改善的主要原因。以煤为主的能源结构对大气环境质量改善造成巨大压力，城市空气中的可吸入颗粒物、二氧化硫、氮氧化物浓度依然维持在较高水平。

第二，区域性大气污染问题日趋明显。城市能源大量消费造成多种污染物高强度集中排放，城市集群现象加剧了污染物在不同城市间扩散，导致污染区域逐步扩大。据气象观测显示，近年来我国长三角、珠三角和京津冀地区的区域性光化学污染和灰霾天气日趋严重。在这种情况下，仅从行政区划的角度考虑单个城市大气污染的防控措施，不仅治理成本高，而且难以有效地降低污染程度，区域联防联控的管理机制亟待建立。然而目前这些区域的城市大气污染治理“各自为战”，尚未建立有效的区域空气联防联控机制，难以从根本上解决区域和城市的大气环境问题。

第三，机动车污染对城市大气环境质量影响日益突出。机动车尾气排放量增长迅速。据统计，2008年机动车尾气排放成为大城市空气污染的重要来源，氮氧化物排放量占总量的50%，一氧化碳占85%。机动车尾气排放的氮氧化物和挥发性有机气体形成的光化学烟雾日益严重。2009年，杭州市汽车保有量已经超过55万辆，汽车尾气排放成为城区空气污染的重要来源，不控制的情况下，机动车污染对城市大气环境的影响将更加突出。机动车尾气污染防治缺乏统筹协调。机动车污染防治包括用车检测、车用燃油及添加剂管理、车辆报废与回收等多个环节。由于缺乏有效地协调机制，管理部门间职责交叉、权责脱节，尚未形成综合管理的合力，影响了机动车污染控制的效果。由于检测技术落后、成本高等原因，法律关于环保部门对在机动车停放地进行环保检查的规定、超标车辆不得上路行驶的制度、年检制度等在实施中未能达到预期效果。

第四，空气质量评价体系已不适应发展需要。我国采用空气污染指数表征城市空气污染程度和空气质量状况，现行城市空气质量评价仅用二氧化硫、二氧化氮和可吸入颗粒物三项作为指标。在《环境空气质量标准》确定的衡量空气质量标准的9种污染物中，只有少数城市开展了一氧化碳、臭氧等污染物监测，其他污染物仅进行选择性监测。目前，我国大气污染已经从煤烟型污染演变为煤烟型和氧化型复合污染。PM2.5、臭氧、挥发性有机物等污染物相互耦合，经过二次反应后形成高浓度细粒子污染，造成空气能见度降低、地面臭氧浓度升高、大气氧化性增强，已经成为产生灰霾、光化学烟雾的主要原因。由于对大气环境质量影响较大的PM2.5等部分污染物未纳入评价体系，造成环境部门公布的空气质量数据不能客观反映大气环境质量状况，所公布的空气质量等级往往又与公众的感受有较大差距。

第五，环境法规和保障体系有待进一步加强。现行的大气污染防治法规在排污许可证、机动车污染防治、区域性大气污染防治等方面尚不能满足工作需要；缺乏符合杭州实际并高于国家标准的地方标准；环境违法成本低、守法成本高的问题仍然存在；相关防治工作的经济激励政策体系不完善。

四、加强大气污染防治工作的建议

解决杭州城市大气污染问题，必须坚持以科学发展观为指导，以节能减排为中心，加大污染防治力度，开展灰霾天气综合治理；应该坚持政府负责、政策引导，突出重点、防治并重，依法推动大气环境质量全面改善，努力建设国际宜居城市，推动杭州经济社会又好又快发展。

第一，制定大气污染治理的地方性法规。现有的大气环境质量评价体系是1982年针对煤烟型污染建立的，已不适应当前的发展阶段，不能客观反映污染特征与群众感受。杭州优良天气数在增加，但灰霾天气数也在增加，杭州要制定符合实际的地方性标准和法规，以灰霾天气治理为重点，推动大气治理。要建立适应区域污染特征的区域大气环境质量评价体系，增加臭氧、一氧化碳、PM2.5 能见度等监测指标。要制定严于国家标准的地方标准，向广东学习，提前执行下一步国家机动车排放标准，提前执行国家下一步防治汽车尾气油品质标准。要完善大气污染物排放标准，并随着污染治理技术进步提高排放标准。健全有毒有害污染物的排放标准体系，有效控制有毒有害污染物排放。氮氧化物污染是灰霾天气的重要因素，应尽快启动氮氧化物污染防治工作，严格氮氧化物控制要求，建立符合杭州实际的大气监控体系。

第二，加强机动车尾气治理。针对私家车增多的趋势，政府出台政策对购买或使用私家车进行限制，同时，要在政策上鼓励购买低排放量汽车。要加大机动车尾气整治力度，尽快使用简易工况法检测尾气，加强对二手车及行程高里数车的尾气检测，这两类车必须进入环保局的检测中心进行免费检测。实行机动车环保黄绿标识，加快黄标车的淘汰速度；加快LNG汽车的使用，所有拍卖的加油站必须建设LNG供气装置，同时率先建设公交车的LNG供气点；加快机动车排气污染监督管理数据中心建设，实现检测数据共享，提高行政监督管理效率。建立机动车排气污染监督管理数据库和数据传输网络，对检测数据等信息进行统一管理，并定期向社会公布本行政区内机动车排气污染监测情况。制定杭州市机动车尾气污染治理的地方性政策法规，设定机动车尾气污染治理阶段性目标和措施，以环保、交警等职能部门为主设立相应的管理机构，并明确其应承担的职责，建立和完善机动车排气污染监督管理的组织体系，从源头管理、车辆检测、现有车辆污染程度控制、奖净罚污等方面入手改变杭州市在该项工作中的滞后局面。

第三，加强工业企业污染整治。鼓励企业加快脱硫改造，对保质完成脱硫改造的热电企业，重新核定排污收费额度，使企业在治理污染中获得实惠；调整能源结构，关停杭州协联热电公司等企业，积极争取天然气等清洁能源供应，减少二氧化硫等的排放量；严格市场准入，加快淘汰小水泥、小化工、小冶炼等落后产能，推进技术改造，提高能源利用效率。实施清洁生产重点工艺技术示范工程，对重点行业和企业推行强制性清洁生产审核；强化工业废气监管，建议环保部门增加飞行监测频次，扩大检查范围，对脱硫工程建设进度采取月报及通报制度，督促治理单位加快速度确保质量。抓好重点排污企业的治理进程，推行集中供热模式，推广使用水煤浆，开展清洁生产。推进产业结构调整，规划产业布局，引进科技含量高、规模较大、对环境影响小的项目；加强工业集中区的建设，严格环评工作标准和程序；推进市区工业企业搬迁。半山地区几个国有大企业对杭州大气污染大，希望通过努力，在更高层面上达成一致，推动企业搬迁，可以采取赎买政策，一次性代价高一些也值得。

第四，解决施工扬尘污染餐饮业油烟等问题。严格施工工地管理，做到文明施工、运输密闭、物料覆盖、进出清洁等要求；推行工地在线检测，开展工地扬尘、噪声、工程运输车整治，将超载工程车列入“黑名单”，禁止屡次违法超载车辆上路；强化施工现场管理，实行围挡作业、硬化道路，不准车辆带泥出门、不准运渣土车辆冒顶装载；提高主城区路面机扫率，减少清扫扬尘；规范渣土运输，坚决制止运输中的“抛、洒、滴、漏”现象。要加强拆房工地以及拆完以后工地的管理。凡是被拆一段时间不能开工建设的工地要求进行绿化或覆盖，减少扬尘。加强餐饮业油烟治理。严格准入门槛，对没有取得产权证和改变使用功能的房屋，有关部门一律不能审批开办餐饮业。餐饮业油烟排放不超过国家标准，要进入管道排放，燃料必须符合国家标准。相关部门要加强餐饮行业油烟排放的监督与检查，尤其是流动摊贩的管理。重视室内空气污染，严格执行控烟条例，规范装修建材市场。

第五，加强城市绿化工作，提高空气自我净化的能力。合理规划城市建筑布局，研究城市热岛效应；新建小区及开发区要保证绿地等公共设施的建设；老城区要加强道路与河道两侧的绿化工作，鼓励居民区开展垂直绿化和阳台绿化。要优化绿化树种，注意绿化品种选择与合理配置，注重植物的色相和季相变化，营造色叶植物、芳菲植物、常绿植物和竹林混交的复层结构。要以公路为主线，国道、省道、县道、乡道统一规划，实施山、水、田、林、路、村综合绿化，沿线的城镇、乡村绿化美化统一推进，努力实现通道沿线林木连线成网。要重视六条生态带建设，城市生态带只规划还不够，关键是要建设生态带，鉴于生态带被蚕食的现状，建议对六条生态带建设进行专题研究。不仅研究六条生态带的建设问题，还要研究新的生态带建设问题，比如，平海路到钱塘江生态带建设。六个组团之间也要建生态带，要保留组团之间的田园风光。

第六，积极开展清洁能源推广应用工作。加快对太阳能、风能、水能、生物质能等能源的开发利用，并要与群众生产生活紧密结合。建立健全有利于循环经济发展的经济政策体系、技术创新支撑体系、循环经济评价指标体系等，推动循环经济发展。推动关键技术创新，提高能源利用效率。组织实施清洁生产重点工艺技术示范工程，对重点行业和企业推行强制性清洁生产审核。加大对污染防治技术的投入。抓好重点排污企业的治理进程，推行集中供热模式，推广使用水煤浆，开展清洁生产。鼓励科研单位研究相关排放检测技术和油气回收治理技术，积极引进符合国家检测规范的国外先进的检测设备和油气回收治理技术。要加大对大气环境的技术投入，注意大气治理的硬件建设。

第七，切实加强大气环境监测能力建设。建议进一步加大对大气环境监测技术装备的投入力度，建立污染源监督性监测运行费用保障制度。统筹城乡环境监测工作，加快基层环境监测体系建设，重视对农村环境监测能力建设。加强环境监测质量管理，确保监测数据的科学性、规范性和公信力。增加区、县大气环境质量自动监测站点数量，科学合理布局大气环境质量监测站点，确保监测数据真实、准确反映城市环境质量现状。加强对排放有毒有害气体污染源的监督性监测，完善重点污染源在线监测制度，尽快形成大气环境监测网络，确保监测数据全面反映污染排放情况和变化趋势。

第八，加强大气环境保护的宣传力度。从正面引导入手，宣传机动车排气污染防治的必要性，提高市民对减少机动车尾气排放重要性的认识；宣传节约能源、使用清洁能源的重要性，净化城市空气对于提高市民生活质量和城市环境品质的重要意义。通过社区、学校等宣传阵地，深入宣传步行、自行车等环保出行方式对大气环境的积极作用，鼓励市民选择更健康的出行方式；宣传正确的驾驶操作技能和环保意识，驾驶员培训学校将科学环保的开车方法列入驾驶培训和考试的法定内容，让初学者从一开始就养成良好的驾驶习惯，既减少汽车损耗，提高行车安全，又能对环境保护作出贡献。同时，广泛征求市民对于机动车尾气污染防治方法的建议，通过广泛宣传，引起社会热议和关注，为尾气污染治理奠定良好的舆论和民意基础。

第九，建立区域内城市大气污染联防联控机制。有效治理大气污染，建立区域联防联控的管理机制势在必行。建议借鉴广东形成珠三角城市联防体系的经验，利用长三角城市的合作机制，逐步建立长三角城市的大气污染联防联控机制。同时争取省委省政府的支持，建立浙江省城市的大气污染联防联控机制。在长三角、浙江省城市大气污染联防联控机制暂时难以建立的情况下，可先在大杭州内建立杭州城市大气污染联防联控机制。城市大气污染联防联控机制的工作职责是明确区域空气质量改善目标，协调解决区域和城市大气污染防治的重大问题，构建区域空气污染综合防治体系，预防和控制区域性大气环境污染。

第十，加强大气治理工作的领导和协调。大气治理涉及多部门，要加强工作的领导和协调。环保部门要发挥统一监管的职责，要开展联合执法、联合整治，建立联席会议制度和部门间的合作机制。环保部门与市气象局等部门合作，尽快在全市范围内构建一个大气复合污染监测网络，严密监测大气污染动态。加强执法队伍建设，要在人员编制、财力、设备等方面给予支持。目前要建立健全三支执法队伍：一是机动车尾气污染控制的执法队伍；二是扬尘污染控制的执法队伍；三是环保监察大队。要发动社会力量，建立公众举报制度，如在杭州市环保局开设一个举报网站，对有污染行为的企业和个人，发动市民举报。同时，可以组建志愿者队伍，建立激励机制。加强气象部门与环保部门监测网络的数据共享和会商。进一步细化对重大环境污染事故刑事犯罪构成特征和认定的方式方法。增强处罚力度，提高处罚额度，对造成严重污染的直接责任人追究法律责任，增强法律威慑力。要建立市一级的大气污染防治专家咨询委员会，作为政府大气治理的智囊团，政府涉及大气环境的重大决策出台前，要广泛听取专家意见。

（王繁）

【附二】

多措并举，缓解交通“两难”问题

城市生活是一个有机的整体，交通是赋予这一整体活力的血脉，城市交通便捷就意味着生活的便捷。近年来，随着经济发展、人口增长、私家车的迅速增加、物资交流的日益频繁，杭州城市交通面临着前所未有的压力和考验。“行路难”、“停车难”成为老百姓最关注的问题之一。有效地缓解“行路难”、“停车难”的矛盾，实现交通畅通，是杭州建设宜居城市必须破解的难题。

解决杭州交通拥堵问题，一要坚持长远规划目标同近期调整的有机结合原则。重视长期规划的目标和近期调整重点及二者之间的联系，重视城市发展规划中各类规划之间的联系，重视综合规划与专项规划相联系。二要坚持系统和局部协调共生原则。做到局部交通和城市系统交通之间协调、有序的动态平衡。三要坚持趋势开拓与功能高效原则。在现有城市道路和公交线路的基础上，既要拓展空间利用条件，又要充分挖掘现状交通功能潜力，科学合理地定位道路系统和公交线路的功能，建设一个功能高效的城市交通网络。四要坚持动态与静态相结合原则。不仅要考虑动态交通，也要注意静态交通及其对动态交通的影响。五要坚持公交受众群有所区别原则，即要充分考虑不同交通时段不同人群的需要。

一、实行城市交通需求管理政策，降低机动车使用强度

私家车的迅速增加，与城市道路承载能力之间形成尖锐矛盾，导致严重的交通拥堵。杭州交通拥堵问题，单靠市政道路建设扩大交通容量来解决是不可能的，为此，要把着力点转到制定切实可行的交通政策上来。要对杭州的交通现状、近期发展目标（包括道路优化目标、道路规划建设目标和机动车容量）进行评估，结合杭州城市发展（尤其是地域面积和人口容量）开展杭州机动车预测研究（借鉴城市人口容量概念），探讨杭州机动车拥有量的发展动态，为有序、有效地引导机动车辆发展提供决策依据（包括是否适当限制小汽车数量，或借鉴上海模式——车牌限额拍卖）。鉴于小汽车进家庭

乃大势所趋，限制拥有私家车目前群众难以接受，可以采取不限制购买，但限制使用的政策，减少机动车使用频率。要研究在中心城区或者交通流量集中区域实施差别停车收费措施，采取控制中心城区停车供给，提高主城区公共停车场停车费用等措施，减少小汽车使用。在交通总量短期内难以明显下降的情况下，研究采取车辆高峰期限行措施，削减高峰时段出行量。借鉴国外通行做法，设置合理乘车道，同时规定部分特定车道禁止一人一车使用，引导车主主动合乘，减少个体出行。加强公务车的使用管理，一方面，严格控制专车配备，尽量减少公车数量；另一方面，加强对公车的管理，严禁公车私用，积极推行单位班车等集约化的上下班及公务出行方式，减少和限制公务车高峰时段出行，实行校车、通勤班车高峰期使用公交专用车道等措施。推行单位错时上下班、学校错时上下学等弹性工作学习制度，鼓励利用网络办公、电视电话会议、网上商务等现代化手段，提高办公效率，减少交通出行总量。总之，要实行城市交通需求管理，按照不同情况、采取不同方式满足城市交通需求，控制主要道路单位时间交通流量，通过经济、行政等多种手段减少小汽车在市区的无序和过度使用，努力打造私家车出行率最低的城市。

二、优化城市布局和功能，减少老城区交通流量

从城市规划入手减少出行量、缩短出行距离是解决城市交通问题的先决条件。目前杭州城市功能布局存在明显空间分离和错位，政府机关单位、大型商业服务业设施、综合性上规模的医疗设施、优质教育资源等都集聚在老城区；新建立的大学园区、工业区大量集中在城市东部边缘地区，居住区则主要分布在城市中心外围，尤其是西部区块，城市职住分离人口急剧增多，居住与就业、居住与购物、居住与就医、居住与就学、居住与游憩等城市大量的交通流相互交织重叠在一起，导致杭州城市交通诸多问题。要坚持规划先行，积极疏解城市功能，着力减少不必要的交通发生源和吸引源。第一，推进“两疏散、三集中”（疏散老城区人口和建筑；推动企业向工业园区集中，高校向高教园区集中，建设向新城集中），降低老城区的建筑密度和人口密度，达到“保老城、建新城”目标。第二，加快“三副、六组团”建设，积极培育各副城和组团的混合功能，构建多中心、网络型城市结构，打破杭州目前单中心的城市空间结构。副城、组团要加快生活配套设施建设，特别是优质教育、医

疗、商业等资源的配套，要打造不同地区的服务业集聚区，从而减少老城区交通流量在空间上的重合和时间上的集中。第三，重视引导城市用地朝通勤短程化和功能混合化方向发展，及时疏解城市功能，鼓励近业择居，尽量减少“职住分离”现象。在居住人口密集区建立较高水平的中小学和幼儿园，鼓励就近入学，减少交通流量。调整医疗等公用设施建设布局，尽可能减少交通产生源。第四，重视道路系统规划和城市功能区规划的紧密联系，避免因出现交通问题再完善交通规划的倒逼式发展模式。在城市用地规划中，要合理规划、建设各项交通设施，适当预留或预划定交通用地，纠正违反规划侵占公交基础设施及其建设用地行为。城市综合体建设，要把交通放在重要位置，居住区和业态要围绕公交枢纽布局，建设集公交、商业、居住于一体的综合体。

三、加快交通设施建设，形成合理的交通网络结构

坚持发展地铁、公共汽车、出租汽车、“水上巴士”、“免费单车”五位一体、功能互补的大公交体系。加快完善交通基础设施，形成地面地下相结合的市区交通网络结构。第一，在保证质量的前提下，加快地铁建设，同时提前实施人口密集城区地铁工程建设，并对地下地面建设尽早进行研究和规划。第二，加快以“两绕三纵五横”城市快速路网为骨架的城市道路网络体系建设，为最大限度地疏通城市交通奠定物质基础。第三，完善主城区内快速干道网，在现有的南北走向的高架快速路的基础上，加快城市的东西走向快速路建设，与绕城高速公路形成比较完整的城市快速干道网。第四，丰富主城、副城、组团间的多层次、多功能交通联系网络，同时对目前一些断头路重新开展调研和规划。第五，开拓城市道路建设思路。杭州是一座风景优美的历史名城，又在建设东方品质之城，杭州市区道路建设尽量不要采取建高架道路的办法，要借鉴国内外许多城市建设地下快速交通隧道缓解地面道路拥堵的办法，进行地下道路建设可行性的研究。第六，优化行人立体交通模式，科学合理设置人性化的立体走廊（地下走廊和空中走廊），使地下、地面和空中“各行其道”，减少地面压力。第七，在道路建设中，统筹考虑人、车、路、建筑的关系，避免机动车道挤行人道的现象。第八，在现有公共交通产品基础上，研究发展轨道公交的可行性。城市轨道交通具有运能大，节约能源、对环境的污染小，道路资源占用少，乘坐安全、舒适等特

点，符合杭州建设国际宜居城市和打造低碳城市建设的目标。

四、坚持公交优先政策，努力提高公共交通吸引力

坚持公交优先政策，大力发展公共交通为导向的交通政策，不断提高公共交通的客运分担率，使开小汽车出行方式向公交出行方式转变。第一，明确道路功能和公交线路定位。综合考虑道路和公交线路的各自功能作用及其关系，建立道路和公交互相依存、功能明确、分级明显的交通系统。强调主干线的效率，打破“路权平等”的思想，将公交不同等级路权理念引入城市交通系统中。结合道路功能，考虑不同道路管理模式和运营线路模式的差异。如艮山路以通行为主，一些路段可以封闭，延安路主要是商业功能，路口不封闭，站点设置相对要密。第二，优化调整公交线路布局。公交系统需要“经纬式”网络布局，网络内部的过分重叠会直接影响并限制公交效率。杭州目前公交线路有很大增长，但大部分公交线路迂回绕行，线路重叠情况严重，特别是很多公交线路都进市区，造成乘客的总公交出行距离过长，车上行程时间和总出行耗时增加，导致公交效率和服务水平的下降。为此，要调整公共交通的线路布局，变公交设计理念由直达性为通达性，优化中心城区道路和公交线路的功能结构，减少“线路向心性”，疏解过于集中的老城区交通。第三，建立多层次的公交线路体系。快速公交应突出其快速、通达性的特点，区域性公交在需要快的地方要规划专用线，并尽量采用直行。在此基础上，结合道路规划和城市总体规划，建立快速公交环状或网状结构；市中心繁华地段以人行和慢行交通为主，要增加公交站点密度和公交频次，保证交通顺畅便捷；在快速公交和普通公交的基础上，梳理目前杭城普通公交线路，挖掘潜力，构建介于快速和普通（慢速）之间的中等运营速度的公交线路，形成合理的公交路权等级系统（快、中、慢）。第四，优化公交站点设置。根据道路功能设置站点，快速线路实行长距离设站；市中心繁华地段，公交站点设置密度要大。要优化公交站点的线路。目前不少道路上一个站台有十几块牌子，公交车自相干扰，互相影响运营速度。站点的站牌设置应注重人性化。应将站牌设置为与道路成一定夹角，提高目前站台的可视高度。第五，拓展公交服务理念。充分考虑上班族在上下班早晚高峰中的需要，可对上班族试行“一票制”，或开通主要为上班族服务的线路，吸引上

班族回归公交。在一些主要线路上，应考虑取消早晚高峰的特殊群体免费乘车优惠政策，减少特殊群体在早晚高峰时段的不必要出行。第六，降低公交车票价格。改变公交系统的经营理念，以服务为主，降低票价，通过广告等收入（参考杭州自行车新政），政府制定补贴政策，并加大补贴力度。第七，建设方便快捷的换乘体系。通过发展“门对门”交通和“零换乘”交通服务，将工作、购物等各种活动同公共交通系统紧密连接起来，使不同交通工具的换乘距离控制在合理步行范围之内，促进不同交通方式的兼容性以及公共交通系统的一体化发展。

五、加强交通精细化管理，确保交通安全畅通

在私车增加的情况下，如何保证交通通畅是一个需要解决的重要问题。第一，推进交通智能化管理建设。制定符合宜居城市建设的智能交通标准化体系框架、道路交通信息化系列标准、交通信息平台关键技术规范，以及各专业交通部门有关的交通信息化标准。加强公交信息综合服务平台建设，健全动态交通和静态交通的诱导系统，不仅预报主要路段的流动率，也要预报核心区、重点区域停车泊位；建立公交出行实时查询系统，为合理出行提供信息，使出行者均匀分布出发时刻、选用合适的交通方式方便居民选择出行方式。第二，推行交通信号智能化控制。在有条件的街道实行“绿波带”协调控制，有条件的交叉口实行公交车信号优先的试点，在交通“潮汐”特征明显的路段设置“智能可变导向车道”，有效提升路面通行效率。根据管理需求，对相关路口路段进行精细化交通设计，通过对标志标线设计、信号设施、沿线出入口等进行规范化协调设计，提升路网的通行效率。增强智能化道路指挥控制中心的系统功能，建设集电视监视、信号控制、综合信息系统、有线和无线通讯、调度指挥等系统于一体，并辅之以智能化决策系统的交通指挥中心。第三，完善城市服务功能区的停车场所的静态交通控制，特别是要规范居于主干道路上的商业、餐饮等功能区停车场所，通过合理的停放车规划与控制来引导机动车的出行，将出入机动车影响整个道路运行效率的因素降至最低。第四，试点错时上下班、弹性工作制，以及在部分学校中小学试点错时上学和放学，以削减高峰时段交通总量。有些商场也可延长营业时间，避开下班高峰，以减轻同一时间段内的人流车流压力。第五，规范

学校接送师生的小轿车停靠。现在不少学校在放学时，因过度停靠小轿车，导致整条路都处于瘫痪状态。不能因为局部学校的利益而牺牲整个城市的公共交通秩序，建议有条件的学校开通师生接送巴士。第六，微观个体交通在局部路段的失范行为将可能对整条道路的通行能力构成严重影响。部分行人在道路上的乱穿乱行、乱摆乱卖也一直是城市交通混乱的一个重要因素。要严格执法，提高交通违法违章成本，同时，要从行人心理、严格执法、加强过街步道建设等角度探讨强化个体交通管理，找准文明执法和严格执法的平衡点。另外，参照杭城道路功能差异，开展有区别的严格执法，提升杭州的城市道路交通管理水平。

六、加强宣传教育力度，提高出行人的文明素质

宣传“道路交通设施的规划、建设、管理的目的是为人服务，而不是为车服务”的观念，提高交通参与者的现代交通意识。进行合理出行理念的教育，控制机动车不合理使用，如一般性的购物、应酬吃饭等，乘公交前行，减少私家车使用频率。大力宣传绿色出行的好处，鼓励市民采取自行车、步行等绿色交通出行方式。强化舆论引导，降低盲目购买私家车的“跟风”趋势；加强公众交通法制和交通安全普及宣传教育，强化行人的交通法规意识，促使人人文明出行。借助“文明从脚下起步”、“车让人”、“公共交通周”和“无车日”等活动载体，增强交通参与者的绿色交通意识、文明礼让意识，在全社会形成“车让人、人让车”的文明出行行为。在公交车斑马线礼让行人的基础上，进一步推行出租车斑马线礼让行人，进而发展为所有机动车斑马线礼让行人。要通过组织行为，引导政府机关、执法机关等单位和人群在解决交通拥堵问题中的表率作用。

七、采取多种措施，缓解“停车难”矛盾

目前杭州地面停车的资源已经接近枯竭，而汽车增加的势头却丝毫未减，因“停车难”引发的矛盾日益增多。建议采取多种措施寻找解决问题的出路。第一，加强停车设施建设，严格建筑物停车配建标准。老城区改造要充分考虑地下空间的利用，在保证安全的前提下，一些公共绿地、操场地下和超市等大型公共建设的顶层，可以开发成停车场，或利用有限的空间兴建立体

车库，解决停车难问题。新城建设要严格建筑物停车配建标准，建设足够的地下和地上停车空间。在地铁建设中，在地铁车站周边同时兴建一些地下或地上停车库。第二，实行中心区停车泊位总量限制，理性调整停车泊位供给，加速泊位周转，推进停车产业化。第三，充分利用现有的停车场所，已改做他用的停车场要收回用于停车。第四，通过政策引导，积极鼓励吸引民间资金的投入，发展停车产业。通过市场的力量，缓解“停车难”的矛盾。第五，转变“买了车就一定要给我解决停车问题”的观念，实行买车先有停车位政策。第六，科学合理解决停车管理问题。在老城区商业中心区域内规范停车管理，利用经济杠杆调节停车需求，以达到减少停车、缓解拥堵的目的。实行“区别收费”做法，在城区范围划定几个区间，按照交通密集度，在不同区域和不同时间段实行差额收费。同时，要加强停车规划和收费管理，做到人钱分离，杜绝乱收费、乱吞停车费、人情收费等现象的发生。

八、加强交通管理领导，完善交通管理体系

做好交通管理工作的前提是各级党委和政府的大力支持，特别是要在法规、资金、装备等方面对交通管理部门予以政策性倾斜，为交管部门创造良好的执法环境。加强交通管理的队伍建设，增加资金投入，更新执法装备，建立先进的智能交通决策指挥体系。解决交通问题是一个综合性的工作，要完善交通管理体制，如建立与建设一流宜居城市相适应的大交通管理委员会，按系统工程原理，将各分系统、各相关设施与部门有机结合为一个整体，形成科学、完善的交通管理体系。在机构调整难做到的情况下，可以采取建立领导小组的方式，协调相关职能部门工作，形成工作合力。杭州原来已经建立了解决“两难”的领导小组，办公室在交警部门。为进一步加强解决交通拥堵问题的领导，更好地协调相关部门的工作，切实有效解决交通拥堵的问题，建议解决“两难”的领导小组主任由市政府主要领导担任，分管领导担任副主任，相关部门主要领导为领导小组成员。领导小组办公室下面要有专门的团队开展解决交通问题研究，为市政府决策提供依据。鉴于解决交通拥堵难度，一些重大问题建议采取公开招标形式，借助社会力量，寻找解决办法。

（黎青平、余龙进）

【附三】

杭州高房价形成的原因及对策

“民以食为天，人以居为本”，城市的基本功能之一是提供居民居住。而宜居城市，对居住的要求则更高，不仅要住得起，还要住得好。杭州建设宜居城市，必须把解决“住房难”作为一个重要任务。

一、房价与国际宜居城市的关系以及政府的作用

在高房价的时代，要理性的看待房价和打造宜居城市的关系。住房是居住的必要条件，不能单一的以房价作为居住的标准，高房价不一定就是不好，低房价不一定就好，其评判标准应该回归到“城市居民的居住需求是否可以被满足”上。如果城市内的各个阶层的居民，包括中低收入阶层、跨地区流动人员，甚至农民工的居住需求得到满足，并且拥有良好的居住环境，达到“人人都有适当的住房”，那么高房价也是可以被接受的。而且从国内外城市来看，具有竞争力的宜居城市，其房价整体比同类非宜居城市要高，高房价一定程度上体现出一个城市对人们的吸引力程度。

当然，过高的房价，会导致价格背离住房的市场价值，其“泡沫”可能影响房地产市场的正常发展，同时过高的房价使得财富进一步向少数人集中，加大贫富差距，不仅对城市宜居性会有很大影响，而且会对社会稳定和谐发展造成极大的威胁。因此，要遏制房价过快增长。但也不能认为高房价下，老百姓就一定会流离失所，就一定不是宜居城市。这是混淆了“房价”和“居住权”两者的概念。事实上，拥有居住权可以通过租赁、购买部分产权房等实现，而不一定要通过买商品房这条途径。

打造国际宜居城市应该能满足居民的居住权，并且使得房价的发展与经济社会相协调。政府主要应该从满足居民居住权出发，发挥多种职能。

第一，从宏观调控来说，市场能否健康发展需要政府的调控和监督，政府需通过土地管理、税收、金融等多种手段对过高的房价进行调控，监督市场的规范性，维护市场的稳定持续发展，促进经济和社会和谐发展。

第二，对于不能从市场满足居住需求的人们，政府有责任通过非市场手段提供居住权。居住权是人的基本权利之一，政府有责任满足人们居住的合理需求，提供一定的住房保障。

第三，政府具有协调商品房和保障住房的关系的职责。房价虽然主要是对商品房而言，但是半保障住房、保障住房等一定程度上对房地产市场有很大的冲击力，如何协调两者的关系，是政府的重要职责。

二、杭州市房价快速上升的情况及其原因

杭州市的房地产从1996年开始发展，其房价在14年间，虽然有过间断性的暂时性回落，但是总体来说呈现出一路高涨的势头，目前已经达到了新的高点。根据杭州市信息中心房地产研究中心最新发布的1999年7月—2010年2月的杭州二手房价格指数走势图，2010年2月的房价是1999年的7.75倍左右。（具体请见图1）而从全国来看，杭州市的房价也处于比较高的位置。

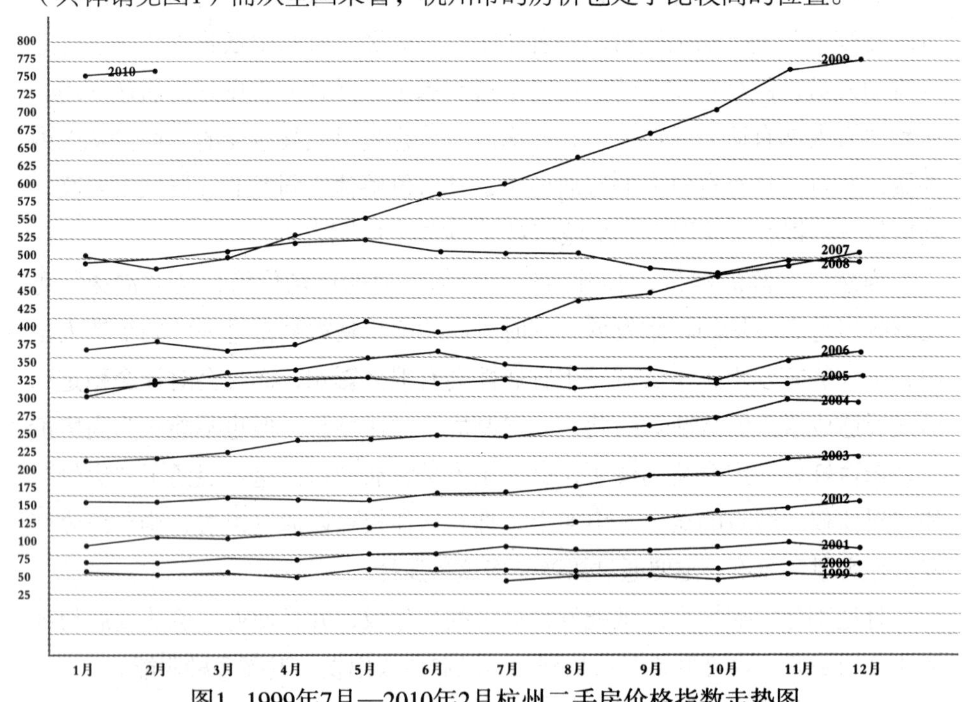

图1 1999年7月—2010年2月杭州二手房价格指数走势图

（资料来源：杭州市信息中心房地产研究中心。样本来源：中瑞置换、华邦地产、外滩房产、易居臣信、中原房产、省直房产、财富置业 、CB信义房产。）

注：本指数采集样本数据区域为杭州主城区，以1999年7月为基数。

根据《2009年7月中国城市房价排行榜》报告，杭州的新房均价为15277元，二手房均价为14375元，都高于北京的均价，位列全国第三。和2008年年底市区城镇居民人均可支配收入26864元相比较，一年的收入仅可以买1.8平方米，如果以人均30平方米计算，夫妇两个买一套60平方的房子需要16.7年。房价收入比是16.56倍，远远超过国际上通行的3~6倍。应该说，房价的涨幅已经超过了大多数老百姓的购买能力，极大地增加了居民的生活成本，成为主要的民生问题，对杭州市的宜居性产生了负面的影响。

对杭州房价快速上升和房地产业迅猛发展的原因进行剖析，主要有以下几方面的原因。

（一）政府层面

1. 从宏观政策环境分析，把房地产业确立为国民经济支柱产业的指导方针是杭州房地产迅猛发展的前提

1998年，我国政府提出将住宅建设发展成为促进国民经济新的增长点，时至今日，房地产行业已成为许多城市的主导产业之一，对经济增长、税费收入、就业、消费等各项指标的贡献越来越大。到2009年，全国房地产业开发投资额已经达到36232亿，占全国全社会固定资产投资的16.1%。而杭州市的依赖程度尤其严重，2009年全市完成房地产开发投资704.68亿元，占固定资产投资的30.75%，远远高于全国水平。同时，现阶段由于土地出让金作为地方财政的重要预算外收入，使得地方政府形成对土地财政的“依赖症”，其高依赖程度使得房价稍有下跌对财政和经济的影响就比较大。

2. 从杭州市房地产政策分析

自从取消实物分房、实行住房分配货币化政策以来，针对土地使用权和住房的转让和销售，杭州推出了一系列措施推动了房地产的发展，其运行机制一定程度上加剧了供给需求日趋紧张的矛盾。如杭州建立了土地储备中心，建立了房地产开发用地制度，并推行了“不饱和”的土地供应政策，使得本来就紧张的土地供应量显得更稀有，远远跟不上需求，土地价格逐年上升。《2009年7月中国城市房价排行榜》调研数据表明：2009年7月在中国58个主要城市中，地价房价比最高的是杭州，达到33.45%。其他北京、上海、广州、深圳四个一线城市的比重分别在29.82%、29.91%、27.03%和27.31%。而

杭州市实行的土地拍卖政策也促使“地王”频现，一定程度上推高了房价；其他的房地产政策，如允许外地人购房入户等造成需求的进一步拉升，使得房地产市场长时间处于卖方市场，房价也居高不下。

3. 从杭州市品牌效应分析

首先，杭州是全国重点风景旅游城市和历史文化名城，浙江省的省会城市，素有“天堂”之美誉，成为许多人理想的居住胜地；其次，近些年来，杭州市着力打造住在杭州的品牌，并获得了“联合国人居奖”和“国际花园城市”等称号，其优美的环境、浓厚的文化气息、良好的就业创业环境等诸多的优异条件，吸引了大量的外地人士来杭创业、买房安家；第三，城市总体吸引力的增强，使拥有雄厚民间资本的浙江人大量入驻杭州，既有度假、养老、子女上学、商务旅行等方面的考虑，又作为投资理财的途径之一。多种因素带动了大量的购房需求，推高了杭州市房价。

（二）市场层面

1. 从购房能力分析

随着杭州市经济的不断发展，城镇居民和农村居民的收入不断上升，到2009年，市区城镇居民人均可支配收入26864元，全市农村居民人均纯收入11822元，已经达到了中等发达国家水平。同时，随着独生子女开始进入到适婚年龄以来，往往集中了两代的财力甚至三代财力买房，大大增强了购房能力，为房价的上涨起到了一定的支撑作用。

2. 从消费结构分析

由于经济增长和房地产市场的发展，以及金融政策的支撑，人们的消费观念从开始的“一次性付清”到“贷款”买房进行转变，对房产的消费需求也开始从“居住型”向“享受型”转变，继首次购房之后，基于改善性需求置业的比例越来越大。

3. 从投资结构角度分析

在过去的十几年间，随着人们收入水平的上升，投资意识也逐渐增强。房地产市场以相对比较稳定的收益，再加上银行信贷的支持，成为人们投资的重要领域。同时，大量的不规范的投机性炒作行为和开发商的违规操作都促使房价节节攀升。

4. 从供需关系角度分析

2008年杭州市区城镇居民人均住房建筑面积已经达到30.85平方米。国际经验表明，在人均住房面积达到30平方米之间，住房市场会保持旺盛的住房需求。由于住房这种商品本身不是标准化的，住房因地段、环境、质量、产权等因素会有诸多差异，因此需要对房地产市场中的住宅商品和人们的住房需求细化分析。而人们的住房需求主要可以根据自身的收入水平来选择合适的住宅。如果仅仅依靠开发商为主体的房价比较高的商品房，“改善型”和“投资性”等二次以上的置业需求的总量加大，必然会造成仅仅高收入者可以买得起房，中、低收入者买不起房，差别性需求不能满足的问题，会更进一步恶化高房价带来的负面影响。

以政府为主体建设经济适用房或者廉租房，规范租赁市场，可以解决中、低收入者的住房问题，满足不同收入层次的住房需求。目前杭州市已经在大力加大符合各层次的住房供应量，如促进周边地区的商品房开发建设，实行“经济租赁房、廉租住房、经济适用房、限价商品房、危旧房改善和人才房建设”六房并举的政策，加大供应量和差别化住宅是符合发展趋势的，但是由于住宅建设的总体规划还不够科学，经济适用房和廉租房等由于选址偏远，医院和教育等配套设施跟不上，相关运行机制以及交通等还有不顺畅的方面，使用效率不高，造成中、低收入者的住房需求还不能够完全被满足。

三、应对杭州市高房价对策建议

高房价问题的解决是个非常复杂的历史性难题，需要以系统的、动态的、科学发展的眼光，从政府、市场和广大居民的互相作用综合考虑经济、人口、社会、环境的协调发展来共同解决。从控制方向看，关注房价的本质问题是保障广大公民的“居住权”，满足“住”的基本需求，而不是房价本身。由于目前中国的宏观经济对房地产有很强的依赖性，房价大幅度下跌必然对中国整体经济和地区经济有很大的负面影响，从而会造成更多的“住”的需求不能满足，甚至可能连“吃”和“穿”的需求也满足不了。因此，从大局出发，“保持房价的稳定，遏止房价的过快上涨”有利于整体的协调发展。对杭州市打造宜居城市来说，如何保障“安居”乐业、满足差别性的住房需求才是解决房价快速上涨的基本出发点。

（一）逐渐改变以房地产为重要支柱的经济发展模式，确立新城市增长模式，土地出让金专款专用，使房地产回归民生

第一，从宏观上来说，需要改变以往房地产带动经济发展的模式，改变依赖土地财政的机制，确立新城市增长模式，使房地产回归民生。德国之所以几十年来房价涨幅不大的根本原因，在于德国定位为高福利国家，把保障居民住房作为联邦政府首要的政策目标之一，与医疗、教育等一样，而不把住宅建设作为经济增长的支柱产业。而从历史教训看，无论是2008年从美国始发的国际金融海啸，还是20世纪90年代的日本经济萧条和东南亚金融危机，由于房地产泡沫的破灭，使得危机从金融系统转向实体经济，引发了巨大的经济损失。因此，杭州市政府需要改变依赖房地产的土地财政，真正地抓住这次调整产业的契机，进行产业结构转型升级，增加服务业比重，提高高科技技术水平和附加值，使经济发展模式更健康和可持续发展。

第二，具体在土地出让金的使用上，加大用于住房保障体系建设的比例到10%以上，专款专用。要求严格实行土地出让金纳入预算，收支两条线。

第三，以房地产的广义概念发展房地产业，拉动消费。房地产不仅包括房地的交换流通，兼顾房地再生产过程的投资开发、消费使用两头。可以加快房地产的装修、改造、小区的配套设施、居住服务，规范租赁市场，从加强生活的方便性和舒适性出发，拉动消费，加快经济发展速度，使房地产发展回归民生。

（二）强化政府宏观调控职能，健全以政府为主体的住房保障体系，提高使用效率和质量，充分满足中、低收入群体的住房需求

第一，政府作为住房保障体系中的主体，应当充分发挥宏观调控职能，承担起为中低收入家庭提供住房保障的责任，以管理监督者和直接参与者的双重身份干预住房市场，控制土地过量开发，遏制商品房价过快增长，通过政府的调控来弥补市场失灵，以满足低收入住房困难家庭的基本居住需求。

第二，加大土地出让金在保障住房建设上的使用比例，通过专款专用，扩大经济适用房、廉租房的开工面积和数量，保障住房保障体系的建设。

第三，加大廉租房的建设，对廉租房称呼、地段建设、准入标准和入住人群等可以适当改变，提高使用效率和范围。

廉租房的建设面积目前远远不够，需要加大建设力度。由于租房的主要群体是买不起房子的低收入群体，包括起步阶段的大学生、农民工等外来就业和创业者，以及长期工资收入不高或者丧失工作能力等的人群。总体来看，由于杭州市的户籍市民已购住房的比例比较高，所以租房的群体主要针对的是低收入户籍人口、新户籍人口和流动人口。从杭州近几年常住人口的变动情况来看，外来迁移人口在逐年上升，因此解决这些人的住房需求是重点。之前政府长期关注的是低收入户籍人口，但是对新户籍人口和流动人口关注不够。而“蚁族”群体受到关注主要是由于“住”的原因。解决方案不是促使他们买房，而是使他们能够在能力范围内租得起房，并提高他们的购房能力。而“蚁族”不是一个长期的状态，是大学生等毕业之后三到五年以内的状态，因此租住政府提供的房屋有利于培养他们的城市认同感，有利于城市的和谐发展。

可以改变“廉租房”的称呼为“公屋”。公屋的含义是政府出资兴建的公共房屋，任何符合条件的居民都可以租住，既体现出了政府的责任，保障居民“住”的权益和需求，又维护了低收入群体的尊严。

在各商品房区块、工业园区等附近安插公屋，提高建设的质量和环境，防止公屋成片，成为城市新贫民窟。使得在公屋内居住的居民和其他购买商品房的居民能享受到同样的社区环境和服务。

公屋的准入标准和入住人群可以多元化。如现在杭州市有大学生公寓、人才房、廉租房等，还有人提议针对农民工建设专项房等，实际上多种类多制度的存在会造成保障住房制度的“碎片化”，加深各群体间的隔阂和对立，不利于社会和谐发展。因此，建议可以扩展公屋的租用人群范围，设计不同的建筑形式，多元化入住人群，设计不同的租金，统筹发展，提高使用效率。如针对低收入家庭可以设计家庭式的套间，以低于成本价格的租金出租；针对大学生可以设计单身公寓，以毕业后的年限和工资标准设计租金；针对人才引进时的过渡房可以设计高档公寓，其租金可以适当提高到与市场价格接近，由引进单位进行租金补贴等；针对农民工可以由企业集体承租。

实行级差租金，保持合理的流动率。根据收入情况制订合理的租金标准，一旦收入高于标准，如果租客还希望租，即向上一个档次提高租金，直到与同等地段的市场租金相同为止。

第四，完善经济适用房建设及相关配套，提高经济适用房使用效率，加快制定经济适用房的退出、转换、上市政策，盘活经济适用房市场。

加快经济适用房地块的交通和综合性医院、教育等配套设施建设。主要可以加快发展地下交通和畅通地面交通，解决经济适用房偏远的弊端；综合性大型医院、从幼儿园到高中阶段的教育等配套需要加紧完善。

加快出台经济适用房退出、转换、上市政策，切实解决中低收入阶层多样化和变化的住房需求。如经济适用房的房源受到限制，很多居民购买之后不满意其地段等，希望与其他经济适用房住户互相交换，可以考虑出台换房细则，规定换房的次数，或者由政府进行协调等，减少空置率；当买了经济适用房的住户收入增加，希望购买商品房时，允许符合条件的经济适用房上市交易或者由政府回购，其收益进行合理分配。防止把经济适用房当作变相的福利分房，造成新的不公平。

第五，推动住房保障法的制定和推行，建立完善的住房保障法律体系，使住房保障走向法制化的轨道。统一的法律可以规范住房保障。杭州政府可以从杭州市的实际出发，切实推动住房保障法的制定和推行。

（三）提高城市规划科学性，加强组团配套设施建设，使人口发展趋势与城市建设相协调，减轻主城区的人口集聚压力

杭州市新一轮城市总体规划为“一主三副、六大组团”的开放式空间结构模式。为了防止摊大饼，需要提高城市规划科学性，突破只重空间形态、功能不足的局面，加快综合型高水平的医院和教育建设，提高交通的运行速度，拓展新商业圈，与产业发展互相协调，切实使人口布局与城市建设相协调，逐步向城市外围地区疏散，减轻主城区的人口集聚压力。

（四）加强对土地市场和房地产市场的调控和监管

第一，通过城市总体规划、土地分区规划、土地用途管制，控制城市具体地块的用途、利用方式、开发强度等，适当改变土地拍卖制度中高价者得的拍卖模式，严格执行国土资源局的规定，土地竞买保证金以不得低于底价的20%缴纳，土地出让成交签订合同后一个月内必须缴纳价款（成交额）50%的首付款，严防哄抬土地价格。严格管理，保证土地交易信息的畅通和市场

竞争的公平性，促进土地市场的规范化和良性发展。

第二，整顿房地产市场，对房地产市场的违规、投机行为等进行管理和调控。对开发商要继续严格执行信息披露制度，其销售房源要公开透明。对投资和投机行为的买家可以通过对第二套以上的住房加大差别化信贷、税收政策。必要时，采取一人一套房的做法，防范投机。

（项洁雯）

【附四】

完善解决低收入群体生活困难问题的机制

杭州市正处于全面建成小康社会的关键时期，在这样的战略机遇期与社会矛盾凸显并存的阶段，社会管理正如胡锦涛2011年5月30日在中央政治局会议上讲话中所说，必须“牢牢把握最大限度激发社会活力、最大限度增加和谐因素、最大限度减少不和谐因素的总要求”，“以解决影响社会和谐稳定突出问题为突破口”，提高社会管理科学化水平。低收入群体的相对贫困就是这样的突出问题。杭州在改善低收入群体生活方面做了很多工作，取得了很大成效，走在了全国前列，但也有许多不完善的地方。在全面建设小康社会、加快推进社会主义现代化建设的新阶段，杭州必须把低收入群体问题放到更加突出的位置，采取更加有力的措施，特别通过完善解决低收入群体生活状态的机制，解决低收入群体相对贫困化加深的问题。

一、杭州低收入群体的基本状况

（一）低收入群体的分布状况

1. 城镇低收入群体的分布

根据《杭州市城市低收入家庭认定实施办法（试行）》规定，城市低收入家庭的收入标准由家庭人均年收入和家庭财产两项指标组成，由市政府每年向社会公布。其中，低收入家庭人均年收入标准，按市统计部门公布的上年度杭州市区城镇居民人均可支配收入的60%确定。家庭财产标准按金融财产和房产分别确定。这包括，家庭成员人均拥有的金融财产额度上限，按市统计部门公布的上年度杭州市区城镇居民人均可支配收入确定。家庭自有住房建筑面积按3人以下（含3人）户60平方米、3人以上户按家庭人均住房建筑面积20平方米为上限确定（家庭无自有住房且未承租公房或保障性住房的，按每平方米建筑面积5000元的标准及人均建筑面积标准，增加相应的金融财产额度），其中高层、小高层自有住房，单套住房建筑面积上限均增加10平方米。家庭已购置的非商品房，以及农转非居民家庭按政策规定安置的农居房，其单套住房建筑面积不受限制。家庭成员拥有或使用的尚未办理房产继承过户登记的住房，按家庭自有住房核定。按照上述标准测算，截至2010年，杭州市区家庭人均年收入低于市统计局每年向社会公布的上年度城镇居民人均可支配收入的60%以下的家庭约45000户。

杭州城镇低收入群体大致包括：失业人员、下岗职工、失地农民、困难企业的职工、孤寡老人和残疾人等。其中，人均收入低于当地最低生活保障标准的作为城镇最低生活保障的对象。根据杭州市统计局资料，2010年杭州市城镇享受最低生活保障人数为14964。需要指出的是，由于目前我国城乡二元体制障碍和政策原因，滞留在城镇中的这部分低收入群体没有纳入城镇低收入人口的正式统计范围，但在城市的庞大的农村流动人口中的低收入问题不容忽视。

2. 农村低收入群体的分布

相对于城镇居民来说，农民收入本身处在低水平上，这使农民成为相对最大的低收入群体。统计数据表明，1987年以来，在每一年的变化中，农民收入水平都低于城镇居民低收入户的收入水平；不仅低于城镇居民最低收入组的收入水平，也低于城镇居民最低收入组中困难户组的收入水平。根据2007年年末杭州市扶贫管理信息系统提供的低收入户情况，把农村低收入群体定位在年收入低于2500元的农业户籍人口，列为农低户。按此定位，2007年杭州市农村人均收入低于2500元的农户有56164户，共136573人，占全市农户总数的41%和农业人口的39%。

从地区分布情况看，部分老城区和萧山、余杭及5个县（市）都有一定数量的低收入农户，但主要集中在西部县（市）。其中低收入农户最多的是淳安县，有16139户共43955人，分别占全市的28.7%和32.2%。

从分类情况看，在低收入农户中，年均纯收入在1500元以下的有2.1万户，占37.5%；年人均纯收入在1500~2500元之间的有3.5万户，占62.5%。由此可见，年收入1500元以下的特贫户占近四成。

（二）低收入群体的收入状况

1. 城镇低收入群体收入状况

近些年来，城镇低收入群体的收入水平不断提高，2002年城镇低收入群体人均年收入4864.7元，到2009年增加为11453.6元，增加6588.94元，为2002年的2.0倍，但与其他群体相比差距仍然很大。2009年杭州市城市居民人均可支配收入为26863.9元，比上年增长11.5%。城镇低收入群体人均可支配收入为11453.6元，比上年增长 10.3%，城镇低收入群体年人均可支配收入比城市居民的平均水平低 15410.3元，为平均水平的57.4%，增速比平均水平低 1.2个百分点。

据对高收入群体与低收入群体收入差距的调查显示，1990 年城镇10%的最高收入户人均可支配收入与10%的最低收入户人均可支配收入之比为3.4：1，而2000 年扩大为5：1；2010年收入最高的20%家庭的可支配收入是收入最低的20%家庭的6.7倍。低收入群体收入增长速度远远低于高收入群体。

工资性收入是城镇居民的主要收入来源，2009 年杭州城镇低收入家庭年人均工资性收入占家庭总收入的比重为 56.7%，比全市平均水平的61.9%低 5.9个百分点。从各项收入水平比较来看，低收入群体的工资性收入、经营性收入和转移性收入分别是全市平均水平的 40.5%、63.1%和 50.8%。

2. 农村低收入户收入情况

一是低收入户与全市平均比较收入相差十分悬殊，调查数据显示，2009年杭州市低收入户的人均纯收入为3257元，不到平均水平的三成（27.6%），绝对额比平均收入水平少8565元；二是低收入户间的收入差距较大，按低收入户收入高低排序，20%的最低组和最高组收入差距明显，最低组纯收入人均只有1232元，只有高收入组的18.5%；三是低收入户地区间差距较大，低收入户收入最高是萧山和余杭区，人均纯收入分别为4239元和4187元，最低是建德和淳安，人均纯收入分别为2823元和2736元，均不到萧山、余杭的60%。

低收入户的收入来源，与全市农村居民相比，呈现“三低一高”的特点：人均工资性收入、家庭经营收入、财产性收入低于全市平均水平；人均转移性收入高于全市平均水平。

（三）低收入群体生活状况

1. 生活消费水平低下，仅能基本满足生存需求

低收入群体在经济上所面临的共同困境是他们的经济收入水平相对低下，大大低于社会人均收入水平，一般只能维持生存和生活必需。根据杭州市统计局资料，2009年杭州城镇低收入家庭人均生活消费支出是全市平均水

平的50.7%。由于收入少，杭州城镇低收入家庭消费水平与消费结构与其他群体相比处于社会较低层次。在消费结构中用于吃的比重大，绝大部分或全部的收入用于食品消费，一般食品支出占消费支出的比重高达50%左右。

从农村讲，2009年全市农村居民人均每年节余（可支配收入扣除月人均消费性支出后的余额）2757元，而低收入群体收不抵支，年人均收支倒挂341元。从低收入户收支排列看，有44.7%的家庭年人均收支略有盈余，9.8%的家庭收支基本平衡，45.5%的家庭收不抵支。

2. 医疗教育费用较大，文化生活贫乏

在低收入群体消费支出比重中，医疗、教育两项费用较大。2009年城镇低收入户医疗保健605.5元，占全市平均水平961.5的63%。2009年杭州市城镇低收入家庭的医疗、教育支出年人均 1503.9 元，占消费支出的比重达到15.9%，比全市平均水平高 2.5个百分点。

就农村低收入户讲，2009年农村低收入农户教育文化娱乐服务支出为484元，占全市平均水平的51.8%，占低收入农户消费支出的13.3%。2007年农村低收入户中由于患重病或慢性病的人口比例较高，导致医疗保健类人均支出高达1115元，高出全市农村2007年平均水平一倍多。

低收入群体几乎没有能力去享受如社交、文化、旅游休假等精神文化需要。据对城乡困难群体休闲娱乐的主要方式的调查显示，在农村，贫困家庭的文化娱乐方式主要是睡觉或串门聊天，有电视的就是看电视，分别占总户数的 49.3%、32.9%、54.8%。在社区，其文化休闲娱乐方式主要是看电视、睡觉或闲逛，分别占总户数的62.2%、32.4%和29.7%。

3. 住房条件差，家庭耐用消费品短缺

据2007年杭州市房管局、建委等部门对杭州市城镇居民住房基本状况的调查，杭州老市区10115户经济困难家庭中，拥有住房的4800户，租赁直管公房的1989户，租赁单位房的74户，无房的3252户，经济困难家庭户均建筑面积58.2平方米。

目前杭州市有相当一部分农村低收入人口居住在危旧房之中。根据市建委2008年对农村14517户困难家庭住房所做的调查，在符合危房改造标准的农村困难家庭中，无房户占2%，人均住房面积小于8平方米的占3.5%，小于12平方米的占21%，小于全市平均水平的占57%和全市农民平均水平为人均68平方米。

在耐用消费品拥有方面：2009年上半年杭州低收入户人均耐用品消费支出为59元，增长19.8%，其支出水平仅为全市农村住户平均水平的29.2%。低收入农户家庭耐用品数量少、档次低、使用久、性能差的较为普遍。

二、完善解决低收入群体生活状况的机制

（一）健全分配机制，提高低收入人群收入在国民收入分配中的比重

1. 提高劳动报酬在初次分配中的比重

应该保证劳动要素在职工分配中的主导地位。在市场经济条件下，劳动、资本、土地、技术、管理等多种要素参与分配的过程中，不能因其他要素的参与而淡化劳动要素的作用和地位。在政府、企业和个人之间的分配关系方面，要加大国民收入向个人倾斜的政策力度，调整资本要素所得和劳动要素所得之间的比例关系，改变以前国民收入向资本倾斜的做法，尽力提高劳动报酬在国民收入初次分配中的比重。

2. 建立企业职工工资稳步增长机制

一要推进企业内部收入分配共商决定机制。在工资水平、工资标准、工资分配形式以及工资支付和调整办法等方面，通过集体协商来共同决定；二要推进职工收入正常增长调整机制，根据企业劳动生产率、政府工资增长指导线和居民消费物价指数等指标，通过工资集体协商，同步提高一线职工收入；三要推进收入分配监督保障机制。加强职工民主参与、民主管理、民主监督的力度，做到分配方案、业绩考核、收入兑现等程序的公开透明，分配结果的公正合理。同时，推进区域性、行业性工资集体协商，探索以“高于最低工资标准和保障职工合理福利待遇”为主要内容的区域性工资协商和以“行业主体工种工时定额和工价标准”为主要内容的行业性工资协商。

3. 推动公平竞争，缩小行业垄断的范围

要建立和完善国有资本预算经营制度，合理确定国有垄断行业的资本所得与劳动所得分配比例。不断规范市场行为，完善竞争机制。加大对高收入者的调控监管力度，尤其是企业高层管理人员以及能获取高额“灰色”收入的人。推进垄断行业收入分配制度改革 ，要继续推进电信、电力、民航、金

融、铁道、邮政和公用事业等行业改革，建立平等公开的、市场竞争的收入分配秩序。

4. 改革税收制度，促进社会公平

要加大税收制度改革力度，发挥税收在调节收入分配中的重要作用。一是适当减少生产性税种，实行高额累进税率的消费税，对收入的增量部分进行调节；二是开征遗产税、不动产税和赠与税等新税种，减少不劳而获导致的收入差距过大；三是完善财产性收入增长的保障机制，降低税负，提高个税起征点，提高居民的长期收入预期，建立和完善高收入阶层个人财产申报制度。通过税收杠杆，调节收入分配中的不合理问题。

（二）建立保障标准与物价上涨挂钩的联动机制，减少物价上涨对低收入人群生活的影响

1. 建立低保标准与物价上涨挂钩的联动机制

建立健全与物价变动相适应的城乡低保动态调整机制，科学确定各类低收入群体的救助标准，可按当地上年城市居民人均可支配收入和农民人均纯收入的一定比例，综合确定城乡低保标准，确保低保标准增长幅度不低于当地居民收入增长幅度，形成低保标准与物价上涨挂钩的联动机制。建立最低生活保障标准的收入关联机制，使穷人受助标准与平均收入同步增长，保证穷人共享社会发展成果。

2. 建立基本生活费用价格指数上涨与低收入居民临时生活补助联动机制

要制订符合实际的城市低收入群体的价格“预警线”。当居民消费价格上升幅度超过了“预警线”时，就要实施价格补贴政策（即补差）。杭州于2008年在全国率先建立物价上涨补贴“两个联动机制”，即“低收入群体临时价格补贴联动机制”和“企业退休人员基本生活品价格浮动补贴”。但现在的补贴所针对的主要是低保户和部分企业退休职工，大量的城乡低收入家庭，既不像中高收入人群那样对物价上涨具有较强的抵抗能力，又不属于低保所涵盖的范畴。要扩大补贴面，将这部分处于最低生活保障线边缘的家庭纳入补贴范畴。

3. 建立企业职工最低工资标准定期调整机制

既要建立企业职工最低工资标准定期调整机制，对最低工资标准每年进

行调整一次，也要提高调整的标准，要随社会平均工资增长按适当比例进行适当调整。并可以按照“因地制宜、分类指导”的原则，根据不同职业（工种）的特殊性和具体性，制订出符合实际的相关办法和工资指导价位，分行业实行有区别的最低工资标准。对调整最低工资标准相关政策进行充分论证和听证，让工资指导线随着物价、经济增长而增长。

（三）积极扩大就业，让低收入人群能够分享经济发展成果

1. 积极创造就业机会

推进经济结构调整，发展具有比较优势和市场需求的劳动密集型产业。要针对低收入群体的特点，把增加社区就业岗位，作为低收入群体新的就业渠道。要大力实施再就业援助行动，完善面向所有困难群众的就业援助制度，形成“出现一户，解决一户”的动态管理、动态援助的长效机制。要加强政府就业服务平台建设，完善劳动力市场，多渠道兴办规范的就业服务机构，提高下岗失业人员再就业率和新成长劳动力就业率，控制和降低城市登记失业率。加强与失业群众的思想沟通，帮助他们建立正确的择业观。

2. 大力推进就业教育培训

要加强对低收入群体进行实用技术、技能的培训，提升其自身素质和能力。做好行业准入资格的推行，强化培训与就业的结合。在落实好国家、省就业培训相关扶持政策的基础上，建立起公共就业培训基地，通过教育培训扩大就业机会——充分利用技工学校、职业学校进行再就业培训和创业培训。要创新工作方法，从技能就业帮扶入手，将培训就业的重心下移到困难家庭子女身上，探索出“政府垫钱学艺、学成就业还款”的新模式，逐步建立健全困难家庭子女帮扶长效机制。

3. 认真落实再就业的优惠政策，扩大再就业优惠政策的覆盖面

凡参加“低保”的人员，自主创业可以享受下岗职工再就业有关优惠政策。采取特殊政策，对失业人员创业和灵活就业人员等给予适当补贴和信贷支持，帮助低收入者就业。出台政策，鼓励企业单位安排下岗、失业等人员的就业。对自主合作、自筹资金从事社区物业管理、家政服务、修理等社会化便民服务业的弱势从业人员，各级政府部门要认真贯彻落实已出台的各项优惠扶持政策，简化手续，降低“门槛”，给予各种优惠方便。

（四）完善社会保障制度，让低收入群体享有基本社会保障

1. 扩大社会保障范围

目前的社会保障体系最主要的问题是覆盖面小，许多低收入者并没有被纳入社会保障体系。比如，由于分级财政体制影响和政府部门体系扶贫政绩需要，目前低保标准掌握较严，尤其在一些经济欠发达地区，有相当部分城乡居民符合低保标准却未纳入低保救助范围。另外，目前城镇养老保险事实上仅覆盖了国有企业的职工、部分集体企业和大型民营、私营企业职工，许多中小企业、乡镇企业、私营企业的职工，城镇个体劳动者、进城务工的农民工并没有被纳入养老保险。参加农村养老保险的人数也不多（2010年约15.8万人），大多数农村人口未参加农村养老保险，为此，要扩大低保范围，能纳入低保的尽可能纳入低保，要加大推进力度。要推进城镇农村的养老保险覆盖面，积极探索，动员和吸纳经济势力较强的非公有制经济企业、股份制企业的从业人员参加失业保险，不断扩大参保人数。逐步使每一个劳动者都有养老保险、医疗保险等基本保障，为减少新的低收入群体奠定基础。

2. 提高社会保障享受水平和均衡度

杭州社会保障走在全国前列，但保障水平仍然不高。比如2011年杭州城镇居民低保标准每人每月525元，在全国是高的，但与2011年上半年城镇居民平均月收入3115元比，低保标准只有人均收入的16%，发达国家一般在50%～60%。这样的水平仅仅能解决绝对贫困，不能解决相对贫困。不仅如此，杭州各地在低收入群体保障方面差异很大，主城区、萧山、余杭最好，富阳、临安等地其次，淳安较低，基本呈现出三个世界的特征。要提高社会保障水平的均衡度。要在法定基本保障和个人养老保障账户的基础上，通过加大财政转移支付和商业性保险等多种渠道，提高农村养老保障水平，缩小职工养老保险与城乡居民社会养老保险的差距。

3. 推进农村社会保障制度建设

农村社会保障资金不足，是困扰农村社会保障制度建立的重要原因之一。从权利和义务对等的原则看，农民应当缴纳一定的社会保障资金，但确有不少农民缴不起这笔钱，建议借鉴国外做法，在高收入行业、垄断行业对高收入者开征社会保障税，弥补农村社会保障资金缺口。同时调整财政支出，支持农村社会保障制度的建立。要推广农村合作医疗制度，提高覆盖

面，把现有低收入家庭纳入到合作医疗保障体系中。要积极推进城乡一体化的社会保障体系建设。积极研究社会保障如何向广大农村扩展，积极探索城乡有机衔接的社会保障制度。要根据社会保障制度的内在规律性，尽快探索出一条农村社会保障与城镇职工社会保障相衔接的新途径。

（五）建立住房保障体系，改善低收入群体居住条件

1. 改善城镇低收入群体的住房条件

杭州的高房价，使得低收入群体，依靠其自身的积蓄无法实现“住有所居”，为此，政府要积极帮助低收入群体解决住房问题。要减少乃至逐步取消经济适用房，增加经济租赁房供给，通过“准公共房屋”破解低收入群体“房困”难题。一要合理确定标准和进入门槛。由政府按照统计部门公布的家庭人均可支配收入和人均住房水平的一定比例，结合城市经济发展水平和住房价格水平确定，对住房保障对象的家庭收入标准、住房困难标准和保障面积标准实行动态管理。二是建立严格的审查、登记及征询制度，防止住房保障对象的认定出现偏差。三是选址科学。在给低收入群体提供保障性住房时，选址应考虑到社会包容和团结，避免出现“贫民区”和“富人区”。四是充实“廉租房”房源。保障性住房不宜规模化成片建设，应优先考虑收购老旧小区小户型房源，采取政府新建、收购、改建以及鼓励社会捐赠等方式增加廉租住房供应。积极发展住房租赁市场，鼓励房地产开发企业开发建设中小户型住房面向社会出租，多种途径充实“廉租房”房源。五是确保建设资金来源。六是法规制度保障。修订城市保障性住房管理办法及原有的房屋租赁条例等相关法规制度，依法保障低收入群体的住房权益，改善其生存条件，提升其生活质量。

2. 改善农村低收入群体的住房条件

近些年来，杭州市形成了廉租房、经济适用房、公共租赁房、人才专项用房、拆迁安置房和危旧房改善“六房并举”的城市住房保障体系，各区、县（市）也陆续建立面向城市居民的住房保障体系。但由于城乡二元结构的存在，加上农村住房长期以来实行自建自住、“一户一宅”建设方式的制约，农村困难家庭住房保障得不到政策倾斜支持，因此，迫切需要建立一套解决农村困难家庭居住问题的基本制度框架。目前杭州市正在全面推进农村

困难家庭危房改造，在推进农村困难家庭危房改造中，一要把握好标准，包括纳入农村困难家庭危房改造的标准以及改造的标准。二要搞好规划，要把农村困难家庭危房改造与新农村建设结合起来。三要加强协调。四要形成制度。要建立一套解决农村困难家庭居住问题的基本制度框架。五要多层联动。建立省、市、县、乡、村多个层级联动机制。

（六）关注困难群体，构筑完善的城乡社会救助机制

1. 建立专项医疗救助机制

要加大财政对公共医疗事业的投入，建立专项医疗求助机制，使医院对因病残、灾害造成的人身伤害能及时救助，不再发生危急重病人因贫困耽误治疗的悲剧。杭州市2008年在全国率先制定出台了外来务工人员特殊困难救助政策，对在杭务工期间因遭遇突发性急难险情、患重大疾病导致家庭生活特别困难的外来务工人员实施救助。2011年10月修改出台了《杭州市外来务工人员特殊困难救助办法》，进一步降低了申请门槛，将外来务工人员在杭连续居住一年以上调整为连续居住6个月以上，将未参加医保人员申请重大疾病救助条件从自付医疗费2万元降低到1万元，同时扩大了救助范围。2011年杭州还出台了《杭州企业在职职工医疗互助办法》。根据办法，企业职工只需每年交50元互助金，就能享受医保之外的医疗互助补助，最高可拿到11100元，服务对象包括农民工。要认真贯彻落实这些文件规定，进一步加大对重大突发医疗事故的救济力度，扩大“大病统筹”的救济范围，降低救助门槛，提高救助比例。

2. 建立对低收入家庭子女九年义务教育后的助学资助机制

建立爱心助学基金等，切实保障城镇低收入家庭的子女接受九年义务教育，并鼓励和资助其接受更高层次的教育。多渠道筹资建立教育扶持和救济机制，对当年考上大学的贫困家庭学生给予入学资助，确保每一位考上大学的贫困家庭学生不失学，确保贫困家庭子女享有平等接受教育的机会。这也是防止低收入阶层 “代际转移” 有效办法。

3. 完善“春风行动”等结对帮扶活动

第一，确立标准。当人均收入低于标准水平时，按照这个家庭与低保标准的差距提供救助，使之收入水平达到最低生活保障标准。第二，防止救助

过分集中。目前杭州配套措施过多，而且现行专项救助的范围局限于低保对象，明显不合理。第三，提高帮扶对象的谋生能力。将社会救助与个人发展相结合，把社会救助的目标从解决最基本的生存条件上升到提高低保对象的谋生能力上来。

（七）满足政治文化需求，保障低收入群体的基本权益

1. 保障低收入群体民主权益

低收入人群在经济生活上的脆弱化使得他们在政治上、社会上缺乏竞争力，他们依靠自己的努力改善其处境的机遇甚少，且风险极大。政府必须建立合理的利益协调机制，提供公平开放的竞争环境，建立畅通的利益表达渠道，加强对低收入群体的权益保护。不仅要关注低收入群体在义务教育、公共医疗、生存保障等方面的利益诉求，还需要关注其政治参与的精神诉求，创建利益表达和凝聚渠道，关注低收入群体的公共诉求和个人尊严与政治效能感。加强基层民主建设，其核心是要坚持和完善村务、厂务、政务公开制度，落实人民群众的知情权、参与权、选择权和监督权。有关部门在制定与人民生活息息相关的调价政策时，应充分考虑到对低收入群体的保护，让低收入群体参与价格听证，最大限度地降低调价对其生活带来的影响。要加强民主政治建设，让各阶层的代表参与政策制定的过程，对政策的可行性与实施后果进行充分论证，防止政策实施损害弱势群体。

2. 保障低收入群体文化权益

低收入群体是人民群众中容易被边缘化的部分，要特别重视满足这部分人群的精神文化需求。一要加强文化基础设施建设。加强文化馆和图书馆、乡镇综合文化站、村文化室建设，加大对落后地区文化服务网络建设支持和帮扶力度，为低收入群众提供良好的文化基础设施。二要丰富群众文化生活。开展文化惠民工程，继续办好各种文化节等重大节庆活动以及广场文化、社区文化活动。开展文化送温暖活动，每年为山区群众免费送戏、送电影。三要增强新闻媒体服务居民的能力。组织实施好广播电视“村村通”工程，实施好国家、省、市三级广播电视节目在农村的无线覆盖。市属新闻媒体继续办好民生类节目，新设立百姓求助热线，在社区和街道两侧新建电子阅报栏。四要进一步开放现有公共体育设施，依托社区、乡村公共体育设

施、场地，组织开展全民健身、体育竞赛等群众性体育活动，增强城乡居民体质。五要免费组织低收入群众参加西博会、动漫节、烟花大会等文化体育活动。组织低收入群众参观博物馆美术馆以及其他文化展览，参加人文大讲堂和市民学校等学习教育活动。

（八）坚持政府社会企业三力合一，完善低收入群体工作的运作机制

1. 建立政府为主导社会积极参与的资金投入机制

解决低收入群体生活问题，要建立科学合理的财政投入机制。目前，杭州实现新增财力70%用于民生，在全省乃至全国都处在领先地位，但比照国外中等发达国家，这样的财政投入比例仍然不算高。为此，要进一步加大政府对低收入群体在内的民生的投入。要建立社会救助资金筹措的创新体制，对捐赠、资助社会救助事业的企事业单位、社会公益组织及个人，给予税收上的优惠，多渠道、多层次壮大救助资金，增强社会救助能力。同时，要创新社会救助资金筹措方式，借鉴国外融资经验，通过建立公益信托制度、社会救助基金等多种方式，拓宽社会救助资金来源渠道。

2. 建立政府为主导、社会广泛参与的工作网络体系

建立政府统一推进、部门协调合作、社会广泛参与的解决低收入群体增收问题的协调网络。要认真搞好政府各有关职能部门的综合协调，确保改善低收入群众生活工作的各项政策的落实和任务目标的完成。要将改善低收入群众生活工作纳入改善民生工程考核的重要内容，明确工作责任，形成一级抓一级、层层抓落实的工作机制。要加强帮扶低收入群体的基层机构和社会救助网络的建设；鼓励民间力量如慈善救济、社会工作等支援组织的介入和参与，帮助低收入群体，形成政府、企业、公民社会等的通力合作局面，以及政府主导和社会支持的工作网络。

3. 建立对低收入群体工作的监控机制

通过对所有低收入户进行调查核实，建立低收入户档案和帮扶建档立卡管理系统电子数据库，实现低收入家庭户户都有档案。同时按照有进有出、动态管理的要求，每年进行逐户跟踪监测，及时对低收入人群进行核查和调整，实行动态监测管理。要建立职工收入分配状况调查和监控体系，了解和

掌握职工收入分配情况，分析变化趋势，及时发现新问题，探讨和研究解决问题的办法。同时，为政府宏观调控收入分配，研究和制定收入分配政策提供参考依据。要加强对低收入群体心态的监控，特别注意对弱势群体、低收入人群满意度、信心指数、价值观变化、行为取向等的监测，防止由于利益表达渠道不畅、生活状况恶化、基本权利得不到保障的低收入群体的不良情绪以及由此升级的群体性事件。

（黎青平 秦均平 龚上华 战昱宁 赵光勇）

第四部分 建设现代化国际化城市

杭州实施城市国际化战略建设国际化城市研究

城市国际化是城市化发展到高级阶段的产物。杭州作为中国沿海发达城市，经济社会发展走在全国前列，未来一个时期，杭州的任务是全面建设小康社会和向基本实现现代化迈进。面对新的形势和任务，杭州市第十一次党代会提出，推进城市国际化战略，加快建设具有中国特色、时代特征、杭州特点的现代化国际化大都市。这是杭州从实际出发作出的重大决策，是杭州实现新一轮跨越式发展的关键之举，是杭州建设与世界名城相媲美的生活品质之城的内在需要，对杭州发展具有重要的战略意义。

一、杭州城市国际化战略的形成过程

（一）2008年以前强调提高城市国际化水平

在杭州的发展中，国际化水平不高是一个薄弱环节。以常住外国人为例，2008年北京有常住外国人11万、上海9万、广州2.2万、天津1.2万、义乌也有1万，而杭州只有近8000人。常住外国人占全市常住人口的比重为1%，与国际化城市5%的初级标准有一定差距。常住外国人数量是衡量一个城市国际化的最简单标准，国际化水平不高影响城市美誉度，也影响城市竞争力。2008年，全球140个被推选的城市中，中国有8个城市入围，天津排在最前，第71位，北京位于第75位，之后分别为上海、苏州、深圳、大连、青岛和广州。英国经济学人智库（EIU）宜居城市评选非常强调城市的国际化程度。杭州没有入选，除了环境、交通拥堵等拖了后腿外，国际化程度不高是一个重要原因。对这个问题，杭州市早就看到并提出了解决的要求。2006年杭州市政府在总结过去的工作时，把城市国际化水平有待提高，城市品位有待进一步提升，作为杭州发展中需要解决的一个突出问题。2006年《杭州市国民经济和社会发展第十一个五年规划纲要》提出杭州“十一五”时期的一个重要任务，是扩大开放，提高经济国际化水平。2007年杭州市第十次党代会提出建设生活品质之城的发展目标，强调以“更加开阔的视野、更加宏大的气魄，顺应经济全球化趋势，在更大范围、更广领域、更高层次参与国际分工和国际合作，不断提升杭州国际化程度”。同年，杭州市委、市政府主要领导分别对市决咨委城市组《提高杭州城市国际化程度的思路和载体研究》报告作出重要批示：“我市应坚定不移推进‘开放带动’战略，加快城市国际化进程。调研报告提出的意见和建议值得重视，请起草组在市委全会报告中采纳。”“杭州应当走城市国际化路子。请市政府研究室牵头进一步研究推进城市国际化的具体载体和行动方案。”两个批示，为城市国际化上升为杭州城市发展战略起了重要的推动作用。但总体来说，在杭州市委十届四次全会之前，城市国际化没有上升为杭州城市发展战略，杭州市实施的是城市化、工业兴市、对外开放、旅游西进、环境立市五大战略。

（二）2008年城市国际化上升为城市发展战略

2008年杭州市委十届四次全会指出，从世界眼光、战略思维的角度来衡量，从拉高学习标杆、瞄准国内外先进城市的要求来考虑，有必要对“生活品质之城”的定性描述作进一步充实完善，进一步明确杭州城市发展的“全国坐标”、“世界坐标”，为此，会议提出了建设中国特色、时代特点、杭州特征，覆盖城乡、全民共享，与世界名城相媲美的生活品质之城的新的城市目标定位。会议指出，建设与世界名城相媲美的生活品质之城，就是要把打造世界名城作为目标追求，努力在城市品位、产业层次、发展环境、市民素质，特别是人民群众五大生活品质等方面向世界名城看齐，使杭州成为经济发达、文化繁荣、政治清明、社会安定、环境优美的生活品质之城。与此相适应，全会对杭州市五大发展战略进行了调整，形成“城市国际化”、“工业兴市”、“服务业优先”、“软实力提升”、“环境立市”、“民主民生”六大发展战略，其中“城市国际化”为六大战略的第一个战略。会议指出，当前和今后一个时期，杭州处在城市化的加速期，城市化仍然是杭州发展的“牛鼻子”，而国际化则是城市化发展到高级阶段的产物，随着全球化、新经济、互联网时代的到来，国际化越来越成为现代城市发展的重要动力，成为衡量一个城市发展水平的重要标志。提出城市国际化战略，就是要把国际化摆在国家突出的位置，以国际化提升城市化、工业化、信息化、市场化。实施城市国际化，必须向国外学习，向国内外先进城市学理论、学思路、学举措，取回“真经”，把握“真谛”，既彰显杭州的特色，走好自己的路，又站在“巨人的肩膀”上，登高望远，未雨绸缪，力求少走弯路，实现后来居上。他山之石，可以攻玉。为落实市十届四次全会提出的城市国际化战略，2009年6月，杭州市委、市政府又出台了《关于实施城市国际化战略提高城市国际化水平的若干意见》，对城市国际化战略进行了具体部署。

（三）2012年城市国际化成为杭州发展的主抓手

2012年，杭州市召开第十一次党代会。会议根据杭州发展的新形势和面临的机遇，进一步提出打造东方品质之城、建设幸福和谐杭州的城市发展新目标，这是对杭州城市定位的继承和发展。东方品质之城和生活品质之城相比，前面多了“东方”二字，但这两个字不是随便加的。所谓东方，是相对西方而言的，是一个方位概念。提出东方品质之城，体现了杭州城市发展的恢弘气魄和国际视野。建设东方品质之城，客观要求把城市国际化放到更突出的位置。正因为如此，杭州市第十一次党代会进一步提出以城市国际化作为主抓手，也就是把城市国际化上升为城市发展的主战略。事实也是这样，党代会在提出以城市国际化为主战略之后，将原来的城市国际化、工业兴市、服务业优先、软实力提升、环境立市、民主民生六大战略，改变为民生优先、环境立市、创新强市、实业兴市、文化引领、开放带动等新六大战略，城市国际化则从原来的六大战略中出来，上升为城市发展的主抓手，即主战略。报告指出，城市国际化是城市化发展到较高阶段的必然要求，是推进全面协调可持续发展的基本路径和重要引擎。实现今后五年的奋斗目标，必须牢牢把握科学发展主题、加快转变经济发展方式主线和富民强市、社会和谐主旨，紧扣城乡一体化、城市国际化主抓手，全面实施民生优先、环境立市、创新强市、实业兴市、文化引领、开放带动新六大战略。报告要求，要把“城市国际化体现在经济社会发展各个方面，进一步优化要素配置、激发发展活力、拓展发展空间、提升发展水平，让城乡居民共享现代文明、幸福生活”；“着眼长三角地区打造世界级城市群的战略定位，顺应全市人民过上更加美好生活的新期待，我们必须以全球视野审视杭州发展，瞄准先进、追赶先进，全面提升城市品质，进一步提高城市知名度、美誉度”；

“加快建设具有中国特色、时代特征、杭州特点的现代化国际化大都市。”把城市国际化作为城市发展主抓手，标志着杭州城市国际化进入一个新的发展阶段。

二、杭州推进城市国际化的现实依据

（一）杭州城市国际化的必要性

随着经济全球化的发展，在世界范围内，形成了资本、信息、资源、技术等相互依赖、相互作用的巨大网络，城市则是支撑这个网络系统的重要节点。面对世界发展的新变化，无论是从适应全球化进程的要求和世界城市化趋势来看，还是从进一步促进本地社会经济的发展，提高综合实力来考虑，积极参与国际产业分工和协作，推进城市国际化进程，都是城市发展的必然选择，国际化已成为现代城市发展的重要动力，成为城市现代化发展的必然趋势，成为衡量一个城市发展水平的重要标志。杭州正处在全面建成小康社会并向基本实现现代化迈进的关键时期，也处于发展转型的攻坚时期；既面临着难得的发展机遇，也面临资源要素制约加剧，改革攻坚难度加大，社会矛盾多样多发，不少问题早发先发，继续走在前列的压力加大的挑战。党中央、国务院和省委、省政府对杭州发展寄予厚望。国务院批复的《长江三角洲地区区域规划》要求杭州努力建设高技术产业基地、国际重要的旅游休闲中心、全国文化创意中心、电子商务中心、区域性金融服务中心。省委、省政府强调，杭州要继续在全省发挥龙头、领跑、示范、带头作用。面对发展机遇和挑战，如何迎难而上，抓住机遇，迎接挑战，破解发展难题，实现发展新跨越，城市国际化是必然的选择。推进城市国际化，有利于优化杭州产业结构，提升产业竞争能级，提高发展质量和加快发展速度。推进城市国际化，有利于在较高的起点上完善城市功能布局，加强城市管理，提升城市品质。推进城市国际化，有利于在更高层次上参与国际分工、国际循环、国际竞争，增强城市全球资源的配置力、辐射力、影响力，确立杭州在世界城市体系和国内城市体系中的地位，能提升杭州城市综合竞争能力。

（二）杭州城市国际化的机遇

经济全球化的发展和世界经济增长重心的转移，为中国城市进入世界城市体系带来历史性机遇。由于城市国际化的发展不是均衡的，那些位于洲际的物质流和信息流的交汇点上，并且这种交汇与这个国家的内部生产结构，国内贸易市场相联系，并有其发达的金融、商业和生产体系为后盾的大城市，往往成为国际化的先行者。依据世界城市国际化的经验，中国城市国际化最有条件先行一步当属经济最发达，物质流、信息流最畅通的长江、珠江、黄河三角洲地区三大城市群，特别是长三角城市群。长三角城市群是我国城市化程度最高、城镇分布最密集、经济发展水平最高的地区，长三角城市群以占全国不到2%的国土面积，不到6.3%的人口，创造了约占全国四分之一的经济总量，成为中国东部地区发展的标志之一，并且直接带动了长江流域的繁荣发达，还辐射了中国的中西部地区。专家预测，长三角21世纪将会成为第六大世界级城市群。中央对长三角地区寄予很大期望，国务院《关于进一步推进长江三角洲地区改革开放和经济社会发展的指导意见》以及批准实施《长江三角洲地区区域规划》，要求长江三角洲地区加快发展、率先发展，把长江三角洲建设为亚太地区重要的国际门户、全球重要的现代服务业和先进制造业中心、具有较强国际竞争力的世界级城市群。长三角成为中国城市国际化的先发地区，为作为长三角南翼中心城市的杭州推进国际化提供了难得机遇。

（三）杭州城市国际化的基础

经济发展水平是衡量城市国际化程度的基本指标，一个城市经济发展水平越高，经济的聚集和辐射能力越强，越有可能成为国际化中心城市。2011年杭州全市实现生产总值7011.8亿元；按常住人口计算的人均生产总值突破8万元，约合12380美元，接近富裕国家水平。杭州的经济发展水平表明杭州已经具备国际化基础。同时，杭州经济社会国际化水平也在不断提高。一是对外贸易发展。2011年，杭州进出口总额已经达到639.7亿美元，是五年前的2.5倍。二是利用外资水平提高。2011年杭州引进合同外资81.7亿美元，实际到资47.2亿美元。高质量的外资大项目纷纷涌现，2011年，总投资1000万美元以上大项目316个，总投资3000万美元以上大项目132个。截至2011年年底，已有89家世界500强在杭州投资项目140个。三是出入境游客增加。2011年杭州市接待入境旅游人数突破300万人次，达到300万人次，同比增长10%，实现外汇收入19.1亿美元，同比增长13%；与此同时，杭州市民出国旅游的意愿和能力有所增强，2011年省旅行社组织出境旅游者45.98万人次。四是国际节庆活动增多。杭州已成功举办了世界休闲博览会、中国国际动漫节、西湖博览会等重大国际文化交流活动，以及一系列重大国际体育赛事。五是国际知名度美誉度提升。2001年，杭州获得“联合国人居中心”颁发的世界人居环境改善方面的最高奖项——“联合国人居奖”。2002年，杭州获得“国际花园城市”的美誉。 2003年，杭州在世界银行公布的中国的120个城市投资环境中排名第一。2004年至2008年，杭州市连续五次在《福布斯》杂志“中国最佳商业城市榜”中荣登榜首。2006年，杭州被“世界休闲组织”授予“东方休闲之都”称号。2007年，杭州获“国际旅游联合会”颁给的“国际旅游金星奖”，成为获此殊荣的第一个也是唯一一个中国城市。2011年，杭州“西湖文化景观”被列入《世界遗产名录》，这是目前我国列入《世界遗产名录》的世界遗产中唯一一处湖泊类文化遗产。 2012年杭州成为中国首个以“工艺与民间艺术之都”身份加入联合国教科文组织“全球创意城市网络”的城市。城市国际化水平的提高，为杭州推进城市国际化战略奠定了基础和条件。

三、杭州推进城市国际化的目标定位

（一）国际化大都市

杭州市第十一次党代会要求加快推进城市化国际化，“建设具有中国特色、时代特征、杭州特点的现代化国际化大都市。”杭州城市国际化的目标定位于国际化大都市不是偶然的。杭州一直把建设大都市作为城市发展的目标。2001年2月，萧山、余杭撤市设区后，杭州市委、市政府就提出了“构筑大都市、建设新天堂”的目标。2005年，为深入贯彻党的十六大和十六届三中、四中全会精神，统筹杭州城乡经济社会发展，杭州市进一步提出构筑市域网络化大都市目标。建设国际化大都市，是杭州大都市建设目标合乎逻辑的延伸和发展。从杭州实际看，萧山、余杭撤市设区后，杭州市区面积为3068平方千米，常住人口400多万，加上外来人口超过700万。2011年《浙江省贯彻落实长江三角洲地区区域规划实施方案》要求合理控制杭甬等特大城市人口增长，给杭州的人口“限度”是市区常住人口不超过700万。700万人口的城市，按照国际上通行的标准，已经是一个特大型城市了。另外，建设国际大都市也是杭州经济社会发展的要求。大都市是人、财、物多种资源聚集和配置的中心，是区域综合竞争的主要承担者。杭州作为长三角南翼中心城市、浙江省省会城市，推进城市国际化，把目标定位在国际化大都市，有利于扩大杭州城市的辐射能力，对推动浙江省、长三角经济社会发展有重要意义。

（二）区域性国际化大都市

国际城市的核心在于国际影响力。依据国际影响范围，一般可以把国际化城市分为三种不同类型，即全球性国际大都会，以纽约、伦敦、东京三个综合型、全方位国际大都市为代表；洲际性或半洲际性国际大都市，以巴黎、法兰克福、中国香港、新加坡等专业化国际大城市为代表；区域性国际化大都市，以亚太地区新兴区域中心城市为代表。在这三种类型中，世界性国际城市和洲际性或半洲际性国际大都市，一般都是规模大、人口多，在政治、经济、文化等方面独具资源禀赋，在全球范围内的经济活动中具有重要影响力的城市。杭州不具备建设世界性国际城市和洲际性或半洲际性国际大都市条件。第一，杭州不是首都和直辖市，不是国际政府组织或非政府组织所在地，不是主要的政治权利中心，也不是全国的经济中心和文化中心。第二，杭州没有港口，不是交通枢纽，不是国家铁路、高速公路、港口和航空中心。第三，杭州城市规模很大，但在中国，比杭州城市规模大的城市有很多。杭州市已明确表示不与别的城市比规模、比人口。第四，杭州靠近上海，上海是国际性大都市，杭州不可能取代上海成为国际性大都市。总之，杭州在中国的行政地位、地理位置、城市定位、发展特色决定杭州不可能成为东京、纽约、上海等这样的全球性、洲际国际化大都市。杭州定位在建设为区域性有重要影响作用的国际化大都市。杭州是沿海经济发达的浙江省会、政治经济文化中心，中国最发达的长三角南翼中心城市、城市群的龙头和核心城市，杭州是浙江规模最大、公共设施最完善、服务功能最完备的城市，具备了较强的向区域提供各种服务的综合承载能力。杭州同时具有独特的区位优势和便利的交通条件，可承担起区域服务中心和区域要素中心的使命。杭州定位为区域性有重要影响作用的国际化大都市是比较合适的，这也与杭州市第十一次党代会提出的建设东方品质之城目标定位一致。

（三）具有一定综合性功能的国际化大都市

国际化城市从功能讲，通常分综合型和专业型两类。综合型国际化城市因其城市综合功能的国际性，在政治、经济、金融、商贸、交通、旅游、科技、教育、文化、艺术等许多方面都具有强大的国际辐射力、影响力和控制力，它们不仅是国际政治资源配置中心、国际经济资源配置中心、国际商贸中心、国际交通中心，同时也是世界知识创新中心、科技创新中心、文化创新与交流中心、信息制造与传播中心。目前，世界公认等级最高的综合型国际化城市是纽约、伦敦、巴黎和东京四个国际中心城市。专业型国际化城市一般只在政治、经济、金融、贸易、交通、旅游、科技、文化、宗教等某一方面的辐射力、影响力、控制力具有国际性。如维也纳在音乐方面具有国际辐射力、影响力、控制力；戛纳在电影方面具有国际辐射力、影响力、控制力；米兰在服装方面具有国际辐射力、影响力、控制力；日内瓦和布鲁塞尔有众多国际政府组织和国际非政府组织，是举办国际会议最多的城市，对国际政治有巨大的辐射力、影响力和控制力；法兰克福和香港有众多国际金融机构和巨大的国际金融业务量，对世界金融有较大的辐射力、影响力和控制力，这些都是专业型国际化城市。杭州不具备纽约、伦敦、巴黎和东京那样在政治、经济、金融、商贸、交通、旅游、科技、教育、文化、艺术等许多方面都具有强大的国际辐射力、影响力和控制力，杭州顶多在一些方面有国际影响力和控制力。比如旅游方面，杭州是国际风景旅游城市，在创意方面，杭州获得国际“工艺与民间艺术之都”称号，杭州动漫产业发展已产生较大的国际影响，等等。但杭州也不应定位为单一功能的国际化城市。从杭州的规模、实力、地位、作用、功能以及未来的发展需要进行综合考虑，杭州应该定位为一座有一定综合性同时又有某些专业特色的“专业+综合”区域型国际化城市。综合性，就是要增强杭州政治、经济、金融、商贸、交通、旅游、科技、教育、文化、艺术等许多方面的区域性的国际辐射力、影响力和控制力；专业性，就是要突出杭州特色和优势，积极培育创新型功能和新兴产业，建设国际风景旅游城市、全国文化创意中心。

四、杭州推进城市国际化的重点领域

（一）构建国际化的空间形态

城市空间形态国际化，是建设国际化城市的物质基础。要着力推进从拉开城市框架为主向以完善城市功能为主转变。坚持“一主三副六组团”的城市空间结构，做优主城区、做强新城区，推动市区建设重心向副城组团新城转移。要明确副城组团新城发展的目标定位，围绕“城”的功能，统一规划，整合资源，加快组团内交通、供水、供电等基础设施建设，提升教育、卫生等公共服务能力，推动人口和产业集聚，形成功能齐全、职住平衡、设施完善、环境优美、各具特色的副城组团新城，承担杭州主城区人口及产业的疏解任务。要整合城市存量空间，坚持有机更新理念，为国际化功能建设腾挪空间，重点打造钱江新城综合服务功能区、西湖周边国际旅游区、西溪板块海归创业区、之江白马湖文创产业区。开展历史文化名城保护、风景名胜区保护、城市环境保护等综合保护工程，彰显杭州城市特色和城市个性。大力实施西湖、西溪湿地、运河、市区河道、良渚遗址、湘湖二期等“综保工程”，重点推进南宋皇城大遗址公园、良渚文化遗址公园、西溪湿地国际旅游综合体建设。规划建设中外交往功能密集区，加快国际经济中心功能和生产服务功能向CBD集中，建设具有一定规模、生产服务业相对集中并能够提供优质服务的中央商务区，为国际组织落户提供平台，提高城市的国际地位和竞争力。统筹城乡空间布局与产业布局，加快推进城乡规划全覆盖，建设布局合理、功能完善、环境优美、区域协调的城市群和城镇体系，构建科学合理的城镇体系和开发格局，提升城市承载能力和综合实力，增强城市可持续发展的动力和辐射带动能力。

（二）构建国际化的基础设施

现代化的基础设施是全面提升城市承载能力和服务功能的关键。要按照高起点规划、高标准建设要求，构建布局合理、功能完善的城市设施体系。一是加快海港和空港建设，完善公路与铁路运输网，推动交通基础设施建设。加快杭州萧山国际机场扩建工程建设，大力开辟境外与地区航线，积极承接国际客货运业务。提升萧山机场功能，推动杭州空港从单一的交通中心转变为以航空产业为依托，融合航空物流、国际商务、高新技术产业为一体，辐射周边区域的经济中心。加快杭甬、杭长、杭宁、杭黄等城际铁路客运专线建设，强化杭州与上海、南京、宁波、黄山等周边城市的联系。加快推进临金、千黄高速公路、杭州都市圈环线等城际重大交通基础设施建设，建成“三纵五横”快速路网，建成总长约375千米、10条线路组成的城市轨道交通网，加强城市地下空间开发利用。继续完善“一港、三干、四支”（“一港”即杭州港，“三干”即京杭运河、杭甬运河、钱塘江，“四支”即杭余（闲）线、周浦航道、江东航道、渌渚江）的内河航道网络，实现“三江两河”（新安江、富春江、钱塘江；京杭运河、杭甬运河）顺畅通达。推进内河港口物流服务体系建设，加快公、水联运的港口集疏运网络，充分发挥杭州丰富的内河水运资源，带动港口经济快速增长。二是建设一批具有国际水准、代表杭州形象的标志性建筑，进一步完善能够满足城市国际化功能需要的现代化基础设施体系，建设适合举办国际演出的剧院、音乐厅，适合举办国际赛事的运动场馆，适合召开国际性会议的场所，适合境外游客休闲的场所、购物的商场，适合国外企业入驻的楼宇，等等。加快推进城市综合体建设，形成一种功能为主多种功能配套且具有国际水准的城市综合体，构筑城市国际化支撑平台。三是以打造智慧城市为目标，大力推进城市信息基础设施建设。加强城市信息公共基础设施建设，加快提升多元化多种接入方式融合的城域网宽带通信能力。以提高信息基础设施服务能级为重点，全面建设城市宽带立体的高速信息公路城域网。加快推进“三网融合”，积极试点和推广“三网”与物联网、无线宽带网的多网融合。加快物联网、下一代移动通信、云计算等先进信息技术研发和示范应用，打造世界电子商务之都、互联网经济强市、物联网经济强市，建设智能化、信息化、网络化的“智慧杭州”。

（三）构建国际化的产业体系

以产业国际化带动经济国际化，是城市国际化的有效途径。一要建立适应国际化城市功能的新型产业体系。加快产业结构调整，推动产业升级换代，淘汰落后产能，实施品牌战略，增强产品开发能力，提高产品附加值，推动产业升级换代。充分利用杭州现有和潜在优势，积极引导人才、技术、资金、土地等资源要素向战略性新兴产业集聚，努力将战略性新兴产业打造成为产业升级的突破口。做大做强新一代信息产业基地、高端装备制造产业、生物产业、节能环保产业、新能源产业、新材料产业、新能源汽车产业。发挥优势，吸引有影响有规模的银行证券保险信托等金融机构落户杭州，使杭州成为国际金融集团优先地，长三角金融产品次研发地。以打造国际重要的旅游休闲中心为目标，积极促进旅游业和美食、茶楼、演艺、疗休养、保健、化妆、女装、运动休闲、婴童、工艺美术等特色潜力产业发展。加快发展以文化创意产业、大旅游产业、金融服务业、商贸服务业、现代物流业、信息与软件服务业、科技服务业、中介服务业、房地产业、社区服务业为重点的现代服务业，构筑与"生活品质之城"相适应的"高增值、强辐射、广就业"的现代服务业体系。重点发展文创、旅游休闲、金融服务、电子商务、信息软件、先进装备制造、物联网、生物医药、节能环保、新能源等十大产业，打造先进制造业与现代服务业相联动、信息化与工业化相融合、特色优势充分发挥，科技含量高、经济效益好、能源资源消耗低、环境污染少的杭州特色现代体系。二要引进和培育大企业大集团。抢抓新一轮国际产业调整和转移的机遇，扩大对外开放，推进科学招商，吸引更多高端国际生产要素为我所用。主动承接新一轮国际产业转移，积极把国际知名企业"引进来"，设立地区总部、研发机构、营销中心等，加强杭州在国际分工中的地位。主动、积极融入全球现代产业协作和市场体系。鼓励本地有实力的企业"走出去"，主动参与全球经济的再分工，获取资源、技术、品牌，开辟更为广阔的市场空间，实现企业的跨越式发展。三要构建国际化产业发展平台。发挥高新技术产业开发区、经济技术开发区和各类科技园区在产业国际化的平台作用，切实增强开发区建设在招商引资、对外经贸合作、优化城市产业结构、推进城市建设方面的积极作用。以国际化规划理念，创新型城市的思路，谋划大江东新城和城西科创产业集聚区建设。两大产业集聚区要建设成为增强城市产业竞争力的新载体，推动杭州国际化发展的新聚地，在杭州城市国际化特别是产业国际化中发挥先导作用。

（四）构建国际化的体制机制

要按照建设国际化城市的要求，进行制度创新，加快体制、制度和机制与国际规则的衔接。一是进一步完善市场经济环境。要从体制上解决阻碍生产力发展的主要因素，包括创造更加公平有效的市场竞争环境，建立产权明晰的企业制度，制定对各种所有制经济成分都共同适用的竞争政策，形成以供给效率为中心的税收、外汇、信贷、研发支持等激励机制。加快资本市场、土地市场、技术市场、人才市场等要素市场建设，不断提升各类市场开放度。积极推动区域经济合作，培育生产要素高度集聚，产品服务高度开放的区域共同市场。建立健全与国际接轨的现代市场经济体系，基本形成有形市场与无形市场兼有、国际市场与国内市场相通、要素市场与消费市场并行的多元市场格局。主动融入国际市场，承接经济全球化机会和利益，并依托适当的平台，掌握更高层次利用全球资源要素主动权的体制机制，在更广范围、更高层次上利用国际市场，获取资源和配置生产要素，拓展经济发展空间。要加快建立与国际经济接轨的与现代市场经济体制相适应的社会信用体系和法律环境，重视市场规范建设和知识产权保护，营造公平竞争的市场经济环境。二是大力推进行政管理体制改革。按照国际规则和国际惯例，转变政府职能，创新行政管理体制，建设公共服务型政府。加快行政审批制度改革，切实大幅度精简政府审批事项，减少审批时间，提高政府管理效率。改进和规范行政审批管理方式，实现公开审批、规范审批、依法审批，提高行政效率和服务水平。推进机构改革，创新政府决策、执行和监督机制。健全行政法律法规体系，完善行政法律监督，实现行政机构设置法定化，进一步推进依法行政。 深化司法体制和工作机制改革，优化司法职权配置，提高司法服务国际化水平。加快建立公共信息数据交换平台，向社会提供及时、方便的信息。推行政府绩效管理和行政问责制度，加强对权力的监督，提高政府的执行力和公信力。三是建立国际化社会运行管理体制。建立健全适应国际化要求的中介服务体系，积极培育发展各种社会组织、中介组织、引导更多社会力量参与城市社会管理，提高社会经济组织化程度。适应经济社会对外开放步伐，建立和完善与国际接轨的技术咨询中介体系，法律服务中介体系，现代物流中介体系，包括会计、税务、审计、评估在内的经济鉴证类中介体系，包括投资、证券、理财在内的金融资本中介体系等，增强经济活动的社会化组织程度。完善行业组织治理结构，赋予行业组织必要的协调、服务和管理职能，充分发挥其提供服务、反映诉求、规范行为的作用，形成符合市场经济要求、与国际通行规则相衔接的企业办会、政府支持、民主自律的运行机制，为杭州融入世界城市体系建立良好通道。加强信用城市建设，以完善公共安全、信贷、纳税、合同履约、产品质量的信用记录为重点，全面推进信用建设，打造“信用杭州”。

（五）构建国际化的人文社会环境

人文社会环境建设是城市国际化的重要内容和保证。一要加快推进市民素质国际化。市民素质是衡量城市现代化水平和综合竞争力的决定性因素，要坚持以人为本的发展观，切实把实现人的全面发展作为各项工作的根本出发点和归宿，大力弘扬人文主义精神，着力营造尊重人、了解人、关心人、提高人的浓厚氛围，创造城市发展的人文环境；要坚持思想道德素质与科学文化素质共同提高，传承历史人文与弘扬时代精神紧密结合，分层推进与整体推动相互协调，引导广大市民增强面向未来、面向世界的开放意识，培育谦和礼让、团结友善的包容意识，树立积极向上、开拓创新的进取意识，遵守国际礼仪，养成文明行为，提升道德境界，以海纳百川的胸襟、乐观自豪的心态，积极参与和推进城市的国际化。二要形成包容性文化氛围。包容性文化氛围体现城市的胸怀和自信，反映城市对人的理解、关怀和尊重。有了这样的文化氛围，才能吸引更多的人才和产业，才能拥有更强的凝聚力，才能释放更大的创造力。要弘扬“包容并蓄”的优良传统，维护好包容性的文化氛围，让不同国度、不同民族、不同宗教信仰的人们都能在这座城市包容共存、和谐共生。对外来文化要有较强的认同感，并具有包容、接纳并融入外来文化的自觉要求。要提高居民的开放意识和对外交流能力。通过“引进来”和“走出去”，广泛进行经济文化教育人才等方面国际交流，拉近杭州与世界的距离，提高居民的开放意识和对外交流能力。三要建立适应国际化的社会保障机制。大力发展科教文卫各项社会事业，创办与国际接轨的高水平教育和医疗机构，着力解决在杭外籍人员就学和就医问题。加快建设国际学校、国际医院、文化演艺场馆以及教堂等公共设施，满足城市的多元需求，创造更高质量、更加丰富多彩的生活环境。参照国际标准和惯例进行社区建设、形成多元社区文化。在外籍居民相对集中的区域有针对性地设计一些城市公共艺术活动以及国际超市、酒吧、国际学校、私人诊所等配套公共服务设施。建立专业服务人才与资源储备，有针对性地提供外籍人士服务项目，提供在杭外籍人士网络支援平台引进“国际社区”标准体系。进一步完善公共场所双语标志，增加政府窗口部门和公共服务单位的外语服务内容，提升对外商务、信息、咨询、中介等服务功能，为国内外人士提供居住安全、服务周到的生活环境及与国际接轨的文化设施。

四、杭州推进城市国际化过程中需要注意的问题

（一）城市国际化不能导致城市过度膨胀

国际化城市要求人口和地域有一定的规模，国际公认大城市的人口数一般要达到50万以上，城市国际化往往伴随城市人口规模扩张和城市空间外延拓展。但实际上，一个城市是否国际化城市，与城市人口和地域的规模并没有本质的必然的关系。比如，威尼斯水城的常住人口大约只有3万人，总人口不过10万人，澳门人口也只有50余万人，这并没有妨碍它们成为国际化城市。要防止在推进城市国际化过程中，以建设国际大都市的名义，盲目扩大城市规模，把城市国际化简单地看成一个人口增加、区域面积扩大的过程。杭州推进城市国际化，要把提升城市品质放在首位，牢固确立“品质导向”，以国际视野来规划城市，用国际标准来建设城市，按国际惯例来管理城市，塑造国际形象来营销城市，不断提升城市的产业品质、建设品质、环境品质、人文品质和生活品质，让人民群众共享城市建设发展成果。要坚持“一主三副六组团”的城市结构不动摇，按照多核组团结构推进城市化，防止城市“摊大饼”式的扩张。要坚持“细节为王”、“细节决定成败”，不断追求卓越，打造“世纪精品、传世之作”，放大“名画效应”，把杭州建设成为精致和谐、大气开放、充满活力、富有魅力的东方品质之城。

（二）城市国际化不能牺牲城市特色

城市国际化，意味着要在更高层次上参与国际分工、国际循环、国际竞争，接轨国际，参与国际城市体系之中。但国际化不是欧洲化、美国化，不能因为国际化不切实际地一味与国外城市的国际化攀比，甚至不惜重金投入拷贝一些国际化城市模式，牺牲自己城市的特色。城市特色是城市不可替代的个性标志，是一个城市有别于其他城市的重要亮点。城市特色是城市的魅

力所在，也是城市参与国际化的资本。特别是在城市基本框架形成后，城市特色更是推动城市国际化的有效途径。正如城市设计专家指出的：任何一座城市如果不具备地方化文脉及其沿地方化之路成长的基点，城市国际化便成为无源之水、无本之木。城市形象的地方化是城市国际化的前提；城市只有建立牢固的地方化基础，才能在国际化城市之林拥有自己的一席之地。对于崛起的中国国际城市而言，国际城市的关键涵义在于，在完成有关国际城市的基础框架建设之后，探索如何差异化发展、特色化升级。国际城市建设，必须也只能以挖掘本土文化和发扬自身特色为基点。杭州推进城市国际化，要特别重视保护城市特色，避免像国内一些城市那样在建设"现代化的国际大城市"中大拆大建，破坏城市特色和文化的做法，要处理好城市现代化与城市历史文化传承的关系，着力塑造个性突出、鲜明优美的城市形象，使城市的文化底蕴与现代化气息融为一体，打造具有浓郁东方特色的现代化国际城市。

（三）推进城市国际化不能只重硬件不重软件

国际化城市有一定标准，首先是硬件国际化。主要表现为国际化的城市形态、基础设施及国际化的宜居宜业环境等。但光有硬件国际化还不够，还要有软件的国际化，包括如文化、教育、制度、人的素质等。国外学者提出的"国际化大都市"构成的要件很多，但归纳起来，无非"硬实力"（Hard Power）和"软实力"（Soft Power）两大类，其中软件是衡量国际化水平的最重要的标准。北京大学副校长海闻认为，国际化先进城市的建设重点在于提升软实力，从政府服务的角度则体现在政府公共服务和法治环境上，包括公务中的双语使用，外籍人士使用政府网站的便利程度、外籍人士社会保障制度、外籍人士子女接受教育的便利程度策等。国内一些城市在推进城市国际化过程中，往往对硬件国际化比较看重，对软件国际化不很重视。一些城市的硬件建设方面与国外没有区别，但软件方面差距很大，这样的国际化不是真正的国际化。杭州推进城市国际化，要避免上述倾向，做到既重视硬件国际化，也重视软件国际化；既关注物质的东西，也关注精神的东西；既关注表面的东西，也关注内在的东西。要把让城市生活更加美好、让人民享受更多现代文明作为国际化的核心理念和目的，不断提高人民生活品质。要建设创新城市、智慧城市、生态城市、幸福城市，打造优美舒适的人居环境。要加强城市建设与管理，加强和改进公共服务，降低城市商务成本，打造资本技术人才等高端要素集聚的平台，吸引更多的人才和产业，增强城市竞争力。注重城市建设的文化内涵的建设，加强适应国际化要求的宜居宜业软环境建设，提升城市核心竞争力。

（四）推进城市国际化不能脱离实际盲目冒进

国际化作为城市发展的战略和重大公共政策，离不开全体市民的共同参与，离不开全社会的高度共识。杭州城市国际化的目标是建设国际化大都市，这是杭州城市实际和发展要求决定的。但杭州的城市化水平与国际化大都市还有很大差距，不具备建设国际化大都市的条件。杭州推进城市国际化，要从实际出发，不能把最终的目标当成现实的任务，脱离实际去追求所谓国际化大都市。城市国际化是一项庞大的系统性工程，城市国际化任务艰巨，需要长期的艰苦努力，杭州现在的任务是努力提高国际化水平，要防止急于求成、提出一些不切实际的口号和要求。推进城市国际化，要加强顶层设计，制订总体规划和专门规划。要周密部署，精心安排，稳步推进。在推进城市国际化过程中，要学习借鉴先进城市的经验和做法，但不盲目照搬照抄，要结合实际出发，创新发展，做到理念先行，定位准确，规划科学，以点突破，走差异化、区域化、特色化的城市国际化道路。

（黎青平、邹烨、黎斯楠、石海萍）

【附一】

城市国际化相关概念与杭州城市国际化进程的思考

城市国际化是从国别的尺度去衡量城市影响地域，特别是指其吸引和辐射功能等的国际意义的一种属性，其程度的强弱依城市本身的国际地位而异。在国际上展开城市国际化的系统研究，大致是20世纪80年代中期以后的事情。中外学者基于不同国度，站在不同视角已对城市国际化及其相关概念进行了大量分析研究。在此笔者不再赘述，只想对几个相关概念进行辨析，并提出推进杭州城市国际化进程的几点思考。

一、城市国际化几个相关概念辨析

（一）城市现代化与城市国际化的关系

城市现代化是城市国际化的基础，城市国际化则是城市现代化的必然发展，城市的国际化比城市的现代化具有更高的涵盖性、更大的空间性；换句话说，一个城市的国际化是以相当程度的现代化发展为前提，而一个城市的国际化水平提高则必然意味着其现代化程度的进一步发展。进一步而言，一个城市要实现更高程度的现代化，建设现代化国际城市就成为其必然的战略选择。城市现代化既是城市国际化的基础，又是建设现代化国际城市的最终目的所在。

城市国际化是一个空间概念，反映了超出国界的内容和跨越国际的集散、辐射和影响的功能。而城市现代化是个时间概念，是就城市主体本身的发展水平，特别是城市基础设施的现代化程度而言。

（二）城市化与工业化、信息化、国际化相互促进、协调发展

城市化是一个综合概念，本质上是一种经济社会结构的变动过程，在这一过程中，农业人口比重逐渐下降、工业和服务业人口比重逐步上升，人口和产业向城市集聚，生产方式、交换方式和生活方式向规模化、集约化、市

场化方向转换。从某种意义上讲，一个国家和地区现代化的进程就是城市化的进程。世界上发达国家一般都有很高的城市化水平。

城市化不是个单一的过程，是与工业化、信息化、国际化紧密相连的，正确认识和处理好这四者的关系，才能使社会向城市集中，使城市经济结构、社会结构和功能布局进一步优化，从而加速城市现代化。

1. 工业化是城市化的产业基础

工业化是以大机器生产方式的确立为基本标志的，工业化过程显示的特征是：生产要素不断由农业向工业转移，工业在国民经济中的份额，无论以产值衡量，还是以劳动人口来判断，都处于上升趋势。这个过程是任何国家走向现代化的必经发展阶段。

工业化与城市化有密切的关系。一方面，工业化是城市化的原动力，它不仅为城市发展提供了必要的物质技术条件，而且其自身发展的规律，必然导致产业、资本、人口的地域空间集聚，由此带动城市发展和城市化进程；另一方面，推进工业化又要以城市为依托，城市化发展带来的集聚经济效益、外部经济效益以及优位经济效益（包括地理优位、交通优位、资源优位）等，又反过来加速工业化的进程。因此，工业化和城市化既相互制约，又相互促进。

城市化是工业化的必然结果，在推进城市化过程中，必须把加速工业化放在首要位置，进一步加快城市化进程，以此带动经济持续、快速、健康发展。工业化表现的是现代生产方式的发展，城市化则表现了现代生产方式和生活方式的结合，使城市经济和城市生活在全部经济社会活动中占主要比重，这是经济现代化的重要标志之一。工业化和城市化的相互作用，推动着社会的进步和经济的快速发展。因此，把工业化和城市化进程融为一体，是推进现代化建设的必然选择。

2. 信息化是提升城市现代化水平的重要手段

信息是指以数码知识、网络技术为基础，信息类产品极大丰富、迅速传播，并由此引起人类社会经济全方位介入的信息技术的应用和普及。信息化是城市化的催化剂，城市化是信息化的重要载体。从近年信息产业迅速发展的事实中看到，远程通信、计算机和信息技术趋于融合，使信息的采集、储存、处理和传导都可以用二进制数字来进行，并且激烈的竞争使信息产品价格下降，普及性增强。新的技术、网络和服务会不断创造新功能。实现信息化的城市，不仅可以在网络上建立虚拟城市，再现城市的各种资源分布状态，更为重要的是，能促进城市不同部门、不同层次之间的信息共享、交流和运用，减少城市资源浪费和功能重叠，加强对城市发展的宏观管理。

3. 国际化是对外开放城市加快城市化进程的重要条件

一般来说，城市的市场化程度较高，开放度也较大。一些国际性的金融中心、贸易中心、航运中心、制造业中心的发展，往往会形成国际大都市。这表明市场体系是以城市为基础建立的，经济的国际化也是主要依托城市市场进行的。加入世贸组织后，我国经济国际化的进程不断加快，参与国际竞争的程度逐渐加深，这已大大推动了城市化进程和国际化进程的相互融洽，相互促进。

（三）国际性城市、国际化城市与城市的国际化之间的关系

国际性城市、国际化城市与城市的国际化几个概念，在理解上存在一定的差别，在城市的规模和等级上有所不同，但从本质上讲，都是反映城市发展的高级阶段。通俗地讲，现代化国际城市可称为国际性城市或现代化国际城市，当其规模和层次再向新的高度发展和递进时，可称为国际化大都市、国际性大都市或世界性城市。由此看来，从静态的角度看现代化国际城市与国际性城市和世界性城市的内涵是相同的；从发展动态的角度看，城市的国际化是一个过程，国际性城市则是这一过程的结果，是这一过程进展到一定程度之后的产物。

二、推进杭州城市国际化进程的几点思考

（一）提高认识，更新观念，用国际化的理念促进城市发展

杭州城市国际化首先需要提高认识，更新观念，重新审视传统的城市发展模式。国际化发展战略是一项宏大的系统工程，决定着杭州的发展与未来。为此，必须努力提高全市各级干部和广大群众对杭州建设现代化国际城市的必要性、重要性和紧迫性的认识，摒弃封闭式的小生产经济观念，改变“小富即安”的思维方式，树立开放式的国际化大生产的经济观念。在充分利用城市的传统优势的同时，努力提升城市国际化功能形态和内涵。在全球

经济一体化趋势加快的今天，杭州需要有超前的国际城市理念，做好国际化的城市规划，加快城市的现代化基础建设。在充分发挥杭州传统特色的同时，积极培育高科技产业、旅游产业和文化创意产业，寻找突破口，打造杭州城市新的增长点。

在现代高度发达的信息社会中，城市不再是一个孤立的地方堡垒，而是全球城市网络中的一个节点。国内外许多城市都提出国际化发展战略，都在打国际化这张牌，杭州如何应对这一挑战呢？笔者认为杭州只要能够抓住机遇、发挥优势，就能在全球城市网络中突显出来。城市国际化的首要目标是使城市与国际社会接轨，以国际城市为标准，跟上全球化时代发展的脉络，把城市打造成最具活力的、具有国际影响的生活品质之城。尽管杭州的国际化进程受到诸多方面的制约，如经济腹地小、没有国际港口、产业层次不高、文化的国际性不强，等等，但是，从相关国内外城市的国际化经验来看，杭州完全有可能以跨越式的发展推进城市国际化，完全有可能在全球城市网络中凸显出自己的影响力。

（二）优化城市环境，聚集高端人才

城市要走向国际化，人才是关键。尤其在知识经济初见端倪的今天，一个城市的竞争优势已从地理优势、资源优势，转向政策优势、服务优势，最终落脚于人才优势。因为要实施运作城市国际化这一庞大的战略系统，方方面面的工作均需要人来完成。如果缺乏高素质的职业企业家队伍、专业技术队伍、专业咨询队伍，以及一大批精通国际贸易、国际营销、国际投资、国际法律、国际税收、工商管理、国际语言等方面的人才作保障，那么建设现代化国际城市就可能会成为空谈。为此，必须确立“人才资源是第一资源”的观念，把强化人才资源开发作为促进杭州走向国际化的一项战略任务来抓。最关键的是，在全市范围建立健全以人才的引进、选拔、使用为主要内容的人才资源管理机制。杭州市应利用得天独厚的自然环境和人文环境优势，吸引国际高端人才。同时应推进教育国际化，促进高等教育与产业、企业和市场的结合，促进城市经济的可持续发展。其中应着力推动外包人才和IT业人才培训，进一步摸清外包企业相关需求，加强与培训机构沟通，努力扩大订单培训规模。

（三）找准城市目标定位，大力发展高端产业

2008年年初，国务院出台了《进一步推进长江三角洲地区改革开放和经济社会发展的指导意见》，进一步把长三角的发展上升到国家战略层面。区域发展战略由国务院制定，这是从未有过的。上海是长三角中心城市，杭州和南京是区域性特大城市，这进一步提升了杭州的战略地位。2010年，国务院正式批准实施《长三角洲地区区域规划纲要》，提出了四个定位。一是长三角是中国经济发展实力最强的区域；二是要成为国际先进的制造业基地；三是亚太开放门户，充分做好做足空港经济的文章；四是要建成具有较强国际竞争力的世界城市群。因此杭州必须抓住机遇，树立产业高端化的发展目标，建立起以高端制造业、高端服务业“两轮驱动”、“两点支撑”的新产业体系。所谓“两轮驱动”、“两点支撑”的新产业体系：一是大力发展高端服务业，形成以现代金融、现代物流、科学研究、技术服务、商务服务、高端旅游为主体的高端服务业体系。二是打造产业高端的先进制造业基地。以高端服务业为支撑，以工业园区为载体，打造IT、软件、装备等制造业基地，形成先进制造业的聚集效应。加快实施产业的升级置换，积极发展文化创意产业，培育旅游经济、会展经济和物流经济。

杭州市在国际化进程中应找准城市目标定位，充分发挥自己的优势和特色。国际化城市有两种目标定位：一种是国际化大都市，另一种是区域性国际城市。由于杭州的地理位置和产业特点，杭州不可能像东京、纽约、上海等超大城市那样定位于国际大都市，而应定位于区域性国际城市——国际风景旅游城市、国家级历史文化名城。同样，杭州也不应是像芭提雅、三亚那样单一的旅游观光城市，而应是一座综合的区域性国际城市——长三角南翼及浙江省政治、经济、文化中心。杭州在推进城市国际化发展中需要产业之间协调，尤其是重点发展高科技产业，推进城市经济的发展。重视制造业的发展，提升高科技园区品质，大力推进技术密集型、知识密集型的高科技产业发展，发展金融服务产业、文化创意产业。杭州无须与国际大都市比规模、比全能，而应比品质、比特色。

（四）注重政府的导向职能，发挥中介组织等非政府组织的作用

纵观世界国际化城市的发展可以发现，政府在城市国际化的发展进程

中具有重要作用，合理科学的城市政策可以推进城市的快速发展，不合理的政策则可能延误城市的发展。尤其是后起的发展中国家，如迪拜等城市，政府的作用更为显著。为此，杭州市政府在城市空间布局、城市交通、产业培育、市场布局、财政税收的运用、公共职能的建立等方面，需要大胆创新，采取更加开放、前瞻和灵活的城市管理政策，敢于投入，敢于争先，使政府的管理更加民主、更加高效。进一步做足做好区位优势，既要发挥在长三角南翼中心城市的重要地位，又要在国际区域分工协作中发挥自己的影响力。

行业复合型组织是政府与企业之间的桥梁，政府有关部门首先应当注意发挥其导向作用，为企业提供贸易信息、贸易咨询、投资中介等方面的服务，或者组织商品展览、贸易洽谈、国际间的相互访问交流等活动，以促进国际贸易活动和城市国际化水平的提高。其次，律师事务所与国际仲裁机构及海事法院等部门也应当增强为企业服务的观念与意识，为企业开展国际经济活动提供咨询与帮助。第三，政府要制定政策，鼓励大学、外贸集团公司、跨国经营公司、银行等成立咨询服务机构，对在杭企业开展国际投资、国际贸易、国际融资等方面的咨询服务，推动企业的国际化进程。

（五）做好宣传策划等各项服务，打造“天堂软件·杭州外包”

思想是行动的先导。没有国际化的思想观念，就不会有适应国际化要求的行动，也就不可能建立起国际化的城市。因此，杭州国际化城市建设，必须从人们思想观念更新和国际化建设入手，要充分利用广播、电视、报刊等各种媒介广为宣传、大造舆论，形成一个全市思想总动员、人人为杭州走向国际化献计献策的局面。

随着全球制造业转移的完成，许多跨国公司正在逐步将研发部门转移到中国，这时他们需要由服务外包公司来帮助他们组建团队，这是一个良好的机遇。我们应瞄准世界服务外包100强和优势总发包商，跟踪在谈项目，重点引进一批上规模、上档次的服务外包企业。杭州市服务外包行业协会暨产业联盟于2008年10月8日成立，这意味着“天堂软件·杭州外包”品牌全面运营的开始。产业联盟是基于市场资源共享，以协议方式形成的企业战略合作联合体，是企业竞争与合作关系的最新发展。杭州服务外包行业协会和产业联盟的成立，有利于整合资源，提高接单能力，有利于发挥规模效应，增强产业竞争力，有利于紧跟国际潮流，共塑品牌形象，必将有力地推进杭州服务外包产业的发展。

努力办好国际金融服务外包年会和金融服务外包国际论坛；组织企业参加国内外具有影响力的服务外包专业展会；加强服务外包宣传，营造良好舆论氛围。关注服务外包动态，开展专题研究，定期发布杭州服务外包产业发展报告；服务外包行业协会与政府保持密切联系，宣传推广扶持政策，用足用好专项资金；及时反映企业诉求，构建公共服务平台；引导企业加强对自有核心技术知识产权的合同管理和实际控制。

（六）提高城市基础设施，优化城市硬件和软件功能

杭州相继获得联合国人居奖、国际花园城市、中国最佳旅游城市等十多项世界级、国家级荣誉，已连续两年被评为“中国城市总体投资环境最佳城市”第一名，连续多年被评为“中国最佳商业城市排行榜”第一名。然而杭州要想成为区域性国际化城市，还需要提高城市基础设施，优化城市硬件和软件功能。

随着杭州经济社会发展、城市化推进和长三角一体化进程，空港经济发展显得越来越重要。空港经济圈是杭州区域发展的重大战略问题。杭州空港要从单一的交通中心转为以航空产业为依托，融合航空物流、国际商务、高新技术产业为一体辐射周边区域的经济中心，成为带动周边区域发展的新引擎。通过发展空港经济，可以做强空港主体，更好地发挥其功能，成为长三角南翼重要的国际门户；可以成为杭州流量经济的重要节点，依托空港大力发展国际物流，形成长三角综合交通物流枢纽的重要部分；有利于带动高新技术产业的聚集，打造具有国际竞争力的临空型产业集群；可由城市的机场变为机场的城市，成为江南副城的重要组团；有利于建设杭州都市经济圈，更好地服务全省和长三角；扩大杭州对外合作与交流，加快旅游国际化步伐。

规划并建设沪杭甬高速客运专线、宁杭城际列车和沪杭磁悬浮列车，引入杭州东站，在钱塘江建设越江通道。加快城市主次干路和地铁建设，建设快速交通联系通道。强化城市对外交通，加强与上海、南京、宁波、黄山等周边城市的联系。建设适度超前、整体达到国际国内一流和国际先进水平的城市信息通讯设施，建成覆盖全市的通讯网络系统。

建立与国际会展权威机构和国际名人之间的互动。充分发挥政府组织、行业协会、中介机构、骨干企业、民间大使等的桥梁作用，建立与国际会展组织的联系，加强与国际行业组织的合作，通过他们的支持、培育，引进一批优秀会展项目。此外，积极利用国际名人资源，通过名人效应扩大会展知名度。引进的品牌会展项目要有市场运作的前景，是能留在杭州并定期举办的项目。项目引进后，要积极消化吸收，不断创新发展，形成内源的扎根性。选择基础好、潜力大的会展项目与国际著名的会展公司合作，利用国际平台进一步做大做强。

引进外国人置业是城市国际化另一方面的体现。外国居民的多少是衡量城市国际化程度重要的可量化指标。关于国际大都市中外籍人口的比例，国际上存在5%、8%、15%和20%四种不同的说法。以最低的5%计算，中国还没有一个城市能达到这个比例，就算今后有很多外国人来杭州，住在杭州，也不能说明杭州就是国际化城市。因为国际化城市不仅仅具有外国人居住的数量问题，更重要的是城市国际化代表的是外国居民与当地居民的融合。而实现这种融合就必须拥有相应的设施。比如，可供外国居民就诊的医院和可供外国孩子读书的学校等。

制度的开放性是制度创新的基础和保证。制度创新的核心是建立一套与市场经济相适应，与国际惯例相衔接的经济运行机制、体制和法律体系。国际化城市的本质特征是其全方位的开放性，在城市及区域内部建立统一、开放、规范、有序的市场体系。

（七）加强公共标示的国际化，提高城市公众的沟通效率

公共标示的目的在于提高公众沟通效率，使公众处于同一信息平台，从而得到最便捷的服务和提示。一个城市要走向国际化，应适应各国人士的交往，在设计公共标示的时候，应该尽量采用图像，以求做到老少咸宜、中外皆懂。在当今读图时代，国际化都市更应当把大量直观形象的图像融入更多的公共标示中。比如公共厕所、交通警示、商家提示、餐饮广告、娱乐场所等的标示，都可以图文并茂，以规范易懂的图像为主，尤其是在风景旅游区应更加显著，这无疑将改善城市生活的软环境，为中外宾客创造更多的便利。

国际化城市要多用“图标”，英语中有句谚语，叫作“一张图片胜过万

语千言”。西班牙首都马德里的老街，用油画标示街道，便于那些文盲老人能找到回家的路；日本成田机场候机厅里的“优先席”，其标识图把老弱残孕的图像画得惟妙惟肖；澳大利亚墨尔本的建筑工地上，需要穿戴的安全保护用具也都通过漫画式的图片表现出来，让人一目了然；2008年北京奥运会和残奥会更是以通俗、醒目、人性化的提示，赢得国内外运动员和游客的好评。上述城市好的做法均值得杭州学习和借鉴。

（八）汲取国内外城市在国际化进程中的教训，避免重蹈覆辙

国际化是一柄“双刃剑”，它一方面能极大地促进一个城市、地区或国家的经济发展与现代化水平的提高；另一方面随着国际化水平的提高，经济的对外开放程度和对外依存度必然随之加大，这样自身的经济、金融、贸易甚至文化等，必然要受到世界经济尤其发达国家的制约和影响。尤其当自身经济发展水平较低、技术水平不高、产业发展处于幼稚阶段时，这种影响就更大。通常来看，一个城市在国际化过程中的风险，主要来自以下几个方面：（1）无形资产流失；（2）环境污染问题；（3）境外企业失控；（4）市场没能换回技术。杭州市要通过国际化实现自己的发展目标，政府及决策机构应当遵从积极审慎、趋利避害的方针，总结经验、汲取教训。

综上所述，从相关国内外城市的国际化进程中的经验和教训看，杭州城市的国际化可以选择这样的路径，即理念先行，定位准确，规划科学，以点突破，走差异化、区域化、特色化的城市国际化道路。全面提升杭州的经济生活品质、文化生活品质、政治生活品质、社会生活品质、环境生活品质，并通过城市国际化程度的提升，把杭州建设成为现代、和谐、宜商、宜居的东方休闲之都和与世界名城相媲美的生活品质之城。

（张海如）

【附二】

发展现代服务业 提升城市国际化水平

高度发达的服务业，是现代经济增长的重要动力和现代化的重要标志。当前，世界经济重心已从制造业转向服务业，全球竞争的焦点已从商品转向服务，加快服务业发展，已成为经济发展的一个根本性战略性课题。杭州已进入一个新的发展阶段，既面临加快发展难得的机遇，也面临发展优势弱化的严峻挑战，加快发展服务业，对于杭州优化经济结构、促进发展方式转变、实现经济又好又快发展、建设东方品质之城具有重大战略意义。

一、加快服务业发展的意义

（一）发展服务业是杭州转变发展方式的要求

转变发展方式，是关系我国发展全局的战略抉择。面对经济社会发展与资源环境的矛盾，必须根本改变传统的高投入、高消耗、高污染、低效益的发展方式，走低投入、低消耗、低污染、高效益的发展道路。服务业具有投资小、消耗低、污染少、效益高的特点，发展服务业，有利于实现发展方式的转变。据统计，和工业相比，服务业每千瓦用电可创造的工业增加值平均为5.22元，可创造的服务增加值平均为47.37元，是工业增加值的近9倍。发展服务业有利于减少对资源的依赖，提高经济发展的质量和效益。特别是发展具有高科技含量、高渗透性、高附加值、高产业带动力特点的生产性服务业，有利于用先进技术和管理手段改造传统产业，提高自主创新能力，转变单纯靠增加投入、消耗资源、污染环境为代价的粗放式增长方式。杭州是一个经济大市，同时又是一个资源缺乏的城市，土地、资金、能源、环境等制约因素不断增加，制造业发展越来越受到外部资源供给的制约，发展服务业是杭州实现经济结构调整，产业升级，推动经济又好又快发展的战略需要。

（二）发展服务业是杭州城市定位的要求。

根据杭州市城市总体规划和国务院批准的《长江三角洲地区区域规

划》，杭州城市定位有三句话：浙江省省会和经济、文化、科教中心，长江三角洲南翼中心城市之一；国家历史文化名城和重要的国际风景旅游城市。杭州城市定位决定了杭州必须大力发展服务业。作为浙江省省会城市，杭州承担服务全省的重任，要成为全省政治、经济、文化、科技和信息中心；作为长三角南翼中心城市，杭州必须切实增强区域中心城市的辐射功能，成为区域人流、物流、资金流、信息流的整合平台；作为国家历史文化名城和重要的国际风景旅游城市，杭州更需要有高度发达的服务业，为广大中外游客"吃住行游购娱乐"提供全过程、全方位服务。国内外经验表明，一座国际风景旅游城市，必然是以服务业为主导、以服务业为支柱的城市。2012年杭州接待境外游客33112万人次，接待国内游客823688万人次，实现旅游总收入13992.25亿元。杭州有几十万人直接从事旅游业，有百万人为游客"吃住行游购娱乐"服务，服务业是杭州的立市之本。另外，杭州作为省会城市、三角南翼中心城市，必须增强自身的集聚能力和辐射功能，而这主要靠服务业。与高新技术产业一样，服务业是杭州这座城市的核心竞争力和综合竞争力所在。

（三）发展服务业是杭州发展阶段的要求

美国经济学家霍利斯·钱纳里，根据人均GDP，把经济社会发展划分为六个阶段，即初级产品阶段、工业化初期、工业化中期、工业化后期、发达经济初级阶段和发达经济高级阶段。[①] 2012年，杭州按常住人口计算的人均GDP为88985元，按当年平均汇率计算，达到14097美元。按照钱纳里的经济增长阶段划分，杭州已跨越工业化阶段的高级阶段，进入发达经济阶段的初级阶段。从国际经验看，后工业化社会阶段，产业结构将进入以现代服务业为主导的阶段。与此同时，随着传统制造业的衰落，一批现代都市产业和高新技术产业迅速兴起，进而带动技术密集的现代制造业和高新技术产业比重的上升。杭州也在大力推进产业结构战略调整，产业高级化、现代化的运行态势在加快。2012年杭州一、二、三产业分别实现增加值255.93亿元、3626.88亿元和3921.17亿元，分别增长2.5 %、8.5%和 10.1 %。三产业的比例为 3.3：46.5：50.2，服务业比重比上年提高了0.9个百分点，占比首超50%，但与发达国家相比，产业结构方面还有较大差距。杭州要抓住机遇，大力发

① 叶林堂："人均GDP超过一万美元后天津产业结构的阶段性特征与发展重点研究"，《江苏商论》2010年第8期。

展现代服务业，推动产业结构向高端化发展。

（四）发展服务业是杭州推进城市国际化的要求

目前，现代服务业产值已经占到全球GDP的40%以上，而国际化大都市现代服务业占GDP的比重已经达到60%以上，如美国服务业占GDP已达80%左右，中国香港90%，其他发达国家或地区也超过60%。国际大都市经济增长80%以上来自现代服务业，特别是包括交通运输业及相关行业、仓储、分拨等现代物流业，已经从各个产业中分离出来，更加信息化、系统化地为产业聚集提供基础服务，服务业成为解决社会就业和凝聚高端人才的重要行业，成为推动经济社会发展主动力，成为城市经济发展的重要支撑。杭州人均GDP超过1万美元，第三产业在经济中的比重2012年为50.2%，但与国际化大都市服务业在经济中的比重还相差很大，这说明杭州还不具备国际化城市的产业结构特征，也还不是现代化国际城市。杭州要提高城市国际化水平，要借鉴国际化城市的经验，选择服务业与制造业双引擎推动的城市产业发展模式，并且以服务业的国际化发展来推进整个城市国际化水平。

二、杭州发展服务业的对策

（一）正确处理现代服务业与先进制造业的关系，实现现代服务业与先进制造业的“双轮驱动”

20世纪制造业的一项革命性变化就是它与服务业的一体化，这已成为全球经济发展的趋势。随着现代专业化分工的深化和专业服务外置化趋势的发展，产业竞争力越来越依赖于设计策划、技术研究、现代物流等商务服务业的支撑，而单纯扩大加工规模降低成本的空间不断缩小，增加附加值越来越有限，只在制造环节上下功夫，依赖无限供给的低成本劳动力优势，这样的发展战略将受到极大局限，难以持久。后期工业化的一个重要特点，是服务业和制造业的融合发展，并以服务业为中心将分工价值的各个环节串联起来。同时，企业也已经把注意力从实物的制造转移到制造与服务相结合上来，经济活动以制造为中心逐渐转向以服务为中心。在工业产品的附加值构成中，纯粹的制造环节所占的比重越来越低，而服务业特别是现代服务业中物流与营销、研发与人力资源开发，软件与信息服务、金融与保险服务、财务法律中介等专业化生产服务和中介服务所占比重越来越高。现在已经没有纯粹的制造业企业，纯粹的制造业企业是计划体制下的产物，企业只管生产，产品由国家统购统销，现在的制造业企业如果不搞经营、不搞贸易，大集团就形不成，竞争优势就会丧失。服务业与制造业融合，有利于形成企业生产链，形成企业的竞争优势。

虽然发展工业特别是先进制造业仍然是杭州经济工作的突出重点，但杭州必须顺应发展阶段的变化，大力发展现代服务业，以服务业发展水平的提高来促进制造业水平的加快提升。一是构建产业融合发展的机制和环境。在新型工业化过程中，无论是打造先进制造业基地，还是建设现代服务业大市，都需要建立有利于两者紧密接触和良性互动的机制和环境，实现两者之间的 “无缝对接”。为此，必须在战略方面及早规划，综合运用产业发展政策，推动服务业与制造业的均衡发展。而商业信用、诚信体系和公共服务，是构成两大产业领域发展的 “软环境要素”。二是完善服务支撑体系。从杭州实际出发，应当着力在金融保险、商用房地产、教育培训、研究开发、现代物流、信息服务、工程和程序设计、会展、行业协会等服务业培育上下功夫，提高区域科技创新能力和信息化水平，构建功能完善的服务支撑体系，提高制造业与服务业的融合度。三是优化生产组织方式，现代服务业尤其是生产性服务业的发展，在很大程度上源于制造业企业的业务外包。要引导制造业企业走专业化道路，进行产业链重组，改变“大而全”和“ 小而全” 的组织结构，通过外包方式充分利用社会资源，加强核心竞争力，在分工深化的基础上实现规模经济。四 是加强信息技术的应用。信息技术的发展使生产性服务业的虚拟化、网络化成为一种可能，先进制造业与现代服务业的融合，建立在信息化平台之上。

（二）正确处理传统服务业和新型服务业之间的关系，实现现代服务业快速协调发展

有数据表明，20世纪70年代以来，生产性服务业作为现代服务业中最具活力的部门，在服务业内部的比重大大增加了，并且其发展速度超过了制造业。在服务业内部，发达国家生产性服务业的比重超过了50%。由于生产性服务业的异军突起，制造业与服务业之间彼此依赖的程度日益加深，传统

意义上的制造业与服务业的边界越来越模糊。当前国际现代服务业正呈现出技术化、国际化、标准化以及传统服务业之间的界限正逐步消除的趋势。现代服务业是现代信息技术与服务产业相结合的产物，是新兴服务业成长壮大和传统服务业改造升级而形成的新型服务业体系，具体包括两类：一类是直接因信息产业和信息化的发展而产生的新型服务业形态，如计算机和软件服务、移动通讯服务、信息咨询服务等；另一类是通过应用信息技术，从传统服务业改造和衍生而来的服务业形态，如金融、电子商务等。传统服务业是满足人们生活需要为主的服务业，包括商贸、旅游、房地产、社区服务等。传统服务业在杭州有着较好的发展基础，在浙江、在长江三角洲、在全国都有较明显的竞争实力和发展优势，杭州的传统服务业潜力还未完全发挥，现代服务业也逐步兴旺。杭州已经具备加快发展服务业的条件。因为随着收入提高，消费水平升级，物质消费的比重会逐步下降，科技、保健、旅游、文体娱乐、物业、保安等满足人的自身发展需要的个性化、多样化的非物质消费的比重会越来越大。我们要顺应这个趋势，加快生活型服务业发展，适应满足多样化的非物质消费需要，促进物质消费和非物质消费的结构转换，不断拓展新的服务方式，满足不同消费者的多层次需求。发展传统服务业的同时，也要在发展新型服务业上下功夫。目前发达国家服务业中的支柱或主导产业已经集中在新兴行业，杭州的问题是，一方面传统产业仍占较大份额，交通运输、批发零售、住宿餐饮占GDP的比重大；另一方面，生产性服务业发展不足，智力型、技术型、生产服务等行业比较薄弱，法律、会计、审计、咨询、调查、广告、会展等中介服务业发展不能满足需求。金融业、信息传输与计算机服务业占GDP比重低，租赁与商务服务业、科技与技术服务业占GDP的比重低。这种状况与杭州建设现代化国际城市的目标不相适应，杭州要大力发展新型服务业，推动新型服务业形成集聚效应，同时注意运用现代新型业态和组织方式改造提升传统服务业，形成规模优势和品牌效应，推动传统服务业与新型服务业的协同发展。

（三）正确处理好消费者服务业与生产性服务业之间的关系，实现重点领域跨越式发展

国际经验表明，在工业化前期，人均收入达到1000~1500美元时，服务

业产值比重会迅速增加，达到45%~50%；工业化阶段，人均收入在1500~5000美元之间时，服务业比重基本保持不变，农业比重显著降低而工业比重显著增加；当进入工业化后期阶段，或者信息化阶段时，服务业产值比重又会出现迅速增长，达到60%~70%以上。在前一阶段，服务业产值比重迅速增加，主要是传统服务业的发展；在后一阶段，主要是由于生产者服务业发展带来的。就目前而言，拉动经济增长主要靠投资、出口和消费。杭州为生产服务的体系特别是生产研发体系、物流体系已经有了一定的基础，并且呈现出蓬勃的生机，但大多还处于比较初级的状态，需要我们花大力气加以整合、改造和提升。消费在经济增长中处于主导地位，目前我国的增长主要靠投资、出口，但这只是暂时的、短期的，最终还得靠消费拉动。要从落实科学发展观、增强消费对经济增长的拉动作用出发，以满足人民群众日益增长的物质文化生活需求为方向，进一步发展消费性服务业。要推动生产性服务业与消费性服务业的竞相发展，生产性服务业是从制造业内部分离发展起来的新兴服务业，包括金融、保险、法律、会计、统计、信息、管理咨询、研发、工程设计、广告、仓储等，是具有高人力资本含量、高技术含量和高附加值的产业，它反映了现代服务业的发展水平。生产性服务业与制造业关系密切，健全的制造业是服务业发展的基础和前提，而高水平的生产服务业是制造业进步的依托和支撑，目前杭州制造业已经具备一定规模优势，大力发展生产性服务业可以促进制造业更好适应市场的变化，提升产业能级，化解市场风险，促进区域经济的协调发展。加快发展生产性服务业的重点应当放在保持科技创新服务业的快速发展上，力争重点领域实现跨越式发展。科技创新型服务业主要包括两大领域，即高技术型服务业和知识密集型服务业。科技创新服务业的核心竞争力主要体现在技术创新上，杭州的城市特色决定了杭州吸引国际现代服务业转移的主要领域将集中于技术型服务业，即在科技创新和技术攻关上有突破。知识密集型服务业，如研发、设计、中介、测试、咨询、技术市场等产业的创新性强、辐射面广，这些产业在杭州大多处于成长期，要花大力气加以扶持。加强咨询、金融、中介等支撑体系建设，加快产业培育与整体实力提升，建设和形成“杭州设计”、“杭州研发”，推进由

"杭州制造"向"杭州创造"转变。

（四）要正确处理好政府与市场的关系，实现政府政策和产业有机结合的效应最大化

最具竞争力的环境才能孕育出最具竞争力的产业。服务业的发展，很大程度上取决于发展环境的优劣，思想观念的转变，体制机制的转换，政府要做的主要工作就是营造环境，通过认真研究，出台各项政策措施，着力解决服务业发展过程中的各种制约环节，解决各种热点、难点问题，做好引导、扶持工作，优化发展环境，推动现代服务业和谐健康发展。杭州市从2005年开始，把发展服务业作为市委、市政府的重要工作，召开了服务业大会和与此相配套的九个分会，出台了杭州市加快服务业发展的实施意见和八个推进现代服务业重点领域发展的若干意见，以及杭州市加快现代服务业发展规划和八个现代服务业重点领域的分规划，对加快发展杭州现代服务业做了全面部署和动员，为现代服务业的快速发展提供了组织上和政策上的保障，现在的任务是要把市委、市政府的各项规划、各种政策、各类措施落到实处，将政府的政策扶持与企业产业的市场活力有机结合起来，使发展现代服务业的推动效力最大化。一是要继续大力营造现代服务业的发展氛围。加速发展服务业尤其是现代服务业，是杭州市经济发展面临的紧迫课题，各级政府尤其是各级领导干部一定要切实转变观念，弄清现代服务业发展的规律，增强统筹服务业发展的能力，真正把现代服务业发展作为推进新型工业化的重要内容和关键举措，成为杭州经济社会发展的新亮点和新增点。同时，要通过媒体，广泛宣传现代服务业发展的各种政策措施，营造有利于服务业发展的良好社会氛围。二是要进一步解放思想，用足用好各项政策。在政策执行过程中，要敢于突破保守思想束缚，相关职能部门要不折不扣地予以贯彻执行，要紧紧抓住国家和省市扶持地方服务业发展的机遇，精心包装项目。机关各部门要牢固树立大局意识和全局观念，冲破狭隘的条线利益观念，加强管理创新，转变工作作风，改变管理就是审批的思维定势，主动服务、超前服务、快捷服务、贴心服务，提高服务效能，进一步强化考核机制，制定完善服务业发展考核指标体系及相应的考核办法，尤其要加强服务业招商引资实绩的考核，形成鲜明的工作导向。三是要充分发挥企业的主体作用，政府要向组织协调和优化资源配置方向转变，通过扶持各种产业协会组织的发展，有效促进有创新能力的企业和产学研合作企业联盟。通过各种人才政策的落实，建立“企业人才培养基地”等形式，为企业吸引发展现代服务业的有用之才、急用之才，真正让企业成为现代服务业发展的创新创业主体，政府的主导、引导作用，只有与企业的主体作用的发挥较好地结合，才能真正起到“四两拨千斤”的效果，才能使政府出台的政策措施真正推动现代服务业的快速发展。

（五）正确处理好自主培育与引进发展的关系，实现现代服务业企业竞争力的全面提升

要加快发展具有杭州特色的现代服务业重点领域、重大项目和重点区块，以率先的意识、创新的思路，鼓励企业自主创新，包括原始创新、集成创新和引进基础上的消化吸收创新和模仿创新，有效整合创新资源，全面提高创新能力，大力发展以“我”为主的区域服务业，从而提升杭州现代服务业企业的核心竞争力，形成与经济社会相适应的、规模大、功能全、层次高的现代服务业体系。全力打造服务品牌，提高专业化水平，积极培育国际化和区域性具有行业竞争优势的服务企业集团，扩大经营规模，拓展市场空间，健全服务网络，增强辐射功能，形成若干个区域性的服务业发展中心，培育和发展杭州现代服务业企业的整体实力和竞争力。要借鉴国外知名机构、人才、管理经验和管理方法，营造本土现代服务业发展的良好环境，要加强国际合作，推进“引进来、走出去”战略，依托国际化服务平台，积极有序地扩大服务业对外开放，通过资产重组、股权转让、包装上市、买壳上市、到海外上市等多种形式，支持各种所有制企业吸引外资，以增强杭州服务业的国际竞争力；拓宽本土企业进入国际市场的渠道，提升本地企业的区域竞争力和国际竞争力。

（黎青平、朱秋林）

【附三】

推进城乡发展一体化 打造城乡统筹示范区

杭州市第十一次党代会把城乡发展一体化作为推动杭州经济社会发展的主抓手，提出打造城乡统筹示范区的目标。这是杭州市贯彻中央统筹城乡发展要求，结合杭州发展实际作出的重大战略部署，对于杭州经济社会又好又快发展，全面建成惠及全市人民的小康社会，开启率先基本实现现代化新征程，打造东方品质之城、建设幸福和谐杭州具有十分重要的意义。

一、杭州市推进城乡发展一体化的大背景

20世纪末，我国已胜利实现了现代化建设“三步走”战略的第二步目标，人民生活总体上达到了小康水平。但这种小康与全面小康相比有很大的差距，是一种低水平、不全面、发展很不平衡的小康。为此，在基本达到小康水平以后，党中央提出了全面建设小康社会的奋斗目标，要求“在本世纪头二十年，集中力量，全面建设惠及十几亿人口的更高水平的小康社会”。由于全面建设小康社会提出的一个重要依据，就是我国城乡之间、地区之间、不同收入群体之间的小康水平存在很大差距，因此，在提出全面建设小康社会后，统筹城乡发展的任务自然而然被提到议事日程。

（一）统筹城乡经济社会发展

2002年11月，党的十六大根据我国城乡发展不平衡的实际，提出了统筹城乡经济社会发展思想。十六大报告指出：“统筹城乡经济社会发展，建设现代化农业，发展农村经济，增加农民收入，是全面建设小康社会的重大任务。”2003年3月，党的十六届三中全会通过《中共中央关于完善社会主义市场经济体制若干问题的决定》（以下简称《决定》），进一步提出“统筹城乡发展、统筹区域发展、统筹经济社会发展、统筹人与自然和谐发展、统筹国内发展和对外开放”五个统筹，并把统筹城乡发展摆在五个统筹之首，《决定》还把建立有利于逐步改变城乡二元结构体制作为完善社会主义市场经济体制的目标和任务。

（二）以工补农、以城带乡

2004年9月，胡锦涛在党的十六届四中全会上明确提出“两个趋向”重要论断。他指出，纵观一些工业化国家发展的历程，在工业化初始阶段，农业支持工业、为工业提供积累是带有普遍性的趋向；但在工业化达到相当程度以后，工业反哺农业、城市支持农村，实现工业与农业、城市与农村协调发展，也是带有普遍性的趋向。他指出我国现在总体上已到了以工促农、以城带乡的发展阶段。2005年12月29日，温家宝总理在中央农村工作会议上的讲话中指出，必须适应经济社会发展新阶段的要求，实行工业反哺农业、城市支持农村的方针。2007年，党的十七大报告强调，必须按照统筹城乡发展的要求，建设社会主义新农村，建立以工促农、以城带乡长效机制，形成城乡经济社会发展一体化新格局。

（三）推进城乡发展一体化

2012年11月，党的十八大在提出2020年全面建成小康社会的宏伟目标后，在城乡统筹发展上，提出推进城乡发展一体化，并把它作为加快完善社会主义市场经济体制和加快转变经济发展方式的重要任务之一。十八大报告强调城乡发展一体化是解决“三农”问题的根本途径，要求以城乡一体化为指导，加大统筹城乡发展力度，坚持工业反哺农业、城市支持农村和多予少取放活方针，形成以工促农、以城带乡、工农互惠、城乡一体的新型工农、城乡关系。

从统筹城乡经济社会发展到以工促农、以城带乡，到推进城乡发展一体化，反映了我们党城乡统筹思想的深化和发展，表明我们党在解决“三农”问题上力度加大。正是在这样的背景下，杭州市提出了推动城乡发展一体化，打造城乡统筹示范区的战略部署。

二、杭州推进城乡发展一体化的客观要求

统筹城乡发展是十六大以来我们党全面建成小康社会的重大战略部署，具有普遍指导意义。对于杭州来说，统筹城乡发展尤其有意义，它是杭州发展的内在要求。

（一）城乡发展不平衡是杭州最突出的问题

中国有东西部差距，杭州也有东西部差距。杭州下辖的临安、富阳、桐庐、建德、淳安5个县市，位于杭州西部，面积占到全市80%以上，生产总值却只占全市的20%。五个县市老百姓的收入水平和享有的社会保障、公共服务，与城区相比也有很大差距。而且越往西，经济发展越相对落后。杭州区域内东西部发展差距，活生生就是全国东西部差距的“缩微版”。由于东部是城区，西部是广大农村，因此杭州的区域差距，实质是城乡差距。城乡发展不平衡问题，严重影响了杭州经济社会发展，是杭州经济落后于国内一些发达城市最主要的原因。城乡发展不平衡问题不解决，必将严重影响到杭州今后又好又快发展。解决城乡发展不平衡问题，关键要消除城乡“二元结构”。推进城乡发展一体化，把城市与农村、工业与农业、农民与市民作为一个有机整体，从而找到了从制度上破解城乡发展不平衡问题的“金钥匙”。

（二）城乡统筹是杭州发展的新蓝海

杭州面临着资源要素制约加剧，改革攻坚难度加大，社会矛盾多样多发等问题，继续走在前列的压力加大。以GDP为例，2012年以前，杭州经济连续22年保持两位数增长，但2012年只有9%，GDP增速首次跌破两位数。2012年以前杭州经济总量长期为省会城市第2名，副省级城市第3名，全国大中城市第8名。2012年杭州发展速度下跌后，经济总量也跌为省会城市第4名，副省级城市第5名，全国大中城市第10名，而且今后发展压力仍然很大。面对巨大的发展压力，杭州要保持经济又好又快发展，推进统筹城乡发展是必然选择。2012年8月14日的《人民日报》文章指出：“对杭州主城区来说，各种优质资源和生产要素越来越高度集聚，发展空间却日益逼仄，资源要素的辐射和溢出效应日趋增强；而杭州5县市及农村地区幅员广阔，资源充足，且产业层次相对较低，各类公共服务及社会事业相对欠缺。城乡携手、互补互利，成为不二之选。”显然，统筹城乡发展，对于杭州破解发展压力，实现经济社会有好又快发展有重要意义。

（三）推进城乡发展一体化是杭州率先基本实现现代化的根本保证

中央提出全面建设小康社会后，对沿海地区发展寄予很大期望，要求沿海地区先行一步，率先建成小康社会，基本实现现代化。杭州作为中国沿海发达城市，更应走在全国前列。浙江省委、省政府要求杭州发挥省会城市优势，在全省起到龙头、领跑、示范、带头作用。根据中央浙江省的要求，结合杭州实际，2010年杭州市十一次党代会提出全面建成惠及全市人民的小康社会，开启率先基本实现现代化的新征程，为打造东方品质之城、建设幸福和谐杭州而努力奋斗的新的宏伟目标。围绕这个目标，杭州市十一次党代会提出要以城乡一体化为主抓手，打造空间集约利用、要素有序流动、资源合理配置、服务有效覆盖的城乡统筹示范区的决策。城乡一体化对杭州率先基本实现现代化，打造东方品质之城有重要意义。因为城乡区域协调发展，既是现代化的内容，也是现代化的保证。生活品质之城，既包括城市生活品质，也包括农村生活品质。没有城乡区域协调发展，不可能有真正的现代化，也不可能有真正的生活品质之城。正如2005年12月29日温家宝总理在中央农村工作会议上的讲话中指出："在现阶段，只有实行统筹城乡经济社会发展的方略，才能切实优化经济结构，实现全面协调可持续发展，才能使广大人民群众共享经济社会发展的成果，才能如期实现全面建设小康社会和现代化的宏伟目标。"

三、杭州推进城乡发展一体化的基础和条件

杭州市提出推进城乡发展一体化，打造城乡统筹示范区，是在认真分析杭州客观实际和发展要求基础上作出的正确决策。杭州在推进城乡发展一体化方面具有良好的基础和条件。

（一）杭州已处于城乡统筹发展的历史阶段

根据世界经济发展的普遍规律：工业化发展通常经过三个阶段，即依靠农业积累建立工业化基础的初期阶段，工农业协调发展的中期阶段，以及工业支持农业发展的实现阶段。工业化进入中期阶段后，国民经济的主导产业由农业转变为非农产业，经济增长的动力机制主要来自于非农产业，不再需要从农业吸纳资本等要素。农业应获得与工业平等发展的机会与权利，并成为接受"补助"的部门。这个阶段就是二元经济结构向一元经济结构转换过渡，工农、城乡关系开始改善的阶段。杭州处于工业化中后期并后期转变，在总体上已进入以工促农、以城带乡、城乡统筹发展阶段。

（二）杭州建立以工促农、以城带乡长效机制的基础和条件更好

党的十六届四中全会指出我国已总体上到了以工促农、以城带乡的发展阶段，对杭州来说，以工促农，以城带乡的基础和条件更好。2010年，原杭州市委书记黄坤明在推进城乡区域统筹专题会议上的讲话中指出："杭州作为东部沿海经济较发达城市，户籍人口人均生产总值已突破1万美元，财政总收入已突破1000亿元，农村居民人均纯收入已突破1万元，城市化率已达到69.5%，已进入城市化加速，工业化提升的重要时期，与中西部地区相比，建立以工促农，以城带乡长效机制的基础更好，条件更好，理应在统筹城乡区域发展上走在前列。"黄坤明认为，杭州更有条件和基础探索"城乡一体、城乡融合"的发展"升级版"模式。

（三）杭州在推进城乡统筹方面已经取得显著成效

杭州市在城乡统筹上出台了一系列政策、举措，取得很大成绩。比如，按照产业带动性和区域相连性，杭州实行"区县协作"，8个城区和杭州经济开发区、西湖风景名胜区、市钱江新城管委会，分别与5个下辖县市"牵手"，组成5个协作组，产业共兴、资源共享、环境共保。杭州突破"分灶吃饭"财政管理体制框架，在原有支农资金和帮扶资金不变的基础上，新设立了市统筹城乡区域发展专项资金、区县（市）协作资金、"三江两岸"生态景观保护与建设专项资金和农村公益金，形成了"六位一体"的统筹城乡区域发展资金支持体系。杭州市统筹谋划，积极推进老城区的产业向县市转移，先后将城区的杭氧股份有限公司、杭叉集团等一批科技型大企业迁入位于临安的青山湖科技城。杭州还在区县（市）协作，产业发展，中心镇培育建设，中心村培育建设，土地综合整治，"三江两岸"生态景观保护与建设，美丽乡村建设，联乡结村活动等出台了一系列配套政策，形成了较为完善的政策体系，形成了城乡统筹的"杭州模式"。

四、杭州推进城乡发展一体化的对策

杭州城乡发展不平衡问题依然严重，而且由于历史、自然、体制等方面的原因，城乡一体化难度很大。为此，要进一步下大气力，采取更加有力的举措，推进城乡发展一体化。

（一）努力提高农业现代化水平

推进城乡发展一体化，要在提高农业现代化水平上下功夫。要按照优质、高产、高效农业的要求，加快转变农业发展方式，重点推进农业经营产业化、农业技术集成化、基础设施工程化、农业生产机械化、农业服务社会化和农民现代化。要增加投入，全面提升农业的水利化、机械化、信息化水平，提高农业的土地产出率、资源利用率、劳动生产率和市场竞争力。要着力构建现代农业产业体系，不断拓宽农业的内涵和外延，优化农业产业结构，拓展农业产业领域，提升农业产业竞争力。要创新农业经营体制机制，积极发展农业循环经济，着力提高农业劳动生产率、土地产出率、资源利用率，提高农业综合生产能力、抗风险能力、市场竞争能力、可持续发展能力。要加强农业基础设施建设，推进农业基础设施建设跨上新台阶；要全面提高农村劳动者素质，为现代农业建设提供强大的人才智力支持。杭州要在提高农业现代化上走在前列，努力打造现代农业发展的示范区、农村改革创新的先导区、农民收入倍增的先行区，率先实现农业现代化。

（二）以新型城市化为主导，推进城乡一体化

要紧紧抓住新型城市化这个“牛鼻子”，以新型城市化带动城乡一体化。坚持以新型工业化为主导的战略方向，按照建设市域网络化大都市要求，实施“以城带乡、以东带西”战略，走大中小城市协调发展、城市与农村互促共进的道路。要做强、做大、做优中心城市，增强中心城市对农村剩余劳动力吸纳能力和对农村发展的辐射带动作用。要推进中小城市和小城镇发展，充分发挥其对整合周边人口、资源和产业的重要作用。要以科学规划为依据、功能培育为基础、产业发展为支撑，提高城镇综合承载能力，推进城镇化健康发展，发挥城市对农村的辐射带动作用，促进城镇化和新农村建设良性互动。同时，要高度重视农民工问题，取消针对进城务工农民的限制性和歧视性规定，认真解决进城务工农民的社会保障问题，保证农民工的劳动权和劳动安全，努力使他们能享有城市居民的基本公共服务。

（三）加大工业反哺农业、城市支持农村的力度

坚持工业反哺农业、城市支持农村和多予少取放活方针，加大强农惠农富农政策力度，让广大农民平等参与现代化进程、共同分享现代化成果。坚持把基础

设施建设和社会事业发展重点放在农村，深入推进新农村建设，全面改善农村生产生活条件。要采取综合性措施，多渠道解决农民增收中的难题。要有针对性地采取加大生产补贴力度、完善农产品价格形成机制、降低农产品流通成本、大力发展农业政策性保险等措施，提高务农收益、增加农民收入。要在财政、金融、税收等方面采取有效措施鼓励有条件的农民创业，并在提供技术和培养人才等方面向农业、农村倾斜，帮助农民从合理利用农村多种资源中增加收入。要进一步拓展农村劳动力外出务工经商的空间，保障农民工的合法收入和各项合法权益，降低他们在外的生活成本，着力提高农民纯收入中的工资性收入比重。全面实施"科技西进"、"文创西进"、"现代服务业西进"战略，促进现代产业在5县（市）集聚、集群、集约发展，促进产业化、信息化"两化"融合，全面建立现代产业体系。要不断深化区县（市）协作机制，推进组团招商、抱团发展，加大区县（市）协作项目的对接力度，切实抓好项目落地。

（四）加快完善城乡要素平等交换和公共资源均衡配置机制

从加快完善城乡要素平等交换机制讲，要发挥市场机制的作用，消除阻碍生产要素自由流动的体制机制障碍，实现城市生产要素向农村有序流动。通过改革征地制度、建立城乡平等就业制度、完善农村金融制度等举措，改变城乡资源要素交换方式，使农村土地、劳动力、资本等生产要素以合理价格进入市场，实现农村资源要素市场化，最大限度维护农民利益。从完善公共资源均衡配置机制讲，要调整政府财政资源和建设资金投向，由以城市为主向更多地支持农村转变，通过公共资源的倾斜带动社会资源向农村的流动。要调整财政支农结构，集中财力优先安排农民最急需、受益面广、公共性强的农村公共产品和服务。加强农村道路、水利、能源等基础设施建设，推动城市供电、供水、供气、通信、信息等公用基础设施向农村延伸和对接，加大对农村教育文化事业的投入，加强农村公共卫生和基本医疗服务体系建设。健全公共服务供给投入保障机制，健全以工促农、以城带乡的长效机制，破除城乡差异的"二元"公共资源配置体制，形成适应社会主义市场经济要求，城乡统一、均衡、公平、公正的新型现代公共资源配置体制。

（黎青平）

【附四】

文化创意产业集群化发展："杭州模式"的经验与启示

文化创意产业，又称创意经济、文化产业等，是以创意为核心，以文化为灵魂，以科技为支撑，以知识产权的开发和运用为主体的知识密集型、智慧主导型产业。联合国教科文组织对文化产业的定义是："结合创作、生产等方式，把本质上无形的文化内容商品化。这些内容受到知识产权的保护，其形式可以是商品或服务。"

作为21世纪的新兴朝阳产业，文化创意产业正在蓬勃发展，并逐步成为一些国家和地区经济社会发展的重要动力；其发展规模与水平已成为衡量一个国家或地区综合实力的重要标志。近年来，文化创意产业在北京、上海、广州、杭州、深圳等城市快速发展。从总体上讲，杭州文化创意产业的发展速度和水平在国内处于领先地位。本文拟通过对杭州文化创意产业发展历程的梳理，总结文化创意产业集群化发展的"杭州模式"经验，并据此提出我国文化创意产业发展可供借鉴的若干启示。

一、杭州文化创意产业集群化演进的轨迹特征

作为长三角南翼的中心城市，杭州缺乏地矿资源、港口资源等自然条件，不具备大规模发展重化工业的条件和优势，但杭州拥有人才优势、环境优势、市场优势、产业优势和文化优势，这些条件为杭州弥补自然资源匮乏的劣势，打造全国文化创意产业中心奠定了坚实的基础。杭州文化创意产业的发展，大致经历了以下几个阶段。

（一）起步阶段：自发集聚（2002—2004）

2002年以前，杭州虽然已经存在若干形态各异的文化创意类企业和机构，但大多是零散、自发的生长。因此，在此阶段，杭州不存在真正具有产业化意义的文化创意经济体系。杭州文化创意产业兴起的标志，是位于杭印路上的第一个文化创意群落——L0FT49社区的生成。在杭州，正是由于LOFT49的生成发展，才使人们将文化创意产业从一个遥远抽象的概念变成日

渐清晰的现实感知。由于这一效应的带动，许多文化创意企业或机构不断创生，众多传统企业也开始自发转型，进入动漫制作、信息服务、文化传媒等新的文化创意产业领域，并在一些节点或区域集聚成群落。

这一阶段杭州文化创意产业发展的主要特点在于：一是文化创意产业的兴起和集聚完全是经济主体的自发行为，市场是基本的驱动因素； 二是龙头企业或名人效应的带动作用较为明显。此阶段文化创意的产业化，使地方政府和市场主体看到了文化创意产业发展的重要战略机遇，并为后期政府制定和出台文化创意产业发展战略及相关政策提供了先期经验和认识基础。

（二）成长发展：目标确立（2005—2007）

2005年，杭州在全国率先提出打造“动漫之都”的战略目标，并出台了《杭州市动漫游戏产业发展规划（2006—2010）》。这一战略举措使杭州的动漫产业得以迅速发展，并成为推动杭州文化创意产业全面繁荣的突破口。其间，杭州还出台了《杭州市大文化产业发展规划（2005—2010年）》，提出使大文化产业成为经济发展的重要增长点和支柱产业之一，把杭州建成浙江省大文化产业的中心城市，“长三角”地区大文化产业的次中心城市的总体战略目标 。此后，杭州相继出台了一系列配套政策，用以扶持文化创意产业。以上表明，在完成自发探索的初始阶段后，杭州文化创意产业的发展，开始由市场自发驱动和自组织协调演进，向政府政策主导驱动和组织协调为主，并借助于市场动力驱动的演进过程转变；产业园区逐步成为文化创意产业集群化发展的主要形态。

在此发展阶段，动漫产业在杭州得到突破性发展，并确立了其在全国的领先地位。在动漫产业等先行突破的带动下，杭州文化创意产业开始迈向全面繁荣发展的时期；杭州也首次明确提出打造“全国文化创意产业中心”的战略目标。

（三）集群发展：战略实施（2008—2010）

2008年初，杭州发布《关于打造全国文化创意产业中心的若干意见》，提出依托产业规模巨大、产业特色鲜明、创新能力强大、创业环境一流、专业人才集聚、知名品牌众多、产权保护严密、公共服务完善的文化创意产业集群，把杭州打造成以文化、创业、环境高度融合为特色的“国内领先、世界一流”的全国文化创意产业中心，从此开启了杭州文化创意产业全面繁荣和快速发展的新阶段 。

基于这样的目标定位，杭州根据文化创意产业集群化发展所涉及的关键要素，在布局规划、园区建设、财政支持、融资服务、人才积聚、企业发展、交易平台、产权保护等方面精心谋划，先后出台了《杭州市文化创意产业发展规划（2009—2015）》、《关于统筹财税政策扶持文化创意产业发展的意见》、《关于利用工业厂房发展文化创意产业的实施意见》等一系列政策文件，切实解决文化创意产业“有人办事、有钱办事、有章办事”等重要问题。

发展文化创意产业，杭州没有“眉毛胡子一把抓”，而是坚持“有所为有所不为”，立足自身的比较优势，找准突破口，选准切入点。2008年，杭州在推进实施文化创意产业的发展战略中，确定了优先发展信息服务业、动漫游戏业、设计服务业、现代传媒业、艺术品业、教育培训业、文化休闲旅游业、文化会展业等八大重点行业，同时将西湖创意谷、之江文化创意园、西湖数字娱乐产业园、运河天地文化创意园、杭州创新创业新天地、创意良渚基地、西溪创意产业园、湘湖文化创意产业园、下沙大学科技园、白马湖生态创意城等十大园区作为重点建设的主平台，以此推动全市文化创意产业实现集群化发展。

随着这十大文化创意产业园区建设的有序推进，以及新兴文化创意产业基地的不断涌现，杭州文化创意产业集聚发展的格局基本确立。如今，文化创意园区已经成为杭州文化创意产业集聚发展的主平台和打造全国文化创意产业中心的主载体 。2010年年底，杭州拥有市级文创园区16家。文化创意产业已经从一个“稚嫩”的新兴产业成长为杭州城市经济的重要支柱，经济发展的强劲引擎 。2011年，杭州市文创产业增加值达到843.4亿元，占全市 GDP比重达12.03%，一举超越商贸物流业、金融服务业，坐上服务业的“头把交椅” 。

总体来讲，杭州文化创意产业经过这一阶段的大力推进，在发展模式上不断创新，出现了园区建设加快和创新能力增强，产业特色初现和产业实力提升，创意人才集聚和创业环境优化，产权保护加强和公共服务改善的系列新局面。其里程碑式的重要意义在于：一是打造“全国文化创意产业中心”目标的提出，标志着发展文化创意产业这一地方性战略开始向国家战略层面跃迁；二是确立了文化创意产业在杭州都市经济体系及产业结构中的支柱地位；三是推进了文化创意产业发展的制度和政策环境体系建设，文化创意产业的空间布局及产业格局得以基本确立。这一阶段在驱动模式上，虽然体现的是政策主导性、市场配置性和企业主体性的“三力”融合，但由于这一进程涉及城市规划布局中的土地、资金、人才、制度、法规等重要因素，因此，政府在其发展演进中担当了关键性的重要角色。

（四）优化发展：品质提升（2011— ）

根据《杭州市文化创意产业发展规划（2009—2015）》提出的战略目标和任务要求，从2011年开始的未来五年，杭州文化创意产业增加值占全市GDP的比重要达到17%左右，形成产业规模巨大、产业特色鲜明、创新能力强大、文化品位较高、创业环境一流、专业人才集聚、知名品牌众多、产权保护严密、公共服务完善的文化创意产业群，把杭州建成名副其实的中国电子商务之都、中国动漫之都、中国女装之都、中国艺术品交易中心、中国旅游演艺中心和中国重要的设计研发基地，打造以文化、创业、环境高度融合为特色的“国内领先、世界一流”的全国文化创意产业中心，步入“文化融入经济、经济体现文化、经济文化一体化”的互动高级发展阶段。这些任务和目标，意味着杭州文化创意产业从2011年开始迈进了一个新的重要阶段。从目前发展的进程及未来发展趋势来看，这一阶段文化创意产业主要是集群优化发展，以实现品质提升、能力增强、动力持续，即在先期园区规模扩张和产业体系架构的基础上，更加注重内涵充实和品质提升；注重集群内在运行机制和治理结构上的优化；在演进的驱动机制上，在政策主导力、市场配置力和企业主体力“三力”融合的基础上，向“三力”时空协同作用和可持续推进的动力机制转化。

二、杭州文化创意产业集群化演进的发展模式

自从提出“打造全国文化创意产业中心”这个战略目标以来，杭州坚持把文化创意产业园区作为发展文化创意产业的主平台，充分发挥文化创意产业园区的集聚效应和规模效应，不断推动文化创意产业做大、做强、做优。依其不同的主要特征，杭州文化创意产业集群化发展模式大致可分为自发聚集形成、旧存资源改造利用、依托现有资源提升、全新规划建设和人才引领

聚集等五种基本模式。

（一）自发聚集形成模式

这种自发集聚为主的形成模式，主要是文化创意产业企业或者从业者（包括艺术家）出于对某地域环境相当的认同感，自发集聚于此，从而形成群落效应的过程。如LOFT49创意园区就是自发聚集形成模式的典型案例。这种模式在杭州只是在起始阶段因成效明显而引人注目，因而具有实际意义。随后由于受到一些因素的制约，其发展并未形成持续的势头，因此不可能成为文化创意产业集群化发展的主导模式。

（二）旧存资源改造利用模式

旧存资源改造利用模式是指通过对原有资源如闲置的旧厂房、旧仓库等进行简单改造、装修或直接利用，成为文化创意产业从业人员进行创作、设计和经营活动的场所，并逐渐形成集聚发展的格局。旧存资源改造利用模式在杭州又分为三种类型：一是“旧建筑更新模式”，即利用老工业厂房等改建为文化创意产业园区；二是“农居改造模式”，即所谓“白马湖模式”，白马湖生态创意城农居SOHO是其中典范，在不改变产权性质的前提下将农居改造成创意建筑，并通过租赁、招商等引入文创团队创业办公；三是“街区更新模式”，即将旧街区综合保护与有机更新相结合，通过业态调整、房产整合等方式，把旧街区改造成文化创意产业园区。这一模式突出的特点是成本低廉且集聚速度快。由于杭州老城区旧存资源较为丰富，许多文化创意产业园区的建设利用这一模式得以快速推进，而且成效明显。

（三）依托现有资源提升模式

现有资源提升模式的典型代表是位列杭州十大文化创意产业园区名录中的西湖数字娱乐产业园、下沙大学科技园和之江高新产业园等。上述园区的形成，都是以相关性较为紧密的产业区块转型提升为基础。它适应了城市经济转型和产业结构调整的趋势，不仅使原有产业区块在更高层次上获得发展能力，也使参与产业发展的相关高校、科研机构等实现了新的发展。

（四）全新规划建设模式

在杭州推进文化创意产业快速发展的攻坚阶段，全新规划建设模式成为文化创意产业的主导性发展模式。全新建设模式是政府基于城市发展战略，对文化创意产业园区从产业结构、空间布局等方面进行整体规划，并运用政府的政策措施来予以推进建设的模式。近几年，杭州已经重点规划建设了一批新的文化创意产业园区。这些新规划建设的园区已经成为杭州文化创意产业发展的主干力量和赢得市场竞争优势地位的集群化主体。如杭州高新开发区（滨江）国家动画产业基地，已成为全国原创动画生产领域极具竞争优势的产业集群。在国家广电总局公布的2010年全国原创电视动画片生产企业前十名中，高新区（滨江）动漫企业占据4席，2011年又连续第4年蝉联国家动画产业基地原创动画产量第一名。

（五）人才引领聚集模式

2008年以来，杭州通过实施“青年文艺家发现计划”，采取人事调动、合同聘用、项目合作、开办工作室、创作室等多种形式，努力打造“文化人天堂”，先后引进了一大批文化创意名人，从而凸现“筑巢引凤”的聚合人才效应。目前，余秋雨、陈祖芬、韩美林已成为 “西湖艺术家”；余华、麦家成为杭州的专职作家。特别是在推进西溪创意产业园的建设中，又集聚了约翰·霍金斯、潘公凯、杨澜、赖声川、朱德庸等20多位大师名家，并吸引长城影视、华策影视、金球影业、浙江省电影有限公司等8家影视企业总部签约入驻，为杭州文化创意产业发展创造了新的亮点。

三、文化创意产业集群化发展的“杭州模式”及启示

杭州文化创意产业的集群化发展，已经形成了特点鲜明、内涵丰富、独具特质的“杭州模式”。其基本经验为：一是找准突破口，以点带面，全面发展。杭州以动漫产业的先行发展为突破口，有效带动文化创意产业全面兴起和发展。二是注重政策创新和管理体制创新。杭州通过政策创新和组织管理体制创新，保障文化创意产业发展战略目标及规划任务的有效实施。三是大力推进文化创意产业园区的建设。文化创意产业园区已经成为杭州文化创意产业规模化和集群化发展的主要载体。四是重视培育发展文化创意经济的主体自觉意识和体系内生动力。杭州地方政府通过有效的宣传引导，将战略目标转化为各级组织、企业和民众普遍认同的理念和意识，以形成广泛的基

础性内生动力。五是根据发展进程适应性转换演进的驱动模式。杭州从初始阶段的市场自发驱动，转换为成长过程中政策引导扶持与市场机制结合，再到战略目标明确后转换为“政策主导+市场配置+企业主体”的“三力”协同驱动的机制模式，促进了文化创意产业的健康发展。

文化创意产业集群化发展的“杭州模式”的实践探索及其经验具有典型意义，并给予我们有益的启示。

（一）城市经济社会发展水平是文化创意产业兴起发展的重要前提

文化创意产业作为智力密集型产业，其发展需要大量的技术、资金和优秀人才投入。只有经济发展到一定水平，才可能积累大量的资金和先进技术，才有可能培养和吸引大量优秀文化创意人才，从而保障文化创意产业的成长发展。所以，一定的经济社会发展水平是文化创意产业发展的重要前提。要避免不顾时空条件、仅凭主观愿望和热情一哄而上的倾向。在规划城市战略和发展目标、特别是文化创意产业的战略发展目标时，地方政府必须以当地的历史条件和现实基础为依据，选择具有地方特色和适合自身发展能力的目标定位，否则，将会造成资源利用和配置的极大浪费。

（二）地方政府的扶持和引导是文化创意产业发展的重要保障

杭州文化创意产业在发展初期并没有特别的优势。它之所以能够实现后来居上的跨越式发展，与杭州市政府从城市发展的战略高度给予大力扶持和引导是分不开的。在竞争日益激烈的环境下，一个区域要发展新兴产业，需要不断拓展发展空间，强化发展能力；这是一个包括地理空间、产业空间、市场空间等多方面拓展的过程。如果没有地方政府的高度重视和大力推进，单靠经济主体的自主努力和市场机制的自发驱动，是难以在短期内实现突破的。因此，地方政府对于文化创意产业发展的重视程度以及政策举措的推出力度，都直接关系到该区域文化创意产业发展的水平及其对当地社会经济发展的带动作用。

（三）推进文化创意产业园区建设是加快文化创意产业发展的重要途径

在现代生产分工体系和产业系统的演进中，产业集群已经成为基本形态。杭州的文化创意产业发展，就是一个从最初的自发集聚，到随后逐步建设十大园区为重要发展载体的产业集群化过程。从杭州的实践过程及其成效来看，建设龙头企业引领、管理系统发达、公共设施完备、创意氛围浓厚的专业化集聚园区，以产业集聚的方式来推动文化创意产业发展，是推进文化创意产业发展的有效载体和必由之路。因为发展文化创意产业对城市及其社区的软硬环境都有很高的要求，而园区建设可以构建这种有利于产业发展的环境综合体。因此，从地方政府的战略选择来看，推进文化创意产业园区建设是当下加快文化创意产业发展的重要途径。

（四）发挥比较优势实现突破是强化文化创意产业发展能力的重要方式

文化创意产业涵盖面广、产业链长。杭州文化创意产业发展的成功经验之一就是“有所为有所不为”，集中可用资源实现重点突破。如在初期借助LOFT49的集聚效应，积极引导其发展扩散；在成长阶段，以重点发展动漫产业和引进龙头企业为突破口，带动整个文化创意产业发展；在全面快速发展阶段，重点建设十大园区，重点发展八大行业，以此形成具有杭州特色和优势的发展格局。这些经验表明，在现代社会发展进程中，特定阶段和特定区域的可利用资源必定是有限的。发展能力也是有限的。因此，地方政府要实现文化创意产业的振兴发展，应该依据自身的资源基础，发挥比较优势，在不同发展阶段选择不同的突破口。这是强化地方产业发展能力的有效方式。

（五）政策主导与市场驱动协同作用是推动文化创意产业持续发展的重要机制

杭州的实践探索表明，文化创意产业群是一种比一般制造业集群更为复杂的经济社会系统。这种系统的生成发展需要自组织的演进过程。国内外经济发展的实践表明，自组织演进往往要经历较长的时间，不仅需要特定的历史条件，而且其演进取向还具有一定的不确定性。显然，对于中国这样的发展中国家来说，如果完全通过自组织演进来发展文化创意产业，已经不具备相应的历史机遇和现实条件。就连英国、德国等发达国家，因其文化创意产业的发展目前已进入创意经济的系统创新阶段，因此纷纷采用由具有综合协调职能的政府部门负责创意经济的推进之道。当然，如果简单地认为，可以仅仅借助政策主导来形成文化创意产业群，进而推动文化创意产业大发展，这在复杂系统的形成及其功能实现上也必然存在期望与现实的较大偏差。所以，地方政府要从历史与现实的约束条件出发，在文化创意产业发展中不断进行动力机制的创新与探索。只有形成政策主导与市场驱动协同作用的驱动机制和推进模式，才能实现文化创意产业的持续发展和全面繁荣。

（金波）

参考文献

第一部分

[1] 彼得·圣吉. 第五修炼实践篇：创建学习型组织的战略和方法[M]. 上海：东方出版社，2006.

[2] 李涛. 构筑终身学习体系建设学习型城市[J]. 青岛大学师范学院学报,2001(4)：86−90.

[3] 连玉明. 学习型社会[M]. 北京：中国时代出版社，2003.

[4] 孙春兰. 努力建设学习型城市[J]. 求是，2002(3)：38−40.

[5] 孙洪安. 对学习型组织建设的一点认识[J]. 大连教育学院学报，2002(2)：4−5.

[6] 吴雪萍，金岳祥. 英国的终身学习政策述评[J]. 比较教育研究，2004(2)：55−59.

[7] 吴晓川，马仲良. 建设学习型城市[M]. 北京：北京工业大学出版社，2008.

[8] 吴遵民. 现代国际终身教育论[M]. 上海：上海教育出版社，1999.

[9] 奚洁人. 上海：创建学习型城市[J]. 党政论坛，2002(5)：4−8.

[10] 徐明祥，李兴洲. 构建我国终身教育体系的难点及对策[J]. 教育研究，2001(3)：60−63.

[11] 薛晓源，曹荣湘. 文化资本、文化产品与文化制度[J]. 马克思主义与现实，2004(1)：44−49.

[12] 殷仪红. 中外创建学习型城市的模式比较[J]. 探索与争鸣，2001(9)：31−32.

[13] 张晓峰，范国睿. 试论学习型城市的构建[J]. 成人教育，2001(9)：11−13.

第二部分

[1] 高马良,楼建人. 杭州市企业自主创新能力分析及提升对策[J]. 杭州研究，2008(1)：119−122.

[2] 韩瑾. 国内外创新性城市建设述评及其启示[J]. 浙江经济，2007(11)：50−52.

[3] 胡树华，牟仁艳. 创新型城市建设的概念、构成要素及发展战略[J]. 经济纵横，2006(8)：61−63.

[4] 胡钰.创新性城市建设的内涵、经验和途径[J]. 中国软科学，2007(4)：32−38.

[5] 黄苇町. 增强自主创新能力努力建设创新型国家学习读本[M]. 北京：红旗出版

社，2006.
[6] 纪宝成. 创新城市战略论纲[M]. 北京：中国人民大学出版社，2009.
[7] 金吾伦，李敬德，颜振军. 北京如何率先成为创新型城市[J]. 前线，2006，(2)：43−45.
[8] 刘创. 深圳：打造四大高地建设创新型城市[J]. 当代经济，2006(1)：27−28.
[9] 卢小珠，卢宁宁，邹继业，赵选忠. 创新型城市评价指标体系及标准研[J]. 经济与社会发展，2007(10)：56−60.
[10] 梅克保. 加快建设创新性城市[J]. 理论前沿，2006(1)：34−36.
[11] 隋映辉，赵琨，丁海洋. 建设创新性城市面临的问题及政策建议[J]. 国际技术经济研究，2007(3)：21−25.
[12] 王枫云，谭劲松. 探寻创新型城市建设的科学路径[J]. 浙江经济，2007(19)：30−31.
[13] 魏江，刘怡，胡胜蓉，邬爱其，郑江. 杭州市创新型城市建设对策研[J]. 杭州科技，2007(3)：33−36.
[14] 张月广. 深圳建设国家创新型城市的经验[J]. 宁波经济，2007(9)：20−21.

第三部分

[1] 何关新. 杭州市提高农村低收入群体生活品质研究[J]. 中共杭州市委党校校报，2009(1)：17−23.
[2] 纪晓岚. 论城市本质[M]. 北京：中国社会科学出版社，2002.
[3] 纪晓岚. 试论认识城市本质定义的重要意义[J]. 现代城市研究，2003(2)：3−6.
[4] 姜煜华，甄峰，魏宗财. 国外宜居城市建设实践及其启示[J]. 国际城市规划，2009(4)：99−104.
[5] 郎晓波. 从杭州困难群体贫困特点看社会救助政策的完善[J]. 中共杭州市委党校校报，2008(4)：37−41.
[6] 李丽萍. 宜居城市建设研究[M]. 北京：经济日报出版社，2007.
[7] 李丽萍，郭宝华. 关于宜居城市的理论探讨[J]. 城市发展研究，2006(2)：76−80.
[8] 李丽萍,吴祥裕. 宜居城市评价指标体系研究[J]. 中共济南市委党校学报，2007(1)：16−21.

[9] 卢杨，郭强. 中国宜居城市建设报告[M]. 北京：中国时代经济出版社，2009.
[10] 任致远. 关于宜居城市的拙见[J]. 城市发展研究，2005(4)：33-36.
[11] 王训国. 以科学发展观为统领建设宜居城市——关于我国建设宜居城市的思考与实践[N]. 中国建设报，2009-07-28.
[12] 相震，郑思伟.杭州市低碳环境建设和对策研究[J]. 环境科技，2011(2)：70-74.
[13] 张文忠. 宜居城市及评价指标体系探讨[J]. 城市规划学刊，2007(3)：30-34.
[14] 中国城市科学研究会宜居城市课题组. 中国首个宜居城市科学评价标准颁布[J]. 中国人居环境网站，2006-8-21.

第四部分

[1] 陈锡文. 推进城乡发展一体化[J]. 求是. 2012(23)：28-31.
[2] 冯云廷. 城市经济学（第二版）[M]. 大连：东北财经大学出版社，2008.
[3] 李立勋. 城市国际化与国际城市[J]. 城市问题，1994(4)：39-41.
[4] 倪鹏飞. 中国城市竞争力报告. 城市:群起群飞裹中华[M]. 北京：社会科学文献出版社，2008.
[5] 倪鹏飞. 中国城市竞争力报告. 集群：中国经济的龙脉[M]. 北京：社会科学文献出版社，2005.
[6] 史晋川. 空间转型：浙江城市化进程[M]. 杭州：浙江大学出版社，2008.
[7] 谭夔良，郭玉虎，王义伟，励斌. 提升杭州城市国际化水平的重点领域[J]. 浙江经济，2007(11)：44-46.
[8] 王慧敏，江南. 统筹城乡的“杭州解法”[N]. 人民日报，2012-8-14(6).
[9] 王廉. 全球城市集团与中国城市国际化[M]. 广州：暨南大学出版社，2008.
[10] 魏志达，等. 城市群与城市国际化[M]. 深圳：海天出版社，2006.
[11] 吴可人. 杭州城市国际化水平分析与对策[J]. 浙江树人大学学报，2008(4)：64-69.
[12] 叶林堂. 人均GDP超过一万美元后天津产业结构的阶段性特征与发展重点研究[J].江苏商论，2010(8):156.
[13] 曾业松. 城乡统筹是解决三农问题的根本途径[J]. 当代思潮，2004(3)：4-9.
[14] 左学军. 长江三角洲城市发展研究[M]. 上海：学林出版社，2006.

索 引

A

安全感 22，113

阿里巴巴 16，19

B

薄弱 54，70，77

C

城市化 Ⅰ，Ⅱ，Ⅲ，29，31，32，33，34，37，38，49，99，102，103，104，106，127，197，198，200，202，210，212，213，214，219，234

城市管理 Ⅱ，3，5，7，11，12，19，22，30，33，50，57，63

创新型 32，47，52，53，57，65，67，75，90，93，198

城乡统筹 31，32，35，230，231，232，234

D

戴维斯 7，33

大气开放 8，11，82

电子商务 8，16，20，52，61，62，69，73，87，112，138，146，200，206，207，226，240

动漫产业 19，20，204，238，242，244

E

恶化 Ⅱ 100，136

F

发展模式 3，4，6，12，48，56，67，92，102，141，168，178，215，224，239，240，243

孵化器 62，78，79

房地产 82，89，178，202

G

高新技术 150，206，207，219，223

工业化 51，70，103，198

公共服务 53，63，64，79，107，111，118，120，121，122，123，124，126，129，147，150，151，153，205，208，210，211，212，219，225，232，235，236，238，239，240

国际化 104，152，197，201，202，215，217，222

H

杭州模式 237，242，243

和谐杭州 35，36，42，92，199，230，233
I
经济适用房 149，177，180，190
J
精致和谐 8，11，82
交通问题 141，145，167，168，172
K
快速公交 142，169
科技城 44，59，61，62，74，78，234
L
廉租房 149，190
旅游城市 21，80，99，108，132，155，176，204，217，219，223
M
名城 8，9，16，37
N
难题 32，38
O
欧洲 24，26，36
P
品牌 14，24，57，68
品位 8，11，21，41
Q
强市 42，43，44
R
人才资源 52，55，81，105，216
人文大讲堂 14，178
S
生活品质 3，33，42
生态文明 6，8，10，11，29，33，138
社区 10，13，14，15，18，19，24，25，27，28，44，61，64，67，91，102，103，110，112，113，118，120，121，122，126，136，138，139，140，146，147，148，149，154，155，156，164，179，185，188，192，207，209，210，226，237，244
T
天堂 9，16，19，24，53，56，57
W
网络化 19，27，31，36，63，68，112，202，206，225，235
文化创意产业 42，58，61，69，150，207，216，217，237，238，239，240，241，242，243，244，245
物联网 61，69，87，206，207
X
新杭州人 119，120，121，122，126，127

学习型 3，4，5，6，7，9，11，15，19，22，26，31，37，67

Y

宜居城市 99，102，103，108，109，110，124，127，139，143，149，157，161，170，173

以人为本 4，7，10，19，23，28，39，41，114，115，128，129，209

Z

整合 68，72

终身学习 4，5，8，10，15，18，21，23，24，25，26，27，28，30，31，34，36，39，246

图书在版编目（CIP）数据

工业化城市化挑战下杭州战略研究 / 黎青平主编.
— 杭州：浙江大学出版社，2014.5
(城市学论丛)
ISBN 978-7-308-13099-8

Ⅰ.①工… Ⅱ.①黎… Ⅲ.①城市建设-经济发展战略-研究-杭州市- Ⅳ.①F299.275.51

中国版本图书馆CIP数据核字（2014）第074058号

工业化城市化挑战下杭州战略研究

主　编　黎青平
副主编　余龙进　金　波

责任编辑　张　琛
责任校对　赵　坤
封面设计　项梦怡
出版发行　浙江大学出版社
（杭州市天目山路148号　邮政编码 310007）
（网址：http：//www.zjupress.com）
排　　版　杭州金旭广告有限公司
印　　刷　杭州余杭人民印刷有限公司
开　　本　710mm×1000mm　1/16
印　　张　16.25
字　　数　260千
版 印 次　2014年5月第1版　2014年5月第1次印刷
书　　号　ISBN 978-7-308-13099-8
定　　价　46.00元

浙江大学出版社发行部联系方式　（0571）88925591；http://zjdxcbs.tmall.com